U0903728

汽车维修职业任务驱动模块化教材

汽车发动机构造与检修

吴显强　主编
蔡昶文　主审

机 械 工 业 出 版 社

本教材主要面向中等职业学校编写，共包括14个课题，每一课题的设置均采用任务引领型的方式，包括实践内容和相关知识等。全书详细介绍了汽车发动机的基本知识、发动机工作原理、发动机拆装、发动机的构造、发动机各机构与系统的维修知识及发动机主要故障的诊断与排除内容等。

本教材可供各中职、技工学校汽车相关专业教学使用。同时，也可作为业余培训、企业培训用教材，还可以作为维修人员的自学用书。

图书在版编目(CIP)数据

汽车发动机构造与检修/吴显强主编. —北京：机械工业出版社，2008.8(2018.5重印)

汽车维修职业任务驱动模块化教材

ISBN 978-7-111-24575-9

Ⅰ.汽... Ⅱ.吴... Ⅲ.①汽车—发动机—构造—教材 ②汽车—发动机—车辆修理—教材 Ⅳ.U472.43

中国版本图书馆CIP数据核字(2008)第099651号

机械工业出版社(北京市百万庄大街22号 邮政编码100037)

策划编辑：徐 巍 责任编辑：李 军 版式设计：霍永明

责任校对：申春香 封面设计：姚 毅 责任印制：李 飞

北京铭成印刷有限公司印刷

2018年5月第1版第11次印刷

184mm×260mm · 13.5印张 · 319千字

21001—22000册

标准书号：ISBN 978-7-111-24575-9

定价：28.00元

汽车维修职业任务驱动模块化教材

编　委　会

序

进入21世纪以来，我国汽车工业突飞猛进，已经成为国民经济的支柱产业之一。2007年，我国汽车产量超过888万辆，销量超过879万辆，产量居世界第三位，销量居世界第二位。

汽车后市场服务业作为汽车产业的重要延伸，随着汽车前市场的发展已经成为一个潜力巨大的市场，而且变得越来越重要。汽车后市场服务业内容涵盖面很广，包括汽车自工厂下线后推出市场、使用到再生、报废全过程中的技术性服务和非技术性服务。目前，我国的汽车产业正在悄然进行着一场具有划时代意义的汽车后市场服务业革命。在这场革命中，如何掌握领先的汽车服务理念、方法和技术，是推动我国汽车产业发展的一个关键。汽车后市场服务业是目前最具代表性的现代服务业的一个内容。10余年来，我国的汽车后市场服务业虽然取得长足发展，但与世界发达国家相比，在现代服务理念、行业研究、服务项目的广度、服务内涵的深度和服务质量的水准等方面还存在相当大的差距，在整体组织、管理和服务上仍处在初级阶段。

随着汽车工业和汽车后市场服务业的发展，具备“懂技术、善经营、会服务”的能力素质，能够适应汽车产品设计服务、汽车生产服务、汽车销售服务、汽车售后服务、汽车保险理赔和汽车运输服务等领域工作的复合型、实用型技术人才成了汽车业和相关行业竞相争夺的“香饽饽”。目前，我国尤其是广东省的汽车服务领域奇缺这种专业技术人才。所以，尽快按照汽车大学科的完整思路培养出一大批懂汽车销售、管理和服务等知识的复合型、实用型专业人才，满足我国汽车后市场服务业对人才的强大需求，任务非常紧迫。

调查资料表明，目前我国汽车技术服务从业人员中，普遍存在以下问题：一是工人的文化素质和技术水平偏低；二是具有独立工作能力的技工明显呈老龄化，而学校新培养的学生理论与实践脱节，动手能力弱；三是缺乏严格的职业技术教育，不能适应市场和企业的要求。针对这种情况，广州市交通高级技工学校组织了一批有丰富教学和实践经验的老师，紧密结合上述问题和企业当前的实际要求，编写出这套极具特色的培训系列教材。

该教材有以下特点：

1. 以“任务驱动”作为编写思路，用具体的工作任务引出相应的专业知识，调动学生学习的主动性，学习的目标十分明确。

2. 教材根据工作任务内容分成11个分册，突破“理论”与“实践”的界线，体现

代职业教育“一体化”的特色。

3. 每个课题的设置充分考虑了现有的教学设施、教师梯队和其他教学资源，效率高，可操作性很强。

4. 强调学生动手能力的训练，注重于学生专业技能的形成和培养。

5. 教材深入浅出，图文并茂，使用方便，适应性好。

刘仲国

（中国汽车工程学会、广东省职业技能鉴定特聘专家，华南农业大学教授）

前 言

为了适应我国汽车维修行业技能型紧缺人才培养的需要，满足中等职业学校以就业为导向的办学目标和要求，同时，也为了配合中等职业学校汽车类专业开展一体化教学的需要，我们在本校汽车专业课程模块化改革的基础上，根据所制订的教学大纲，组织了部分专业骨干教师编写了一套任务引领型的汽车专业一体化教材，《发动机构造与检修》为其中一本。

本书包括14个课题，每一课题的设置均采用任务引领型的方式，包括实践内容和相关知识等。全书详细介绍了汽车发动机的基本知识、发动机工作原理、发动机拆装、发动机的构造、发动机各机构与系统的维修知识及发动机主要故障的诊断与排除内容等。

在编写过程中，得到了各有关兄弟院校、广州地区部分企业及机械工业出版社的大力支持，同时，还得到了有关专家的指导。在此，我们一并表示衷心的感谢!

本书可供各技工学校汽车相关专业教学使用。同时，也可作为业余培训、企业培训用教材，还可以作为维修人员的自学用书。

本书由吴显强主编，蔡昶文主审。参加本书编写的人员有刘文(课题一、三)，陈秀妙(课题二)，吴显强(课题四至十二)，梁家荣(课题十三、十四)。

由于编者的水平所限，加上是首次编写出版，且教学的改革也在不断进行中，故难免会出现错漏之处。恳请广大读者对本书提出宝贵的意见和建议，以便再版时能修订改正。

编 者

目　录

序
前言
课题一　发动机基本知识……………………………………………………………… 1
任务　观察发动机结构………………………………………………………………… 1
一、实践 ………………………………………………………………………………… 1
二、相关知识 …………………………………………………………………………… 1
（一）发动机概述 ……………………………………………………………………… 1
（二）发动机分类 ……………………………………………………………………… 1
（三）发动机型号的编制规则………………………………………………………… 3
三、知识拓展 …………………………………………………………………………… 3
（一）发动机主要性能指标 ………………………………………………………… 3
（二）发动机特性……………………………………………………………………… 4
（三）康明斯发动机编号及其含义 ………………………………………………… 5

课题二　发动机工作原理……………………………………………………………… 7
任务　观察发动机工作过程…………………………………………………………… 7
一、实践 ………………………………………………………………………………… 7
二、相关知识 …………………………………………………………………………… 7
（一）发动机专业术语 ……………………………………………………………… 7
（二）四行程汽油机 ………………………………………………………………… 9
（三）四行程柴油机…………………………………………………………………… 10
（四）汽油机和柴油机的比较 ……………………………………………………… 10
（五）二行程发动机…………………………………………………………………… 11
三、知识拓展 …………………………………………………………………………… 12
（一）爆燃 ……………………………………………………………………………… 12
（二）表面点火 ………………………………………………………………………… 12

课题三　发动机拆装 ………………………………………………………………… 14
任务　拆装发动机(以捷达发动机为例) …………………………………………… 14
一、实践………………………………………………………………………………… 14
二、相关知识 …………………………………………………………………………… 15

（一）发动机拆装注意事项 …… 15
（二）发动机的拆装 …… 16
（三）气缸盖的拆装 …… 24
（四）润滑系统的拆装 …… 27
（五）冷却系统的拆装 …… 29
三、知识拓展 …… 32
（一）常用工具 …… 32
（二）工具的正确选用和使用注意事项 …… 35

课题四　汽油发动机构造 …… 37
任务　观察汽油发动机的零部件 …… 37
一、实践 …… 37
二、相关知识 …… 38
（一）曲柄连杆机构 …… 38
（二）配气机构 …… 44
（三）汽油机燃料供给系统 …… 51
（四）润滑系统 …… 58
（五）冷却系统 …… 63

课题五　曲柄连杆机构的维修 …… 70
任务一　检修机体组 …… 70
一、实践 …… 70
二、相关知识 …… 71
（一）气缸体、气缸盖破裂损伤的检查与修理 …… 71
（二）气缸体、气缸盖变形的检修 …… 73
（三）气缸磨损的检查与修理 …… 74
三、知识拓展 …… 77
（一）常用量具 …… 77
（二）量具的正确选用和使用注意事项 …… 80
任务二　检修活塞连杆组 …… 82
一、实践 …… 82
二、相关知识 …… 83
（一）活塞和活塞环的磨损 …… 83
（二）活塞和活塞环的选配 …… 83
（三）活塞销和连杆组的修配 …… 85
任务三　检修曲轴飞轮组 …… 88
一、实践 …… 88
二、相关知识 …… 89
（一）曲轴的检修 …… 89

（二）曲轴轴承与连杆轴承的修理 …… 91
（三）飞轮的检修 …… 93
课题六　配气机构的维修 …… 95
任务一　拆装配气机构 …… 95
一、实践 …… 95
二、相关知识 …… 96
（一）发动机配气机构的拆装 …… 96
（二）气门间隙的检查与调整 …… 97
（三）配气相位的检查与调整 …… 98
任务二　检修配气机构 …… 99
一、实践 …… 100
二、相关知识 …… 100
（一）气门组零件的检修 …… 100
（二）气门弹簧的检查 …… 104
（三）气门传动组零件的检修 …… 105

课题七　汽油机燃料供给系统的维修 …… 108
任务　检修汽油机燃料供给系统 …… 108
一、实践 …… 108
二、相关知识 …… 108

课题八　润滑系统的维修 …… 110
任务　检修润滑系统 …… 110
一、实践 …… 110
二、相关知识 …… 110

课题九　冷却系统的维修 …… 112
任务　检修冷却系统 …… 112
一、实践 …… 112
二、相关知识 …… 112

课题十　发动机故障诊断与排除基础 …… 114
任务　观察发动机常见故障现象 …… 114
一、实践 …… 114
二、相关知识 …… 115
（一）发动机故障特征和现象 …… 115
（二）发动机故障诊断方法 …… 116
（三）发动机诊断参数 …… 121

(四) 发动机基本检查和调整 …… 121

课题十一　发动机异响的诊断 …… 126
任务一　诊断曲柄连杆机构异响故障 …… 126
一、实践 …… 126
二、相关知识 …… 126
(一) 发动机异响的原因、特性和诊断程序 …… 126
(二) 曲柄连杆机构异响 …… 130
(三) 活塞敲缸响 …… 133
(四) 活塞销响 …… 135
(五) 活塞环响 …… 137
任务二　诊断配气机构异响故障 …… 138
一、实践 …… 138
二、相关知识 …… 138
(一) 气门响 …… 138
(二) 气门座圈响 …… 139
(三) 凸轮轴响 …… 140
(四) 正时齿轮响 …… 141
(五) 点火异响 …… 142

课题十二　发动机综合故障诊断与排除 …… 144
任务一　诊断发动机不能起动故障 …… 144
一、实践 …… 144
二、相关知识 …… 144
(一) 起动系统故障 …… 145
(二) 点火系统故障 …… 148
(三) 供给系统故障诊断 …… 153
(四) 机械故障诊断 …… 157
任务二　诊断发动机怠速不正常故障 …… 158
一、实践 …… 159
二、相关知识 …… 159
任务三　诊断发动机无力故障 …… 162
一、实践 …… 162
二、相关知识 …… 163
(一) 发动机工作不良 …… 163
(二) 发动机加速不良 …… 164
(三) 发动机高速不良 …… 164
(四) 发动机回火、“放炮” …… 165
(五) 发动机爆燃 …… 166

（六）燃油消耗异常 …… 166
任务四　诊断发动机润滑不良故障 …… 167
一、实践 …… 167
二、相关知识 …… 167
（一）机油压力过低 …… 168
（二）机油压力过高 …… 169
（三）发动机润滑油消耗异常 …… 169
（四）机油变质 …… 170
任务五　诊断发动机冷却不良故障 …… 171
一、实践 …… 171
二、相关知识 …… 171
（一）冷却系统温度过高 …… 171
（二）冷却系统温度过低 …… 173
（三）冷却液消耗异常 …… 174

课题十三　电控汽油机故障诊断与排除 …… 175
任务　诊断电控汽油机故障 …… 175
一、实践 …… 175
二、相关知识 …… 178
（一）电控汽油机故障诊断注意事项 …… 178
（二）故障诊断的程序和步骤 …… 179
（三）电控汽油喷射发动机故障的诊断方法 …… 179
（四）电控汽油喷射发动机故障自诊断 …… 186

课题十四　发动机检测 …… 191
任务　认识发动机综合检测仪 …… 191
一、实践 …… 191
二、相关知识 …… 191
（一）发动机综合性能分析仪 …… 191
（二）废气检测仪使用介绍 …… 195

课题一　发动机基本知识

任务　观察发动机结构

【任务内容】

1）发动机的功用和分类。

2）发动机型号的编制规则。

3）完成观察发动机结构任务工作页。

【任务目标】

1）了解发动机的功用和分类。

2）熟悉发动机型号的编制规则。

一、实践

先由学员各自尽可能地自行完成如下工作页。然后，在教师的指导下完成本任务。

观察发动机结构任务工作页

1. 根据教材所述的发动机分类方式说出你观察到的发动机的形式。

2. 记下实训中心观察到的发动机型号，并写出它们的含义。

柴油机型号：__________，含义：______________________________。

汽油机型号：__________，含义：______________________________。

二、相关知识

（一）发动机概述

发动机是汽车的动力源，迄今为止除了为数不多的电动汽车外，汽车发动机都是热能动力装置，简称热机。

发动机的作用是把输入气缸内的燃料燃烧产生的热能转化为机械能，输出机械动力。现代汽车广泛应用往复活塞式内燃机，它一般由曲柄连杆机构、配气机构、燃油供给系统、冷却系统、润滑系统、点火系统（汽油发动机采用）、起动系统等部分组成。

（二）发动机分类

内燃机的分类方法很多，按照不同的分类方法可以把内燃机分成不同的类型。

1. 按照所用燃料分类

内燃机按照所使用燃料的不同可以分为汽油机、柴油机和气体燃料发动机三大类。使用汽油为燃料的活塞式内燃机称为汽油机；使用柴油为燃料的活塞式内燃机称为柴油机；使用天然气、液化石油气和其他气体燃料的活塞式内燃机称作气体燃料发动机。汽油机与柴油机各有特点：汽油机转速高，质量小，噪声小，起动容易，制造成本低；而柴油机压缩比大，热效率高，经济性能和排放性能都比汽油机好。

2. 按照行程分类

内燃机按照其一个工作循环期间活塞往复运动的行程数进行分类。活塞式内燃机每完成一个工作循环，便对外做功一次，不断地完成工作循环，才能使热能连续地转化为机械能。在一个工作循环中活塞往复四个行程的内燃机称作四行程往复活塞式内燃机，而活塞往复两个行程便完成一个工作循环的则称作二行程往复活塞式内燃机。

3. 按照冷却方式分类

内燃机按照冷却方式不同，活塞式内燃机可以分为水冷发动机和风冷发动机。水冷发动机是利用在气缸体和气缸盖冷却水套中进行循环的冷却液进行冷却的；而风冷发动机是利用流动于气缸体与气缸盖外表面散热片之间的空气进行冷却的。水冷发动机冷却均匀，工作可靠，冷却效果好，被广泛地应用于现代车的发动机。

4. 按照气缸数目分类

内燃机按照气缸数目不同分为单缸发动机和多缸发动机。仅有一个气缸的发动机称为单缸发动机；有两个以上气缸的发动机称为多缸发动机，如双缸、三缸、四缸、五缸、六缸、八缸、十二缸等都是多缸发动机。现代车用发动机多采用四缸、六缸、八缸发动机。

5. 按照气缸排列方式分类

直列式(单列式)发动机的各个气缸排成一列，一般是垂直布置的。但为了降低发动机的高度，有时也把气缸布置成倾斜的甚至是水平的。这种排列形式的气缸体结构简单，加工容易，但长度和高度较大。一般六缸以下发动机多采用单列式。

V 型发动机将气缸排成二列，其气缸中心线的夹角 $\gamma < 180°$，它的特点是缩短了发动机长度，降低了发动机高度，增加了气缸体刚度，质量也有所减轻，但加大了发动机宽度，且形状复杂，加工困难，一般多用于缸数多的大功率发动机上。现在八缸以上的发动机多采用 V 型布置。

W 型发动机将 V 型发动机的每侧气缸再进行小角度的错开，就成了 W 型发动机。W 型可将发动机做得更短一些，曲轴也可短些，同时重量也可轻些，但它的宽度更大。W 型发动机的缺点是发动机由一个整体被分割为两个部分，在运作时会引起很大的振动。

对置气缸式发动机的高度比其他形式的小得多，在某些情况下，使得汽车(特别是轿车和大型客车)的总布置更为方便，这种形式的发动机在轿车中应用不多。

斜置气缸式发动机的布置形式类似于直列式，只是整个气缸体被倾斜放置。斜置式发动机是为了减小发动机从顶部到底部的距离，采用斜置式发动机的汽车具有更好的空气动学特性。

6. 按照进气系统是否采用增压方式分类

内燃机按照进气系统是否采用增压方式可以分为自然吸气(非增压式)发动机和强制进气(增压式)发动机。若进气是在接近大气状态下进行的，则为非增压内燃机或自然吸气式内燃机；若利用增压器将进气压力增高，进气密度增大，则为增压内燃机。增压可以提高内燃机功率。

7. 按照活塞的工作方式分类

往复式内燃机是一种利用一个或者多个活塞将压力转换成旋转动能的发动机。活塞往复运动形式的发动机的活塞在气缸内作往复的直线运动，通过曲轴把活塞的直线运动转化为曲轴的旋转，一般的发动机都采用这种形式。

转子内燃机是通过活塞在气缸内的旋转来带动发动机主轴（即普通发动机的曲轴,因为不是弯曲的故不再叫曲轴）旋转的。

（三）发动机型号的编制规则

1. 内燃机型号

1991 年颁布内燃机产品名称和型号编制规则的国家标准 GB/T 725—1991 主要内容如下。

1）内燃机产品名称均按所采用的燃料命名，如汽油机、柴油机、双燃料发动机等。

2）内燃机型号由阿拉伯数字、汉语拼音字母组成。

3）内燃机型号由下列四部分组成。

① 首部。包括产品系列代号、换代符号和地方、企业代号，由制造厂根据需要自选字母表示，但需经行业标准化归口单位核准、备案。

② 中部。由缸数符号、气缸布置形式符号、行程符号和缸径符号组成。

③ 后部。由结构特征符号和用途特征符号组成，用字母表示。

④ 尾部。为区分符号。同一系列产品因改进等原因需要区分时，生产厂家用适当符号表示。后部与尾部之间可以用“—”隔开。

内燃机型号的排列顺序及符号所代表的含义规定如图 1-1 所示。

2. 型号编制举例

（1）汽油机

1）462Q——四缸、直列、四冲程、缸径 62mm、水冷、汽车用。

2）1E65F——单缸、二冲程、缸径 65mm、风冷、通用型。

3）CA6102——六缸、直列、四冲程、缸径 102mm、水冷、通用型（CA 为第一汽车制造厂代号）。

（2）柴油机

1）YC6102Q——六缸、直列、四行程、缸径 102mm、水冷、汽车用（YC 为广西玉林柴油机厂代号）。

2）12V135Z——十二缸、V 形、四行程、缸径 135mm、水冷、增压、通用型。

3）495T——四缸、直列、四行程、缸径 95mm、水冷、拖拉机用。

三、知识拓展

（一）发动机主要性能指标

发动机性能好坏一般用发动机对外输出功率为基础的有效指标来评价，包括有效转矩 M_e、有效功率 P_e 和有效油耗率 g_e 等指标。

1. 有效转矩

发动机曲轴对外输的转矩称为有效转矩，以 M_e 表示，单位为 N · m。有效转矩与外界施加于发动机曲轴上的阻力矩相平衡，可以用发动机台架试验方法测得。

2. 有效功率

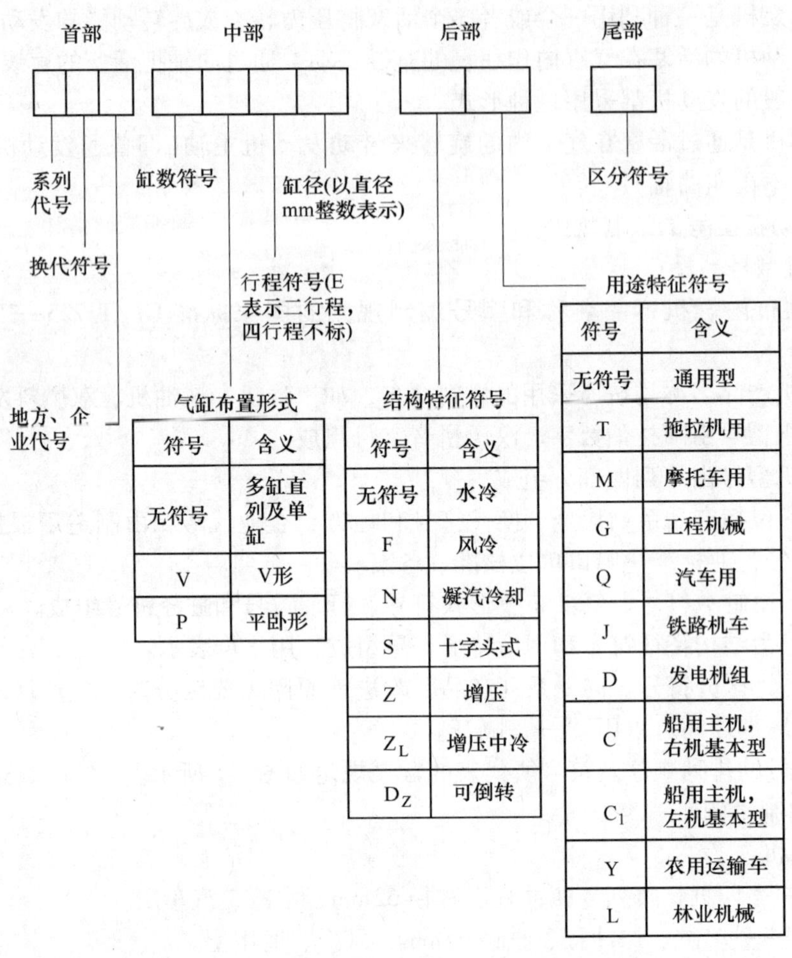

图 1-1　内燃机型号表示方法及其含义

发动机曲轴对外输出的功率称为有效功率，记作 P_e，单位为 kW。它等于有效转矩与曲轴角速度的乘积，即

$$P_e = M_e \cdot 2\pi n \times 10^{-3}/60 = M_e \cdot n/9550$$

式中　M_e——有效转矩(N·m)；

n——发动机转速(r/min)。

3. 有效燃油消耗率

发动机每输出 1kW·h 的有效功所消耗的燃油量称为有效燃油消耗率，单位为 g/(kw·h)，用 g_e 表示，可按下式计算：

$$g_e = B \times 10^3/P_e$$

式中　B——发动机在单位时间内的耗油量(kg/h)；

P_e——发动机的有效功率(kW)。

显然，有效燃油消耗率越低，经济性越好。

(二) 发动机特性

发动机有效性能指标随调整情况和使用工况而变化的关系称为发动机特性。通常用曲线

表示它们之间的关系，称为特性曲线。其中，随使用工况而变化的关系称为使用特性，如速度特性、负荷特性等。

1. 速度特性

在节气门开度(或喷油泵供油拉杆位置)一定的条件下，发动机的有效功率 P_e、有效转矩 M_e、有效耗油率 g_e 随发动机转速变化的规律，称为发动机速度特性。如图 1-2 所示为发动机的速度特性曲线图，由图分析可知，当发动机转速 $n=n_M$ 时，发动机发出转矩最大；当 $n<n_M$ 或 $n>n_M$ 时，发动机转矩都将减少。

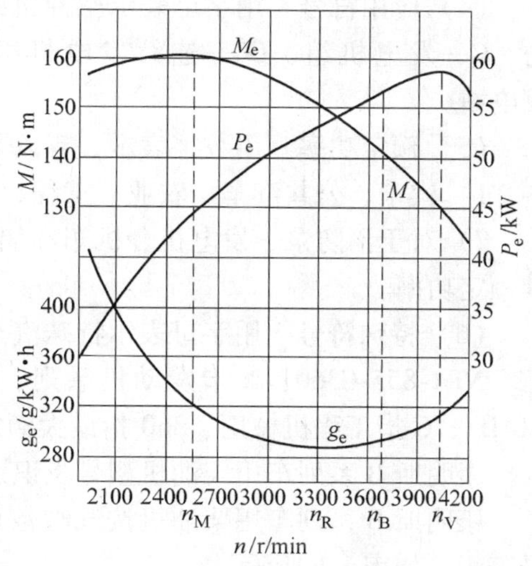

图 1-2 BJ492 汽油机外特性

当 $n=n_p$ 时，发动机发出功率最大；当 $n<n_p$ 或 $n>n_p$ 时，发动机功率都减小。当 $n=n_g$ 时，发动机有效耗油率最小；当 $n<n_g$ 或 $n>n_g$ 时，有效耗油率都将增大。由以上分析可知，一般汽油机工作范围应在 n_p 与 n_M 之间，当 $n>n_p$ 时，汽油机的动力性、经济性和可靠性均大大下降，因而不能使用；当 $n<n_M$ 时，汽油机工作不稳定，也不能使用，存 $n_p \sim n_M$ 转速范同内，从经济性角度看，经济性较好。因此这个转速范围可做为汽油机常用转速范围的参数依据。

2. 负荷特性

发动机转速一定，逐渐改变节气门开度(或改变喷油泵供油拉杆位置)，发动机有效耗油率 g_e 随有效功率 P_e(或有效转矩 M_e)变化而变化的关系，称发动机负荷特性。负荷特性可用来评定不同转速及不同负荷下发动机的经济性。

如图 1-3 为 6100Q 汽油机负荷特性曲线图，由图分析可知，随节气门开度增大，有效功率 P_e 由小增大，当发动机在怠速状态运转时，输出有效功率 $P_e=0$，故有效耗油率 g_e 曲线趋向无穷大，随节气门开度增大，P_e 由小变大，g_e 迅速下降，直至降到最低值，随 P_e 继续加大，节气门开度增大到全开 80% 时，化油器加浓装置开始工作，g_e 又有所上升。

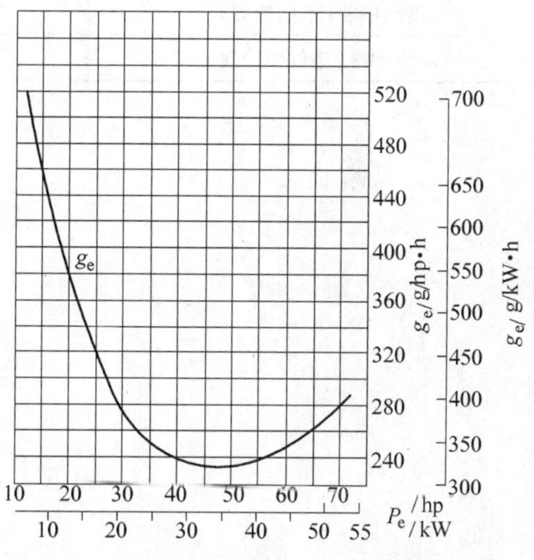

图 1-3 6100Q 汽油机负荷特性曲线

(三) 康明斯发动机编号及其含义

康明斯(Cummins)柴油机是美国康明斯发动机公司(Cummins Engine Company)生产的柴油机。康明斯柴油机产品有 A、B、C、L10、N、V、K 等 10 个系列。康明斯柴油机编号规则由以下 6 个部分组成。

(1) 柴油机系列　用字母 B、C、N、V、K 等表示发动机系列。其中对 B、C 系列须加上气缸数，如 4B、6C。

(2) 吸气方式　用字母组表示：T—增压、TA—增压并中冷、TT—两极增压、TTA—两极增压并中冷。无字母组者为自然吸气。

(3) 工作总容量(总排量)　柴油机工作纵容积用数字表示，单位为L。

(4) 应用符号　用字母表示柴油机的用途。A—农业、B—公共汽车、C—工程、F—消防、G—发电机组、G0—连续发电机组、GS—备用发电机组、L—机车、N—船舶、P—发电站。

(5) 额定功率　用数字表示，有以下情况：

1) 汽车、公共汽车、农业、工程、发电站，可用马力表示、也可省略。

2) 对于消防泵、发电机、机车和船用柴油机，可用马力、千瓦或数字(1、2 或 3)表示其额定功率。

(6) 特殊符号　用字母表示特殊汽车的特征。示例：

NTA-855-C360：N 指发动机系列、T 表示涡轮增压、A 为中冷、855 为总排量 $855in^3$ (14L)、C 指工程机械用、360 指最大额定功率为 360PS(269kW)。

康明斯 B 系列车用柴油机型号及识别：

康明斯 B 系列车用柴油机按气缸数可分为四缸和六缸，按进气方式不同分别用不同型号表示，如表 1-1 所示。

表 1-1

进 气 形 式	四缸发动机	六缸发动机
自然吸气	4B3. 9	6B5. 9
增压	4BT3. 9	6BT5. 9
增压中冷(水中冷器)	4BTA3. 9	6BTA5. 9
增压中冷(空气中冷器)	4BTAA3. 9	6BTAA5. 9

课题二　发动机工作原理

任务　观察发动机工作过程

【任务内容】

1）发动机的常用术语。

2）四行程发动机工作过程。

3）二行程发动机和转子发动机工作原理。

4）完成观察发动机工作过程工作页。

【任务目标】

1）熟悉发动机的常用术语。

2）熟悉四行程发动机工作过程。

3）了解二行程发动机和转子发动机工作原理。

一、实践

先由学员各自尽可能地自行完成如下工作页。然后，在教师的指导下完成本任务。

观察发动机工作过程工作页

1. 观察发动机工作过程，写出发动机常用术语的含义：

上止点：____。

下止点：____。

行程：____。

气缸工作容积：__________________________________。

燃烧室容积：____________________________________。

发动机排量：____________________________________。

压缩比：____。

2. 试估算你观察到的发动机行程和气缸直径（提示：发动机的型号中有缸径），并计算它的排量？假设该发动机的燃烧室容积是 0.05L，则该发动机的压缩比是多少？

二、相关知识

（一）发动机专业术语

发动机基本专业术语如图 2-1 所示。

（1）上止点　上止点是指活塞离曲轴回转中心最远处，即活塞的最高位置。

（2）下止点　下止点是指活塞离曲轴回转中心最近处，即活塞的最低位置。

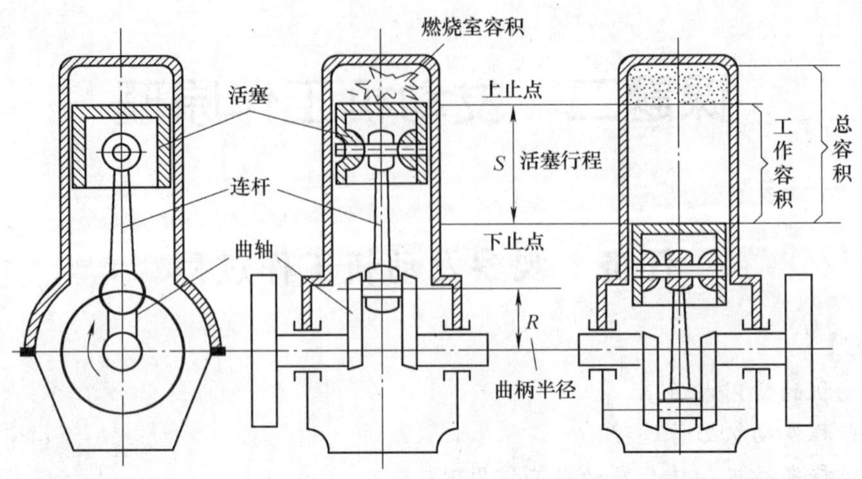

图 2-1 发动机基本专业术语示意图

(3) 活塞行程 上、下止点间的距离 S 称活塞行程。

(4) 曲柄半径 曲轴与连杆大端中心至曲轴中心的距离 R(即曲轴的回转半径)称曲柄半径。曲轴每回转一周，活塞移动 2 个活塞行程。对于气缸中心线通过曲轴回转中心的发动机，$S=2R$。

(5) 活塞行程 活塞由一个止点运动到另一个止点运动一次的过程称活塞行程。

(6) 气缸工作容积 气缸工作容积是指活塞从上止点到下止点所扫过的空间的容积，也称气缸排量，以 V_h 表示。

(7) 发动机工作容积 发动机工作容积是指各气缸工作容积的总和，也称发动机排量，以 V_L 表示。

(8) 燃烧室容积 燃烧室容积是指活塞在上止点时，活塞顶上面的空间容积，以 V_c 表示。

(9) 气缸总容积 气缸总容积是指活塞在下止点时，活塞顶以上的空间容积，以 V_a 表示。

$$V_a = V_h + V_c$$

(10) 压缩比 气缸总容积与燃烧室容积之比称为压缩比，以 ε 表示。

$$\varepsilon = V_a/V_c = (V_h + V_c)/V_c = 1 + V_h/V_c$$

压缩比表示活塞由下止点移动到上止点时，气缸内气体被压缩的程度。压缩比大的发动机，压缩终了时气缸内的压力和温度就愈高，燃烧更迅速、充分，发出的功率越大，经济性也好一些。但压缩比越大，通常发动机工作时抖振会明显增大，出现“爆燃”和“表面点火”等不正常燃烧现象的可能性增大。目前，一般车用汽油机的压缩比约为 7 ~ 11，柴油机的压缩比一般为 16 ~ 22。

(11) 工作循环 发动机将热能转变成机械能的过程，是通过进气、压缩、做功和排气 4 个连续过程组成的封闭过程来实现的。周而复始地进行这 4 个过程，发动机才能持续做功。

在发动机气缸内进行的每一次将燃料燃烧的热能转变成机械能的一系列连续过程(进气、压缩、做功、排气)称发动机的一个工作循环。

（二）四行程汽油机

（1）四行程汽油机工作过程　汽油机的工作过程可分为：进气行程、压缩行程、做功行程、排气行程。

四行程汽油机工作原理：空气与汽油以一定比例混合成良好的混合气，在进气行程被吸入气缸，经压缩点火燃烧而变为热能，燃烧后的气体所产生的高温高压，作用于活塞顶部，推动活塞作直线运动，同时通过连杆、曲轴飞轮机构而变为旋转的机械能，对外输出。

四行程汽油机工作过程：通过可燃混合气的吸入、压缩、膨胀做功和废气排出四个行程，完成一个工作循环。然后又是进气，压缩……周而复始，连续不断，这就是四行程汽油机的工作循环。

在活塞的四个行程中，仅一个行程是做功的，其他三个行程都不作功。

（2）四行程汽油机的工作情况

1）进气行程。活塞在曲轴的带动下由上止点移至下止点，此时排气门关闭，进气门开启，如图 2-2 所示。在活塞移动过程中，气缸容积逐渐增大，气缸内形成一定的真空度。空气和汽油的混合物通过进气门被吸入气缸，并在气缸内进一步混合形成可燃混合气。

2）压缩行程。进气行程结束后，曲轴继续带动活塞由下止点移至上止点。这时进气门排气门均关闭，如图 2-3 所示。随着活塞的移动和气缸容积的不断缩小，气缸内的可燃混合气体被压缩，其压力和温度同时升高。

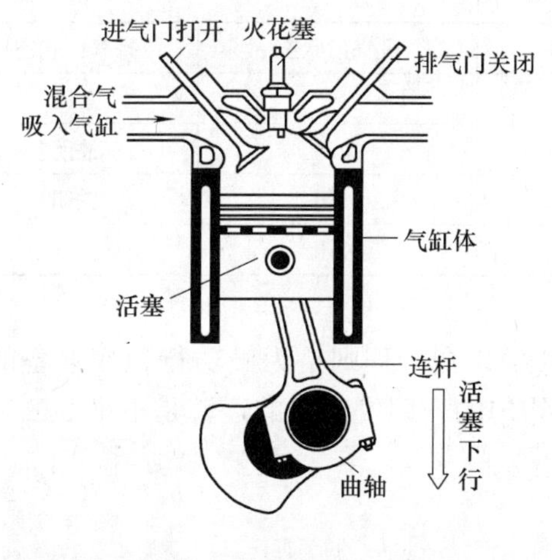

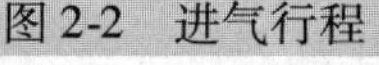
图 2-2　进气行程

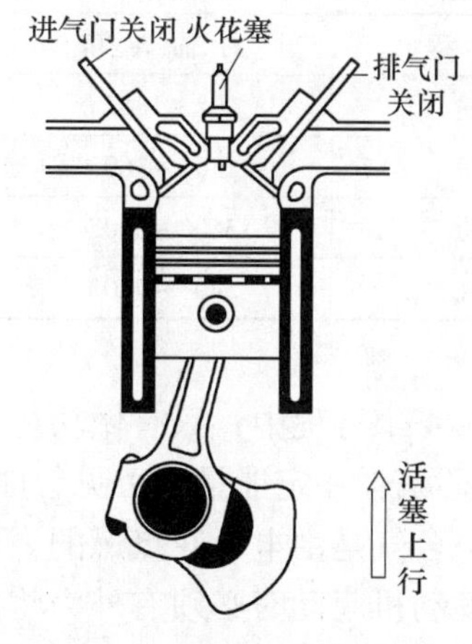

图 2-3　压缩行程

3）做功行程。压缩行程结束时，气缸盖上的火花塞产生电火花，将气缸内可燃混合气体点燃，火焰迅速传遍整个燃烧室，同时释放出大量的热能。燃烧气体的体积急剧膨胀，压力和温度迅速升高，在气体压力的作用下，活塞由上止点移至下止点并通过连杆推动曲轴旋转做功。这时，进排气门仍然关闭，如图 2-4 所示。

4）排气行程。排气行程开始，排气门开启，进气门仍然关闭，如图 2-5 所示。曲轴通过连杆带动活塞由下止点移至上止点，此时膨胀过后的燃烧气体在其自身剩余压力和在活塞的推动下，经排气门排出气缸之外。当活塞到达上止点时，排气行程结束，排气门关闭。

由此可见，曲轴转两周，而发动机完成了四行程的一个循环：进气、压缩、做功、排

气，这样周而复始连续不断地工作。

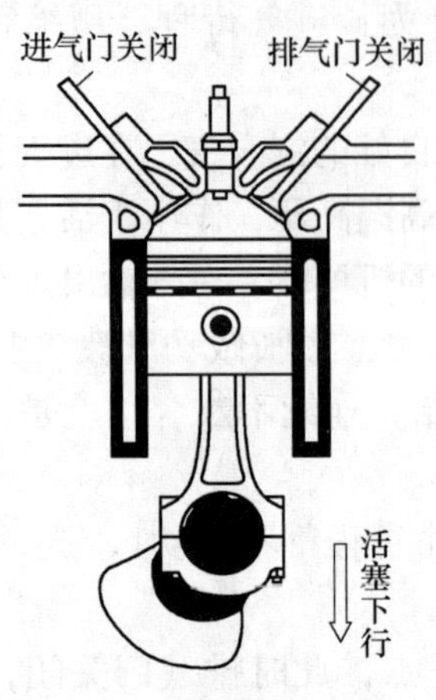

图 2-4　做功行程

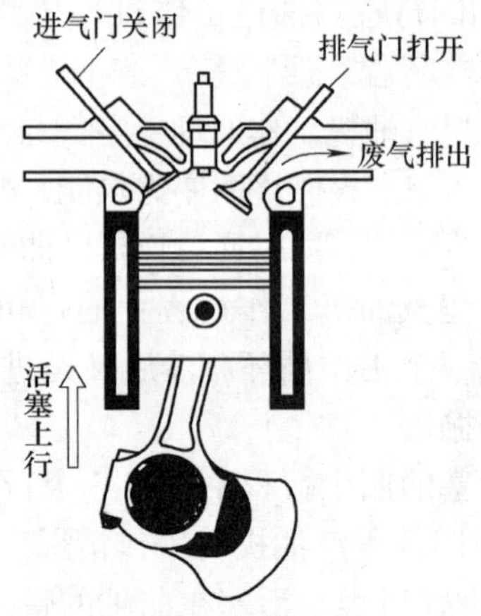

图 2-5　排气行程

（3）工作循环的特点　四行程汽油机工作循环具有以下特点：

1）发动机每完成一个工作循环曲轴转 2 圈(720°)，进、排气门各开启 1 次，活塞在上、下止点间移动 4 次，每一行程曲轴旋转半圈(180°)。四行程汽油机工作情况如表 2-1 所示。

表 2-1　四行程汽油机工作情况

行　　程	曲 轴 转 角	活塞运动方向	进气门状态	排气门状态
进气	0° ~180°	下行	打开	关闭
压缩	180° ~360°	上行	关闭	关闭
做功	360° ~540°	下行	关闭	关闭
排气	540° ~720°	上行	关闭	打开

2）在 4 个行程中，只有做功行程产生动力，其余 3 个行程则是为做功行程作准备的辅助行程，还消耗一定能量。可见，曲轴的转速是不均匀的，即发动机的运转是不平稳的。

3）混合气是由电火花点燃的。

4）发动机起动时必须有外力将曲轴带动。

（三）四行程柴油机

柴油机与汽油机不同点：燃料采用柴油，为压燃式结构，无化油器和火花塞；柴油机吸入气缸的为纯净空气，柴油由喷油泵和喷油器直接喷入气缸，与压缩后的高温空气混合并进行自燃。

四行程柴油机工作原理：每个工作循环都经历进气、压缩、做功、排气四个行程。燃料是柴油，其粘度比汽油大，不易蒸发，而自燃温度低，所以点火方式是压燃式。进气和压缩行程中都是纯空气，其压缩比比汽油机高得多(一般为 16 ~22)，压缩终了时，气缸内的空气压力可达 3. 5 ~4. 5MPa，同时温度大大超过了柴油自燃温度，故柴油喷入气缸后，在很短时间内与空气混合后便立即自行发火燃烧。在高压气体推动下，活塞向下运动并带动曲轴旋转而做功，废气同样经排气门排入大气。

（四）汽油机和柴油机的比较

汽油机和柴油机的比较各有优缺点：见表 2-2。

表 2-2　汽油机和柴油机比较

比较内容	汽油机	柴油机	比较内容	汽油机	柴油机
燃料	汽油	柴油	转速	高	低
混合气形成	一般为缸外	缸内	工作平稳性	柔和	粗暴
点火方式	点燃	压燃	起动性	容易	较难
压缩比	低	高	主要排放物	CO、HC	炭烟、NO_x
热效率	20%～30%	30%～40%	制造成本	低	高
燃油消耗率	高	低	使用寿命	短	长

（五）二行程发动机

（1）二行程汽油机的工作原理　二行程汽油机的工作循环也是由进气、压缩、做功、排气过程组成，但它是在曲轴旋转一圈(360°)，活塞上下往复运动的两个行程内完成的。因此，二行程发动机与四行程发动机工作原理不同，结构也不一样。例如曲轴箱换气式二行程汽油机，气缸上有三排孔，利用这三排孔分别在一定时刻被活塞打开或关闭进行进气、换气和排气的。

二行程汽油机工作原理如图 2-6 所示。活塞向上运动，将三排孔都关闭，活塞上部开始压缩，当活塞继续上行时，活塞下方打开了进气孔，可燃混合气进入曲轴箱，活塞接近上止点时，火花塞点燃混合气，气体燃烧膨胀，推动活塞向下运动，进气孔关闭，曲轴箱内的混合气受到压缩，当活塞接近下止点时，排气孔打开，排出废气，活塞再向下运动，换气孔打开，受到压缩的混合气便从曲轴箱经进气孔流入气缸内，并扫除废气。

二行程汽油机各个行程工作情况为：

1）第一行程。活塞从下止点向上止点运动，事先已充满活塞上方气缸内的混合气被压缩，新的可燃混合气又从化油器被吸入活塞下方的曲轴箱内。

2）第二行程。活塞从上止点向下止点运动，活塞上方进行作功过程和换气过程，而活塞下方则进行可燃混合气的预压缩。

（2）二行程柴油机的工作原理　二行程柴油机和二行程汽油机工作类似，如图 2-7 所示。所不同的是，柴油机进入气缸的不是可燃混合气，而是纯空气。

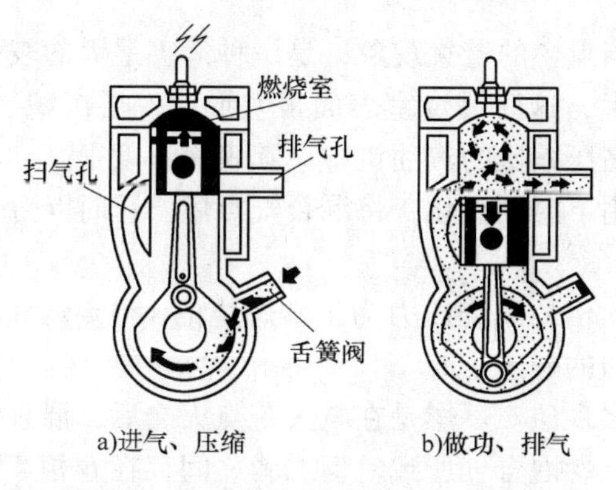

图 2-6　二行程汽油机

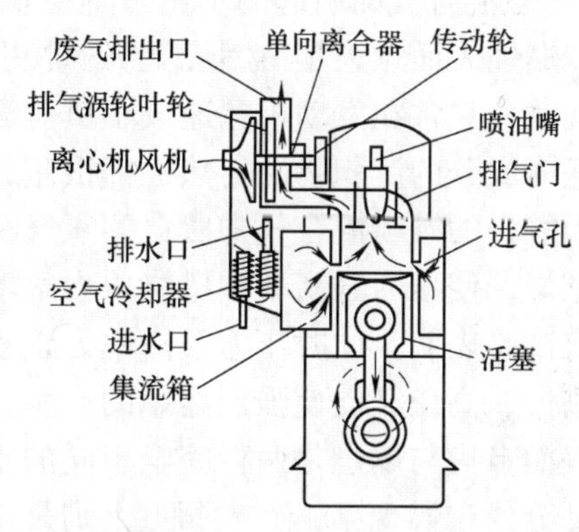

图 2-7　二行程柴油机结构

二行程柴油机各个行程工作情况为：

1）第一行程。活塞从下止点向上止点运动，行程开始前不久，进气孔和排气门均以开启，利用从扫气泵流出的空气使气缸换气。当活塞继续向上运动进气孔被关闭，排气门也关闭，空气受到压缩，当活塞接近上止点时，喷油器将高压柴油以雾状喷入燃烧室，燃油和空气混合后燃烧，使气缸内压力增大。

2）第二行程。活塞从上止点向下止点运动，开始时气体膨胀，推动活塞向下运动，对外做功，当活塞下行到大约2/3行程时，排气门开启，排出废气，气缸内压力降低，进气孔开启，进行换气，换气一直延续到活塞向上运动1/3行程进气孔关闭结束。

三、知识拓展

（一）爆燃

汽油机的爆燃是指燃烧室内末端（相对于火花塞的位置而言）混合气在火焰前锋面尚未到达之前产生的自燃现象。

正常燃烧过程：在火花塞点火后，火焰由点火中心逐步向外传播，依次完成燃烧过程。而爆燃破坏了上述正常的燃烧顺序，末端混合气处在火焰前锋面尚未传到之前出现了自燃点，形成了另外的燃烧中心，使燃烧过程发生了变化。

当仅有轻微爆燃发生（如汽车加速行驶和上坡）时，火焰传播速度为100～300m/s，可缩短燃烧过程，膨胀功得到充分利用，功率和热效率都有所提高。这是允许的。

当发生剧烈爆燃时，自燃形成的火焰中心传播速度高达1000m/s以上。使末端混合气在瞬间燃烧，气体的容积来不及膨胀。造成燃烧室局部温度和压力急剧上升，产生3kHz以上的高频压力波，以超音速向周围传播，撞击燃烧室壁而发出类似金属的敲击声。由于产生高频压力波，破坏了燃烧室壁的激冷层（该层起着隔热膜的作用），导致散热量增大，冷却系统过热，各受热部位的温度过高，引起活塞烧结、活塞环粘着、轴承损坏和气门烧蚀等。有实验表明，严重爆燃时发动机的磨损比正常燃烧时大27倍，这是一种危害较大的燃烧现象。

（二）表面点火

表面点火是指不依靠电火花点火，而是由于炽热表面（如排气门头部、过热的火花塞绝缘体）点燃混合气而引起的不正常燃烧现象。

爆燃性表面点火是由燃烧室沉积物引起的多点点燃的着火现象，是一种危害最大的表面点火现象。它常在发动机怠速或小负荷运转时发生，这时燃烧室表面很快形成一层沉积物。由于任何成分的沉积物的传热性都很差，因此在高压缩比的汽油机中，其表面温度很高，沉积物中所含的碳与混合气中所含的氧气在高温作用下急剧氧化，将混合气点燃。这时混合气激烈燃烧，使压力升高率和燃烧压力急增。

有试验表明，此时压力升高率为正常燃烧的5倍，燃烧压力为正常燃烧的150%，气缸内的高温、高压又促使强烈爆燃的产生，发出强烈的噪声。

表面点火与爆燃是两种完全不同的不正常燃烧现象。爆燃是在电火花点火之后，混合气未燃部分的自燃现象，而表面点火则是由炽热物点燃混合气所致。但二者之间存在着相互促进的内在关系，强烈的爆燃必然增加向气缸壁的传热，促成燃烧室炽热点的形成，导致表面点火；表面点火又使气缸压力升高率和最高燃烧压力增大，使未燃混合气受到较大的压缩和

传热，促使爆燃产生。

为避免表面点火现象的产生，可采取以下防范措施：

1）避免长时间的小负荷运转，以及汽车频繁的减速和加速行驶。

2）在汽油中加磷添加剂，可使沉积物减少，使碳的着火温度提高。

3）注意清除燃烧室积炭和冷却水道内的水垢，保持燃烧室及排气门座附近的水道畅通，以确保冷却效果，使燃烧室壁的温度不致过高。

课题三　发动机拆装

任务　拆装发动机（以捷达发动机为例）

【任务内容】

1）发动机拆装过程中人身安全、机器安全知识。

2）发动机的拆装步骤。

3）拆装发动机的注意事项。

4）完成拆装发动机工作页。

【任务目标】

1）熟悉发动机拆装过程中人身安全、机器安全知识。

2）掌握捷达发动机的拆装步骤。

3）熟悉拆装发动机的注意事项。

一、实践

先由学员各自尽可能地自行完成如下工作页。然后，在教师的指导下完成本任务。

拆装发动机工作页

根据你的拆装过程，记录下表：

1. 拆卸发动机步骤：

序　号	零部件（总成）名称	所使用工具	拆卸要点和注意事项
1			
2			
3			
4			
5			
6			
7			
8			
9			
10			
11			
12			

（续）

序　　号	零部件（总成）名称	所使用工具	拆卸要点和注意事项
13			
14			
15			
16			
17			
18			

2. 安装发动机步骤：

序　　号	零部件（总成）名称	所使用工具	安装要点和注意事项
1			
2			
3			
4			
5			
6			
7			
8			
9			
10			
11			
12			
13			
14			
15			
16			
17			
18			

二、相关知识

（一）发动机拆装注意事项

1）正确使用工具。

2）按顺序拆装，分类放置。

3）不可损坏缸体、缸盖接合面，不要敲打其他接合面或主要机件。

4）装配前各机件装置面应保持清洁。

5）注意装配关系和装配记号。

6）按技术规范和规定进行调整或紧固。

（二）发动机的拆装

1. 发动机附件的拆卸

1）关闭点火开关，拆除蓄电池。

2）放掉冷却液，放出机油。

3）拆下进气软管和空气滤清器。

4）拆下节气门控制单元。

5）拔出发动机上连接线束。

6）拆下离合器。

2. 曲轴传动机构的拆卸与安装

（1）发动机轮系的分解和组装

1）发动机轮系的分解和组装，如图 3-1 所示。

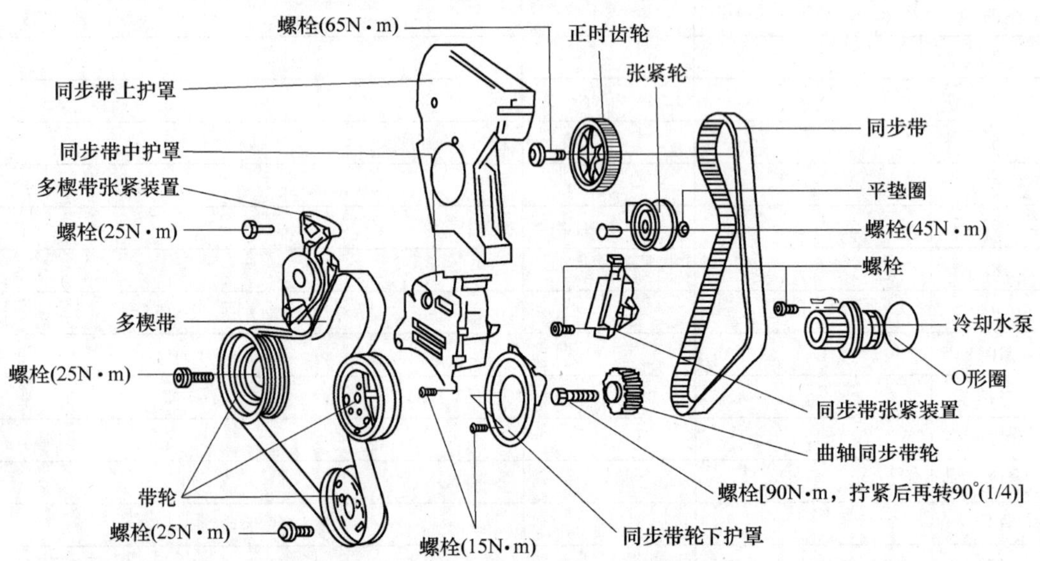

图 3-1　发动机轮系的分解和组装

2）发动机轮系的分解和组装注意事项。

① 拆卸多楔带张紧装置时，先用呆扳手松开多楔带。

② 用专用工具拧紧和松开紧固螺栓。

③ 装正时齿轮时，注意安装位置：正时齿轮带有窄凸缘的一面要朝外，并可看见上止点标记。

④ 拆卸同步带前，应标明旋转方向，检查磨损状况，勿折叠。

⑤ 安装曲轴同步带轮时，应注意只在某一位置时，才可装配中央螺栓。

⑥ 拆装中央螺栓时，应更换新件。用专用工具松开和拧紧，拧紧时，要在带轮和托架之间放两个平垫圈。

⑦ 拆卸多楔带前应标明旋转方向，检查磨损状况，勿折叠。

（2）发动机机体组的分解和组装

1）发动机机体组的分解和组装，如图 3-2 所示。

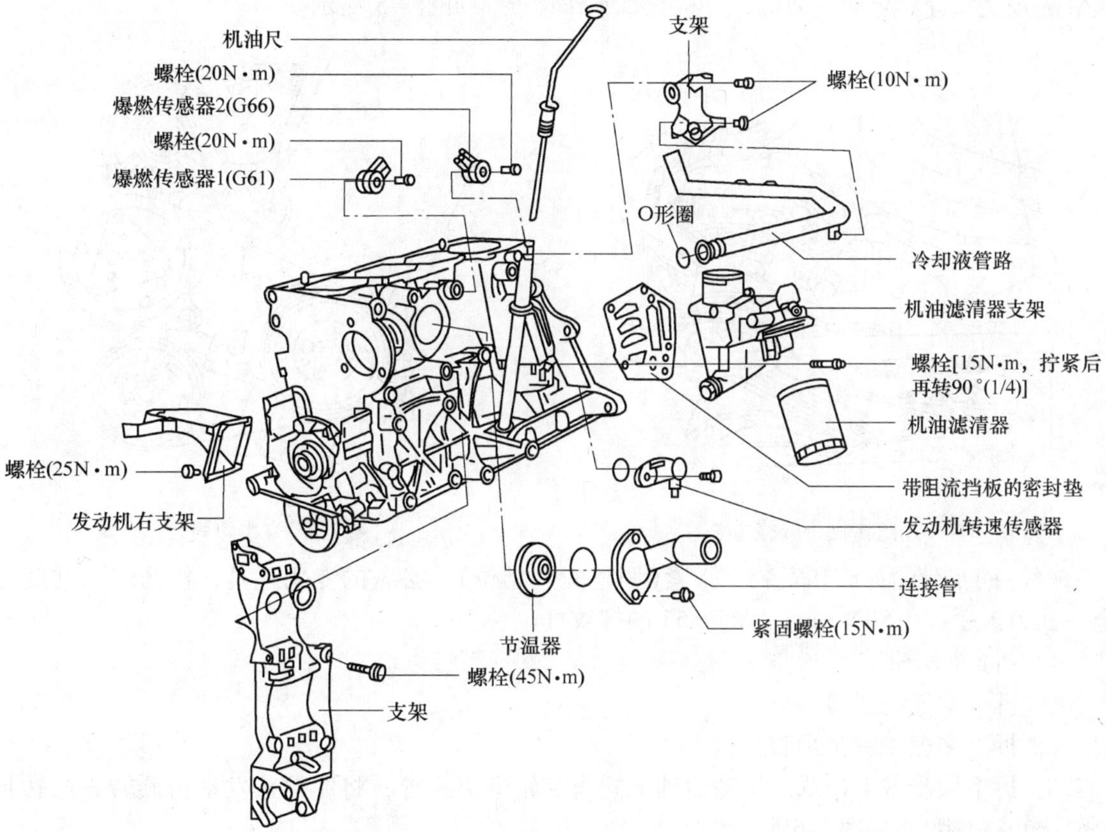

图 3-2　发动机的分解和组装

2）发动机分解和组装注意事项。

① 螺栓的拧紧力矩对爆燃传感器的功能有影响。

② 安装机油滤清器时，将张紧带松开，用手拧紧。注意机油滤清器上的安装说明。

③ 安装带阻流挡板的密封垫时应更换新件并注意安装位置。

④ 检查节温器，将节温器放在水中加热：开启温度约 84℃，开启结束温度约 98℃，开启行程至少 7mm。

（3）多楔带的拆卸和安装　必备的专用工具、检测仪和辅助工具：连接杆直径为 ϕ4. 5mm，长约 55mm 的心轴。

1）拆卸多楔带。

① 拆下多楔带的护罩，标明多楔带的旋转方向。

② 按箭头方向旋松多楔带的张紧装置，如图 3-3 所示，取下多楔带。张紧装置可以用 ϕ4. 5mm，长约 55mm 的心轴或连接杆固定，为此必须拆下空气滤清

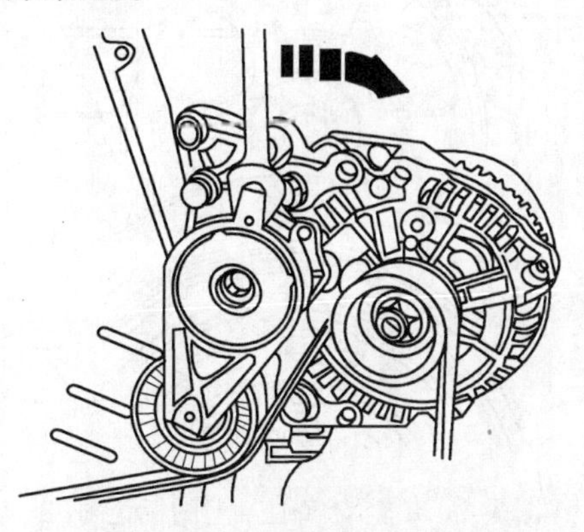

图 3-3　放松多楔带的张紧装置

器，如图 3-4 所示。

2）安装多楔带。安装多楔带时，请注意带在带轮上的正确位置，放好多楔带，松开多楔带的张紧装置，起动发动机，并检查带工作情况，如图 3-5 所示。

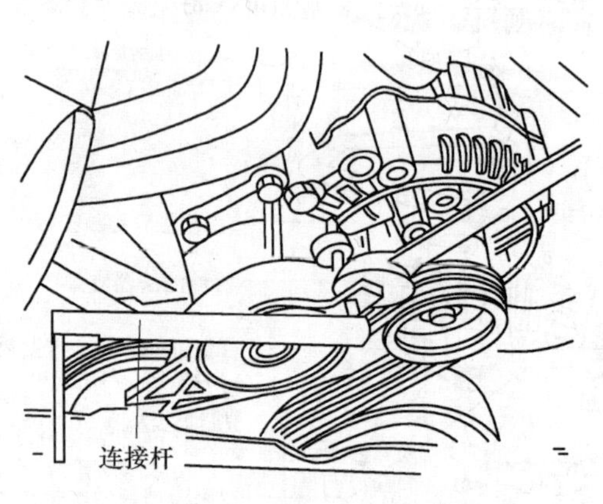

图 3-4　固定多楔带的张紧装置

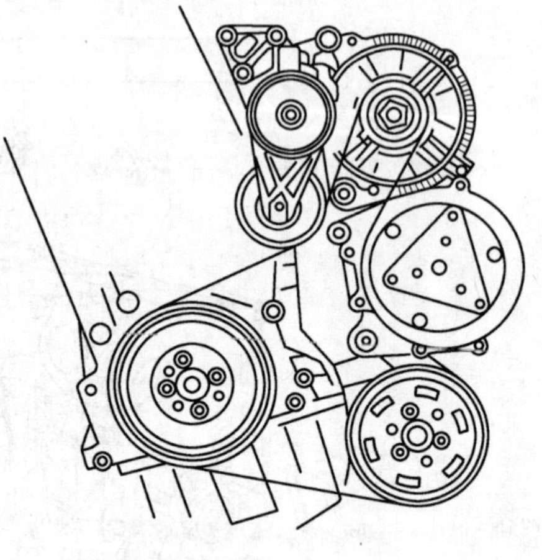

图 3-5　安装多楔带

（4）同步带的拆卸和安装、张紧（调整配气相位）　必备的专用工具、检测仪和辅助工具：扭力扳手（5～50N·m），M5×55 的螺纹杆。

1）拆卸同步带。

① 拆下空气滤清器。

② 拆下多楔带和张紧装置。

③ 拆下同步带上护罩。转动曲轴上同步带轮中央螺栓，将曲轴按发动机旋转方向转到一缸上止点位置，如图 3-6 所示。

④ 拆下带轮及同步带中、下护罩，标明同步带的旋转方向。

⑤ 把螺纹杆 M5×55 牢固拧到张紧装置上，将带大垫圈的六角螺母拧到螺纹杆上，如图 3-7 所示。

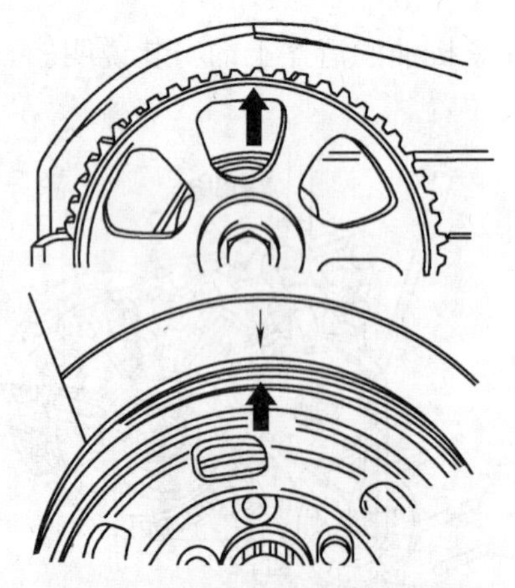

图 3-6　带轮与气缸盖上的标记对准

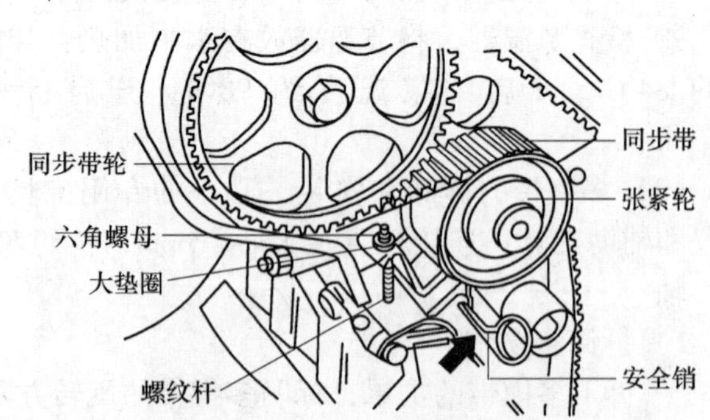

图 3-7　松开张紧装置

⑥ 张紧装置的高压活塞，直到它可以用安全销固定为止。

⑦ 取下同步带。

2）安装同步带。安装同步带时，活塞不允许处于上止点位置，否则当转动凸轮轴时，气门会碰到位于上止点的活塞。

① 将凸轮轴带轮上的标记与气缸盖上的标记对准，如图 3-6 所示。

② 将同步带装到曲轴同步带轮上(注意旋转方向)。

③ 安装同步带上护罩、拧紧力矩为 10N・m。

④ 安装带轮(注意定位)。

⑤ 将带轮上的标记与同步带上护罩上的标记对准。

⑥ 装上同步带。

⑦ 按箭头所示拔出安全销，并松开同步带张紧装置的高压活塞，拧下螺纹杆，如图 3-7 所示。

⑧ 按发动机旋转方向将曲轴转两周，再让其处于上止点，并检查点火正时。

⑨ 安装同步带中、上保护罩。

⑩ 安装多楔带和张紧装置。

⑪ 安装空气滤清器。

（5）密封法兰和压盘的拆卸与安装

1）密封法兰和压盘的检修。

① 密封法兰和压盘的拆装密封法兰和压盘的拆装，如图 3-8 所示。

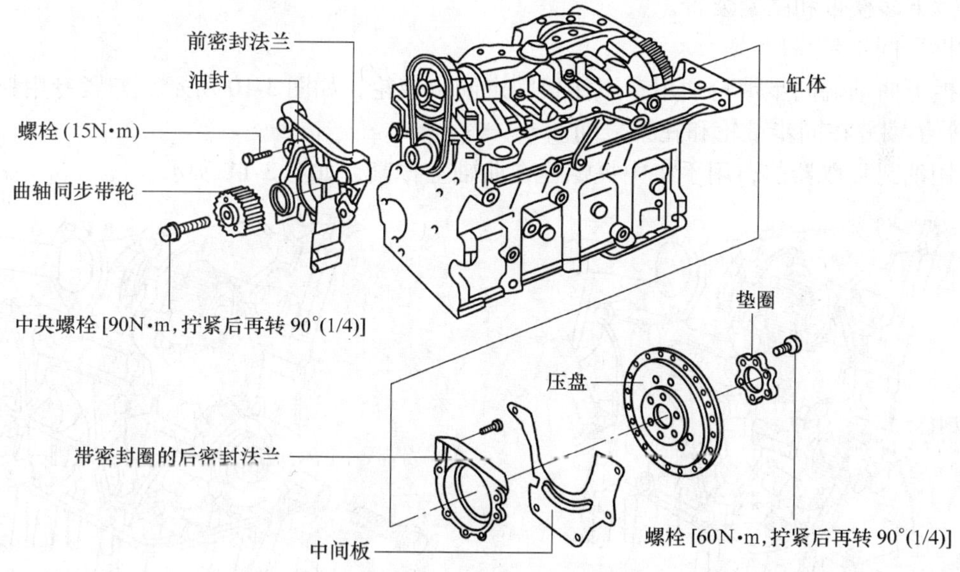

图 3-8　密封法兰和压盘

② 密封法兰和压盘的拆卸与安装注意事项。

a. 用专用托架松开和拧紧中央螺栓，拆装更换新件。

b. 在拧紧专用托架时，将两个平垫圈放在同步带轮和托架之间。

c. 曲轴同步带轮，在某一特定位置时才能安装，注意同步带的安装位置。

d. 前密封法兰，必须坐在紧配衬套上。

e. 装配中间板时，必须坐在紧配衬套上。安装时注意勿损坏/变形。

f. 带密封圈的后密封法兰只能整体更换。必须坐在紧配衬套上。拆装时须拆下油底壳。安装时须清洗密封法兰，缸体带密封垫，密封圈唇口涂适量机油。安装时，将导向轴套从安装座上推到曲轴上。

③ 飞轮离合器总成的拆卸。

a. 拧下飞轮固定螺栓，将飞轮和摩擦片一起拆下。

b. 用旋具将卡环撬下，拆下分离盘。

c. 先用专用工具 VW558 锁定压盘，如图 3-9 所示，然后松开螺栓，卸下压盘和防护板。

d. 松开中间隔板固定螺栓，取下中间板。

e. 拆卸螺栓，取下后油封凸缘，取下密封垫。

f. 若油封需更换，用专用工具卸下油封。

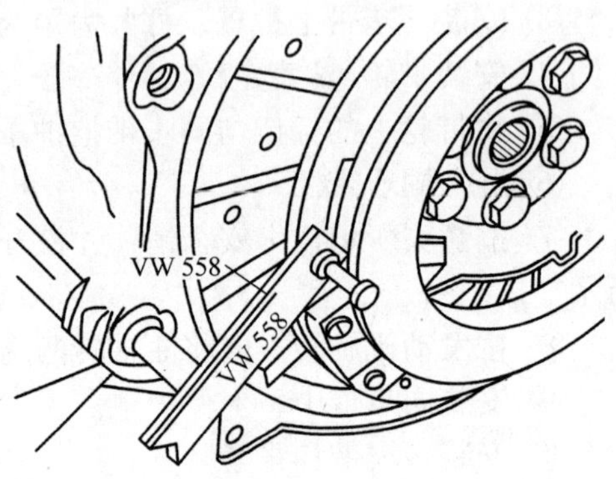

图 3-9　拆装压盘

2）更换曲轴带轮端的密封圈。必备的专用工具、检测仪和辅助工具：专用托架、油封提取器、压力套筒、导向套筒、扭力扳手(5～50N·m)、扭力扳手(40～200N·m)。

① 拆卸。

a. 拆下多楔带和张紧装置。

b. 拆下同步带。

c. 拆下曲轴端同步带轮须用专用托架固定同步带轮，如图 3-10 所示。拧紧专用托架时，将两个平垫圈放在同步带轮和托架之间。

d. 用油封提取器前，用手将中央螺栓在曲轴上拧紧，如图 3-11 所示。

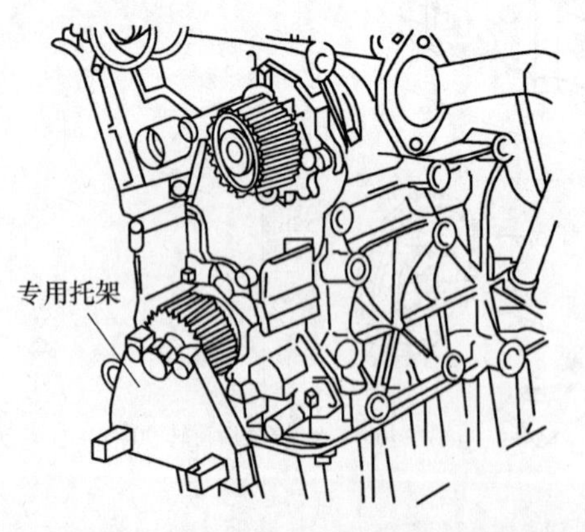

图 3-10　用专用托架固定同步带轮

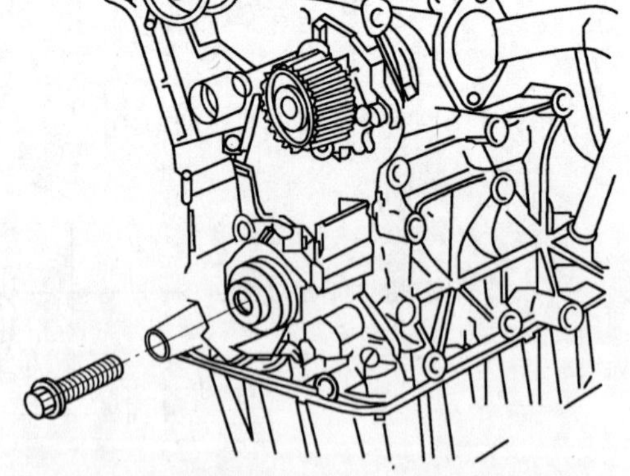
图 3-11　用手将中央螺栓拧牢在曲轴上

e. 油封提取器内部件旋出 6 圈(约 14mm)，并用滚花旋钮固定。

f. 油封提取器螺纹头上涂上机油，用力拧在油封上，如图 3-12 所示。

g. 松开滚花旋钮，顶着曲轴拧动内部件，直到取出油封。

② 安装。

a. 查曲轴磨合痕迹。

b. 油封唇口涂上适量机油。

c. 将导向套筒装到曲轴轴颈上，如图 3-13 所示。

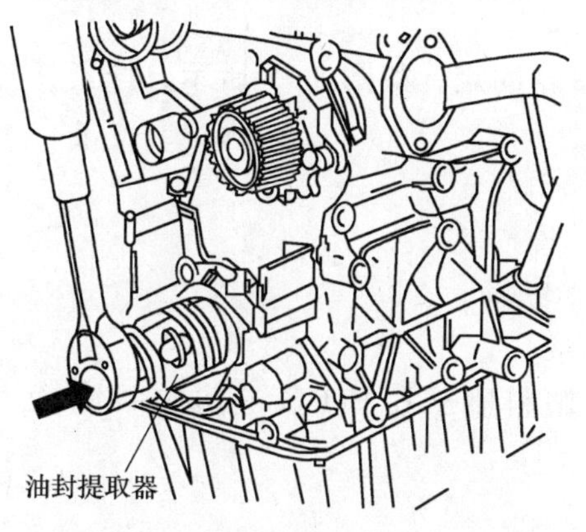

图 3-12　用手将中央螺栓拧牢在曲轴上

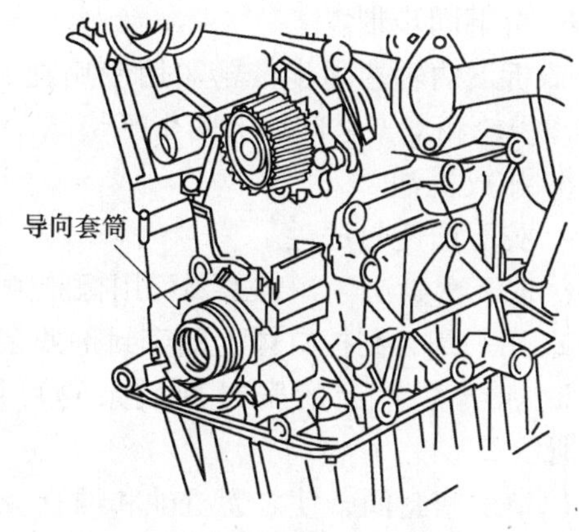

图 3-13　将导向套筒装到曲轴轴颈上

d. 将油封从导向套筒推入。

e. 将油封和压力套筒一同压紧，可利用曲轴端同步带轮的中心螺栓，如图 3-14 所示。

f. 在曲轴上没有磨合痕迹：均匀压入油封。

g. 曲轴上有磨合痕迹：压牢油封。

h. 安装曲轴端同步带轮，并用专用托架固定，如图 3-15 所示。

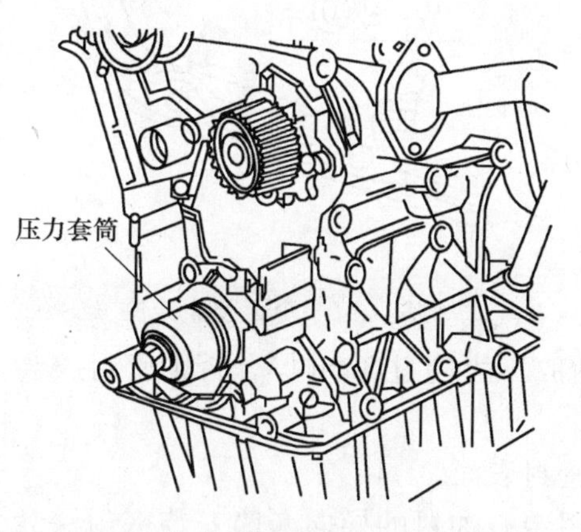

图 3-14　压紧油封和压力套筒

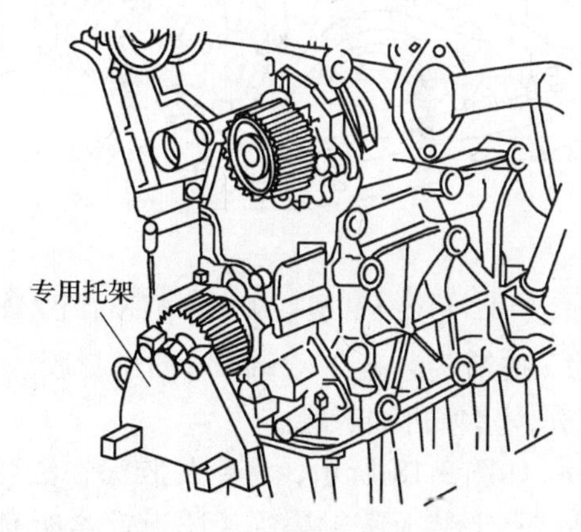

图 3-15　用专用托架固定同步带轮

a）拧紧托架时，在同步带轮和托架之间放上两个平垫圈。

b）更换曲轴端同步带轮的中央螺栓。

c）拧紧中央螺栓时，勿使轴跟着转动。

i. 用 90N · m 拧紧新的中央螺栓后，再拧 90°(1/4 圈)。

j. 安装并张紧同步带。

k. 安装多楔带和张紧装置。

3）前密封法兰的拆卸和安装。必备的专用工具，检测仪和辅助工具：专用托架，扭力扳手(5～50N·m)。扭力扳手(40～200N·m)，硅酮密封胶。

① 拆卸前密封法兰。

a. 拆下多楔带和张紧装置。

b. 拆下同步带。

c. 拆下曲轴端同步带轮需用专用托架将同步带轮固定，如图 3-15 所示。拧紧托架时，在同步带轮和支架之间放上两个平垫圈。

d. 排放机油。

e. 拧下前密封法兰。

f. 取下密封法兰，若需要可用橡胶锤轻敲使法兰松动。

g. 用平刮刀刮掉缸体上的密封剂残余物。

h. 密封法兰上的密封剂残余物可用旋转式塑料刷子刷掉(戴上防护眼镜)，如图3-16所示。

i. 清洗密封圈，使之无机油和油脂。

② 安装前密封法兰。在密封法兰内面涂上硅酮密封胶 5min 后，才可进行安装。

a. 硅酮密封胶瓶嘴的前部有标志(密封胶型号为 D176 404 A2)，从该处剪断(约 ϕ3mm 的嘴)，如图 3-17 所示。

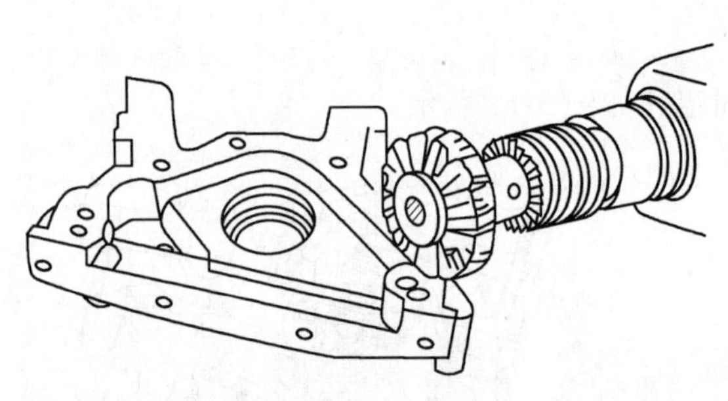

图 3-16　用旋转式塑料刷子刷掉密封剂残余物

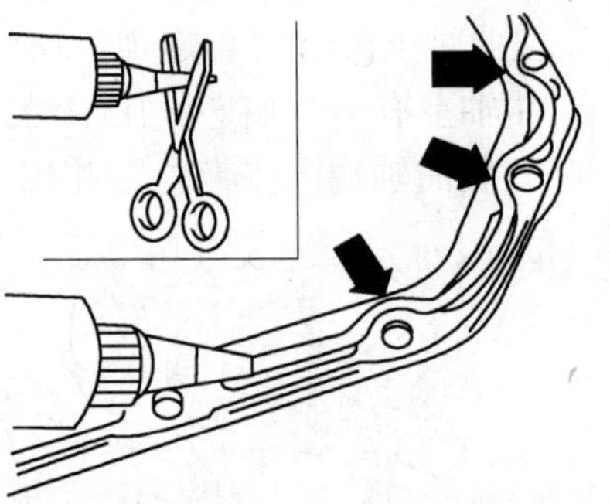

图 3-17　密封胶涂抹位置

b. 按箭头涂上 2～3mm 厚的密封胶。所涂密封胶不可超过 3mm 厚，否则密封胶会进入油底壳，堵塞机油吸管。

c. 如图 3-18 所示，将密封胶涂在法兰干净的密封表面。

d. 马上装上密封法兰，适当拧紧所有螺栓。用装有油封的导向套筒安装密封法兰，如图 3-19 所示。

e. 按十字花式拧紧密封法兰的紧固螺栓，拧紧力矩为 15N·m。

f. 安装油底壳。装配后 30min，密封胶才能干，之后才可加注机油。

g. 安装并张紧同步带。

h. 安装多楔带和张紧装置。

3. 曲轴的拆卸和安装

安装发动机时，需将其固定在发动机支架上。

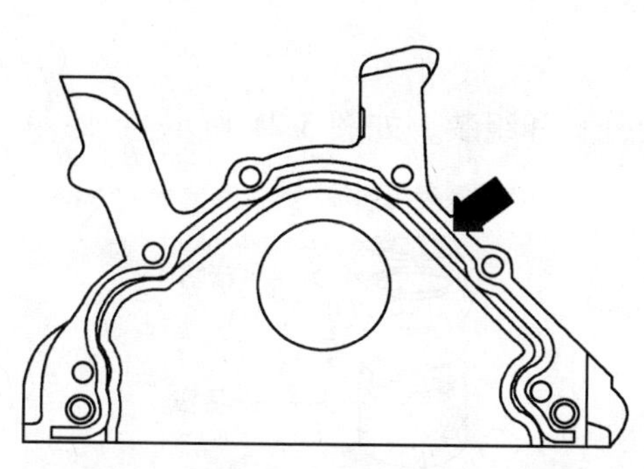

图 3-18　在法兰密封面涂抹密封胶

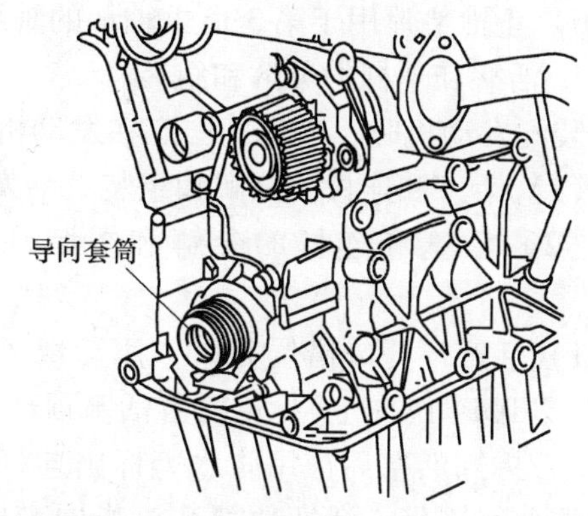

图 3-19　用导向套筒安装密封法兰

（1）曲轴的拆卸和安装　曲轴的拆卸和安装，如图 3-20 所示。

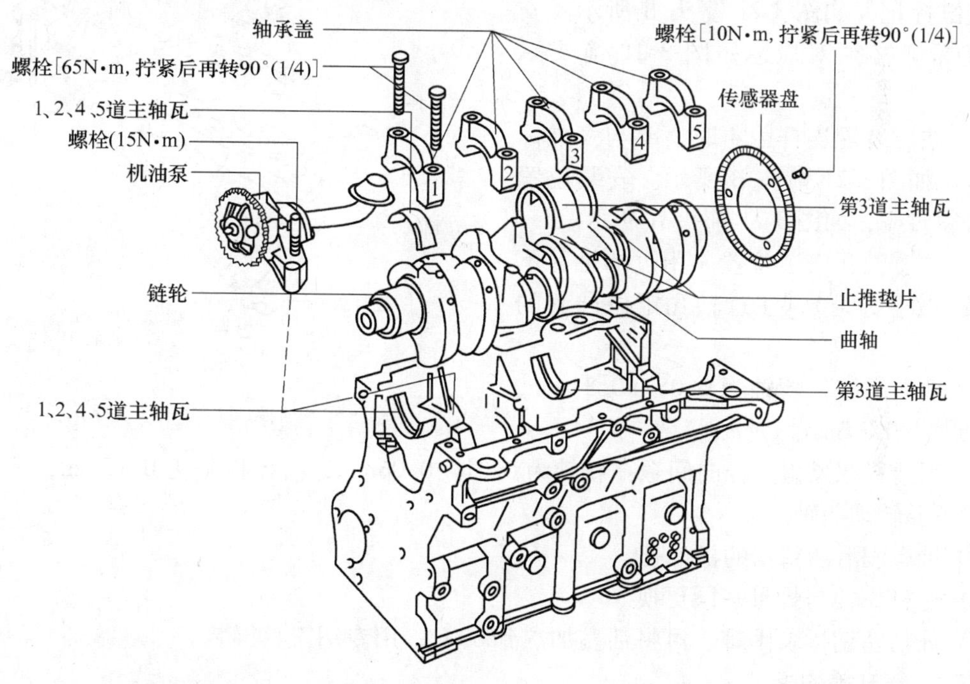

图 3-20　曲轴的拆卸和安装

（2）曲轴的拆卸和安装注意事项

1）图 3-20 中 1、2、4、5 道主轴瓦用于无油槽的轴承盖，用于带油槽的缸体。用过的轴瓦不能互换（做上标记）。

2）测量曲轴径向间隙前，先用 65N · m 力矩拧紧。

3）轴承盖的装配位置：第 1 道主轴承盖，带轮端；第 3 道主轴承盖。带有用于止推垫圈的凹槽；缸体/轴瓦上的定位凸起必须对齐。

4）第 3 道主轴瓦用于无油槽的轴承盖，用于带油槽的缸体。用过的轴瓦不能互换（做上标记）。

5）传感器盘用于发动机转速传感器，只在某一特定位置才可安装，孔是错开的。

6）止推垫片用于第3道主轴承的轴承盖和缸体，注意安装位置。

4. 活塞和连杆的分解和组装

装配发动机时，需将其固定在发动机支座上。

（1）活塞和连杆的分解和组装　活塞和连杆的分解和组装，如图3-21所示。

（2）活塞和连杆的分解和组装注意事项

1）活塞环开口错位120°，用活塞环钳拆装，“TOP”（向上）标记对着活塞顶部。

2）拆卸活塞后，用防水笔标出连杆安装位置和气缸号，活塞顶部箭头指向带轮，用活塞环卡钳安装。

3）连杆更换时，必须成套更换连杆。标出气缸标记，如图3-21箭头B所示。安装位置标记必须对应，如图3-21箭头A所示。

4）注意装配连杆盖4时，要与气缸标记对应，如图3-21箭头B所示。安装位置标记必须对应，如图3-21箭头A所示。

5）注意轴瓦安装位置。用过的轴瓦不能互换（做上标记），注意轴瓦定位凸起的位置。

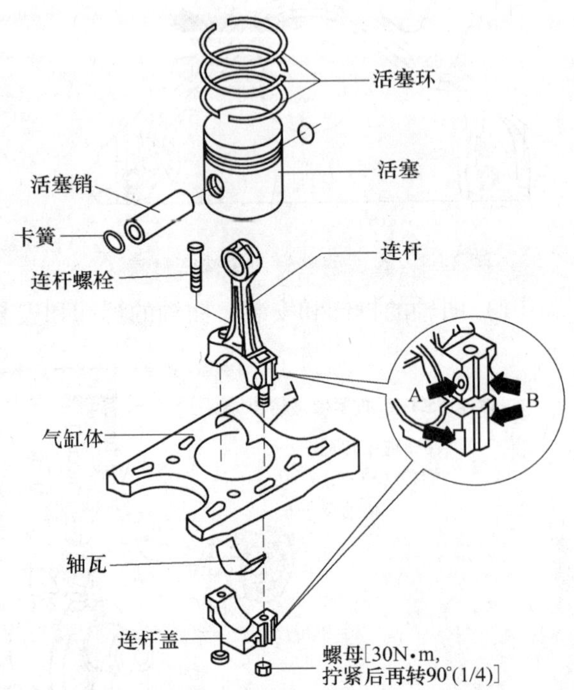

图3-21　活塞和连杆的分解和组装

① 轴向间隙，新轴为0.05～0.31mm，磨损极限为0.37mm。

② 用塑料塞尺检查径向间隙：新轴为0.01～0.06mm，磨损极限为0.12mm，测量径向间隙时不要转动曲轴。

③ 带有润滑活塞销的机油孔。

6）连杆螺栓与螺母一同更换。

7）如活塞销拆装困难，可将活塞加热到60℃，用专用工具拆装。

（三）气缸盖的拆装

1. 气缸盖的拆卸和安装说明

1）安装带凸轮轴的气缸盖时，必须在挺杆和凸轮轴接触面涂上机油。

2）装上气缸盖前，才可去掉保护气门的塑料垫圈，该垫圈是交货时带来的。

3）更换气缸盖时，必须更新全部冷却液。

2. 气缸盖的拆卸和安装

气缸盖的拆卸和安装，如图3-22所示。

3. 气缸盖的拆卸和安装注意事项

1）气缸盖罩密封圈损坏或泄漏需更换。注意安装位置。

2）气缸盖螺栓按顺序拆装。

3）注意挡油器的安装位置，在第一缸和第二缸之间进气凸轮轴上面。

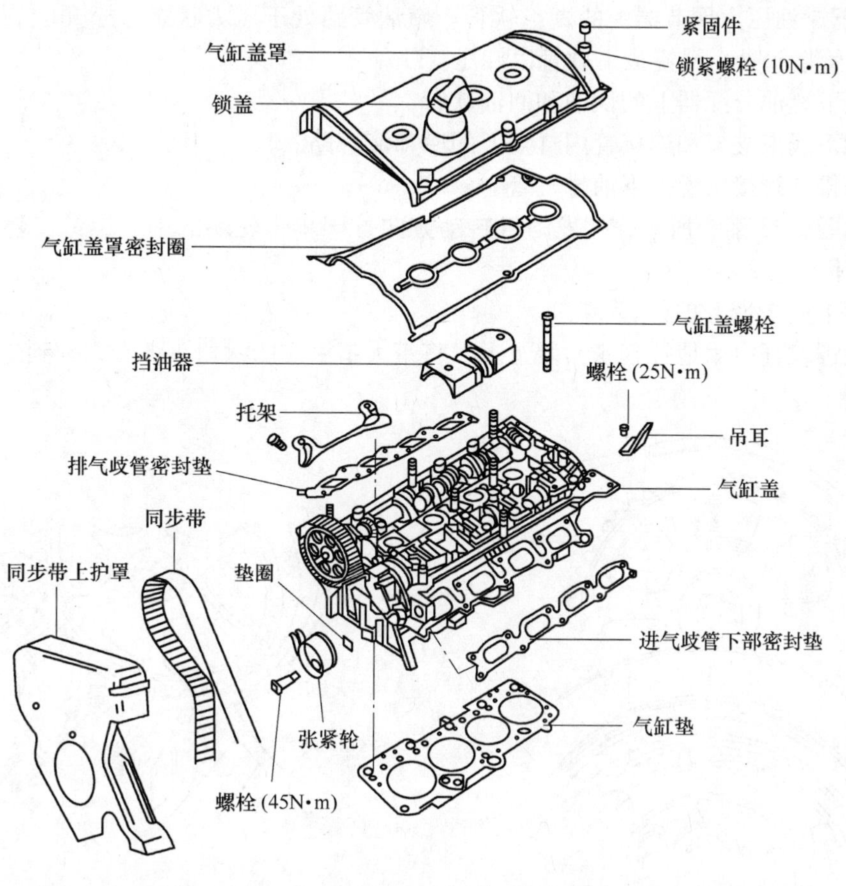

图 3-22　气缸盖的拆卸和安装

4）气缸垫拆装后检查如有必要更换。更换后需更新全部冷却液。注意安装位置，标记需从进气端才可读出零件号。

5）拆卸同步带前标出旋转方向，检查磨损状况，勿折叠。

4. 气缸盖的拆卸和安装过程

必备的专用工具、检测仪和辅助工具：收集盘、卡箍钳、扭力扳手(5 ~ 50N · m)、扭力扳手(40 ~ 200N · m)。

拆装条件：发动机处于冷态。

（1）拆卸气缸盖

1）关闭点火开关后，拆除蓄电池接地线。

2）排净冷却液。

3）将冷却液软管从缸盖上的连接管上拔下。

4）拆下进气歧管上部。用干净抹布堵住气缸盖上的进水管。

5）拆下火花塞插头并松开高压点火线的卡箍。

6）拆下喷油阀的护板。

7）拔下霍尔传感器、冷却液温度传感器、空调热敏开关、喷油阀的插头。

8）松开燃油分配器的电线卡箍。

9）拔下燃油压力调节器上的真空软管。燃油管路处于压力状态，松开软管接头前，应将抹布放在管接头处，慢慢拔下软管以卸压。

10）拔下燃油分配器上的供油和回油软管。

11）拆下线束支架和连接管内缸盖上的冷却液管路。

12）从排气管接头上拧下前排气管。

13）如图3-23箭头所示，按发动机转动方向拧同步带轮端的中央螺钉，将曲轴转到第一缸上止点标记处。

14）拆下同步带上护罩。

15）把螺纹杆牢固地拧到张紧装置上，将带大垫圈3的六角头螺母2拧到螺纹杆上，如图3-24所示。

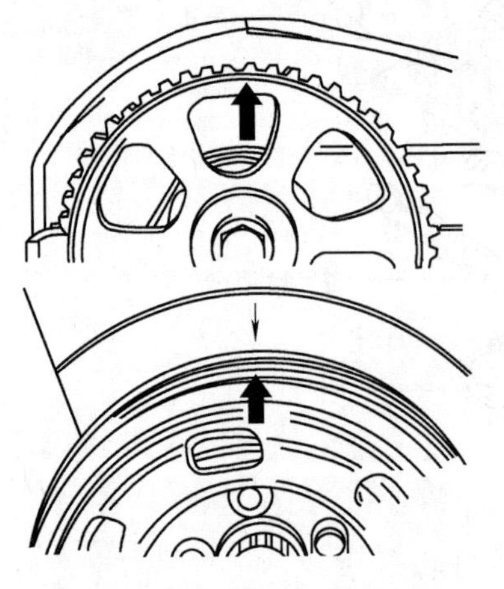

图3-23　带轮与气缸盖上的标记对准

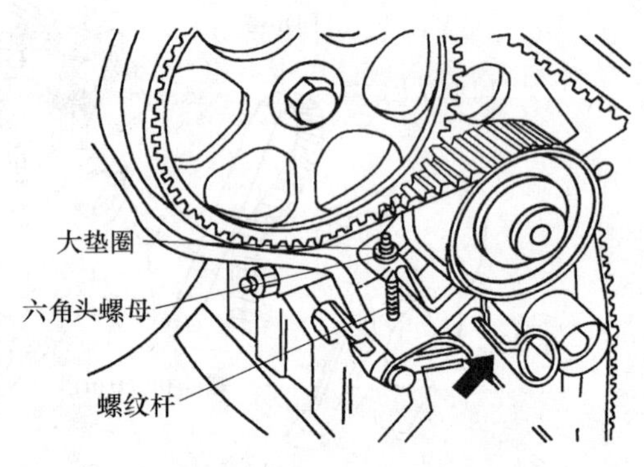

图3-24　松开张紧装置

16）拉紧张紧装置的高压活塞，直到它可以用安全销固定为止，安全销型式，如图3-24箭头所示。

17）从凸轮轴正时齿轮上取下同步带。

18）取下气缸盖罩。

19）按如图3-25所示的顺序松开并拧下气缸盖螺栓。

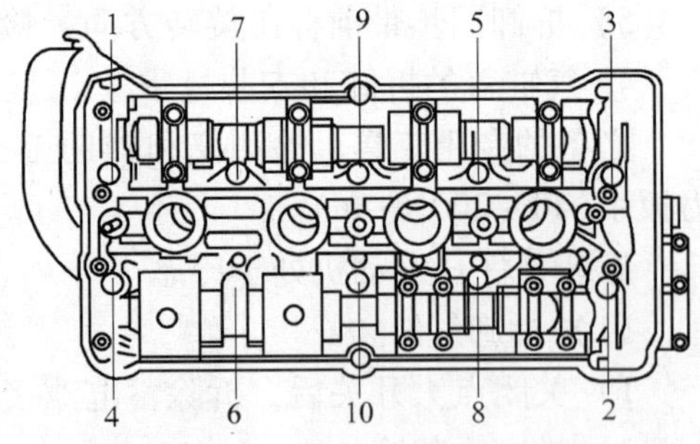

图3-25　按顺序松开并拧下气缸盖螺栓

（2）安装气缸盖

1）全部更换气缸盖螺栓。

2）气缸体上拧缸盖螺栓的盲孔中不能有机油或冷却液。

3）只有在马上要安装时，才可从包装中取出新气缸垫。

4）须非常小心地拿取密封垫，如损坏会导致密封不严。

5）在气缸内塞入干净抹布，以免污物等进入缸壁和活塞间。

6）同时也不要让污物进入冷却液中。

7）清洁缸盖和缸体的密封表面，注意不要形成拉长的小沟或刮痕（使用砂纸粒度不得

低于100）。

8）用抹布仔细擦掉研磨残余物。

9）将第一缸活塞设置在上止点，并反向旋转曲轴。

10）铺上气缸密封垫，如图3-26所示。注意箭头所示的定位销，注意密封垫安装位置，应在进气侧读出零件号。

11）装上缸盖。

12）装上缸盖螺栓并用手拧紧。

13）气缸盖分两步拧紧，如图3-27所示，第一步，40N·m；第二步，用刚性扳手再拧180°（1/2圈），允许再拧2×90°。修理后必须拧紧缸盖螺栓。

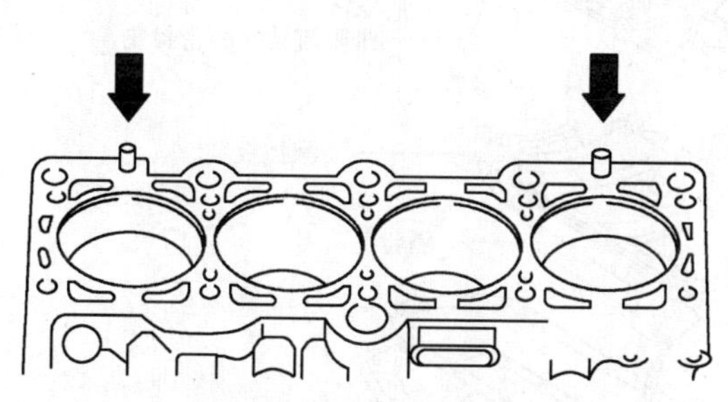

图3-26　铺上气缸密封垫

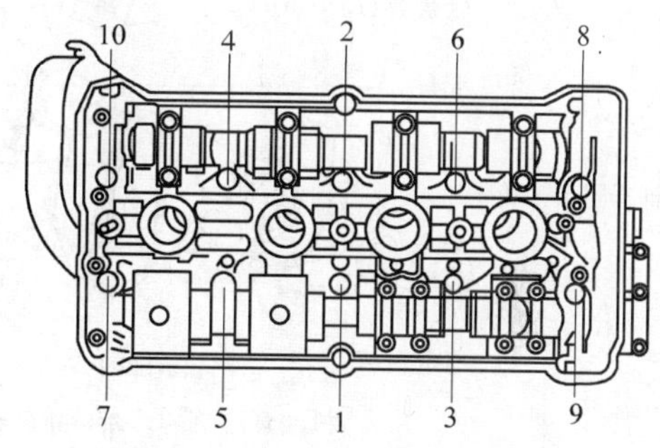

图3-27　分两步拧紧气缸盖

14）再往下安装可按与拆卸相反的顺序进行。

15）安装同步带并调整配气相位。

16）加注冷却液。

（四）润滑系统的拆装

1. 润滑系统零件的拆卸和安装

润滑系统零件的拆卸和安装如图3-28所示。机油加注量：未更换机油滤清器4.0L，更换机油滤清器4.5L。

2. 润滑系统零件的拆卸和安装注意事项

1）机油加油口盖的密封垫如损坏须更换。

2）机油标尺油量勿超过最大标记，油量在阴影区到最大标记时，不要再加机油；油量在阴影区中间，可再加机油；油量在最小标记到阴影区之间时，需再加机油。

3）安装更换新的密封垫时，须将密封法兰/缸体过渡处涂上密封胶。

4）拆卸机油泵链条前标出转动方向，检查磨损状况。

5）用专用支架松开和拧紧中央螺栓，拧紧时将两个平垫圈放到同步带轮和支架之间。

6）曲轴端同步带轮，只在某一位置时才可安装。

7）链轮用于机油泵传动。

8）注意带导轨的链条张紧器的安装位置。若弹簧断裂，整体更换链条张紧器。

3. 机油滤清器固定支架的分解和组装

1）机油滤清器固定支架的分解和组装，如图3-29所示。

2）机油滤清器固定支架的分解和组装注意事项。

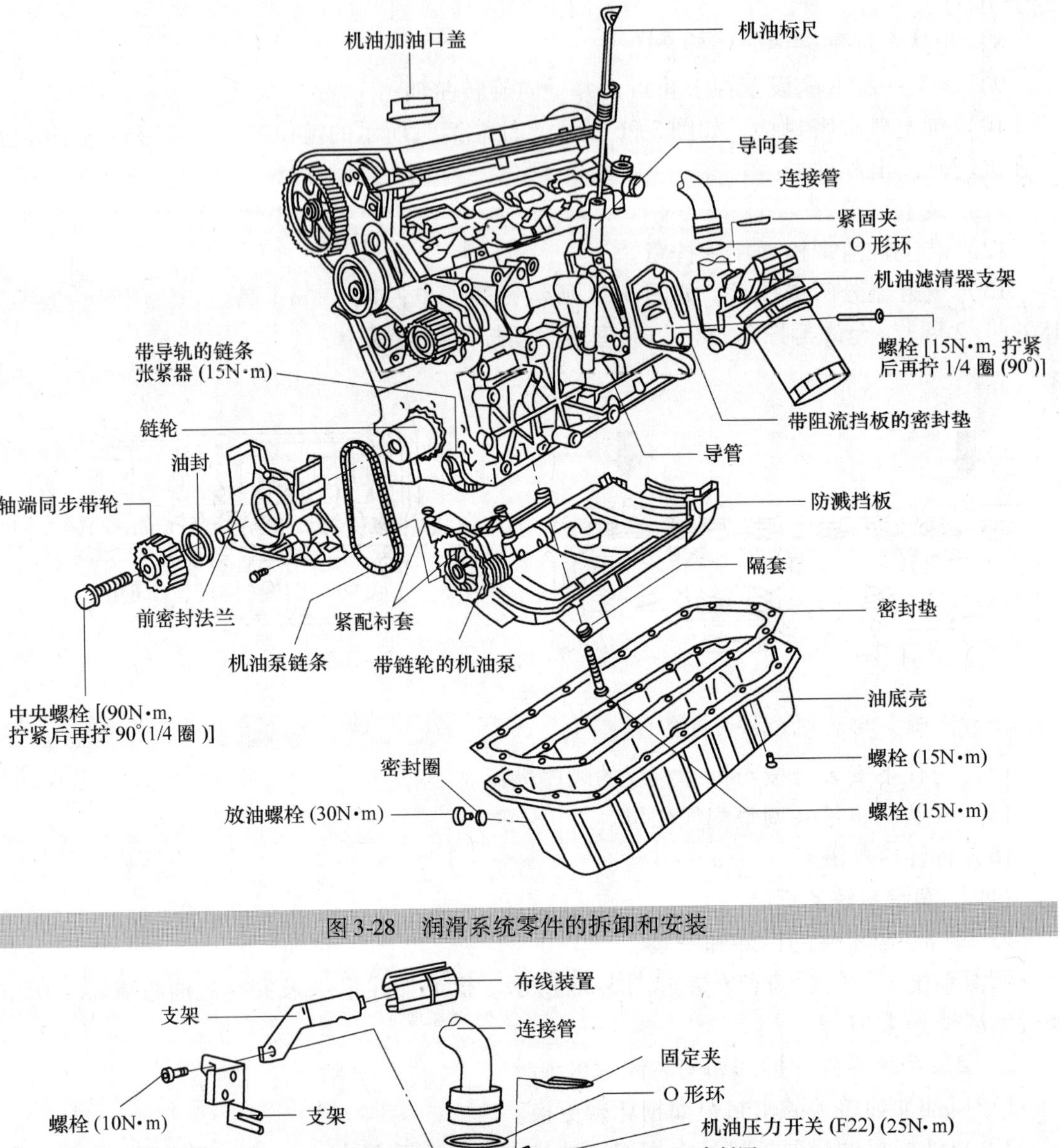

机油加油口盖
机油标尺
导向套
连接管
紧固夹
O 形环
机油滤清器支架
螺栓 [15N·m, 拧紧后再拧 1/4 圈 (90°)]
带导轨的链条张紧器 (15N·m)
带阻流挡板的密封垫
链轮
导管
油封
曲轴端同步带轮
防溅挡板
隔套
密封垫
前密封法兰
紧配衬套
机油泵链条
带链轮的机油泵
油底壳
中央螺栓 [(90N·m, 拧紧后再拧 90°(1/4 圈)]
螺栓 (15N·m)
密封圈
放油螺栓 (30N·m)
螺栓 (15N·m)

图 3-28　润滑系统零件的拆卸和安装

布线装置
支架
连接管
固定夹
螺栓 (10N·m)
O 形环
支架
机油压力开关 (F22) (25N·m)
密封圈
螺栓 (25N·m)
带阻流板的密封垫
机油压力开关 (F1) (25N·m)
螺栓 (10N· m)
螺栓 [15N· m, 拧紧后再拧 1/4 圈 (90°)]
安全阀
密封圈
机油滤清器
螺栓 (40N·m)
机油滤清器支架

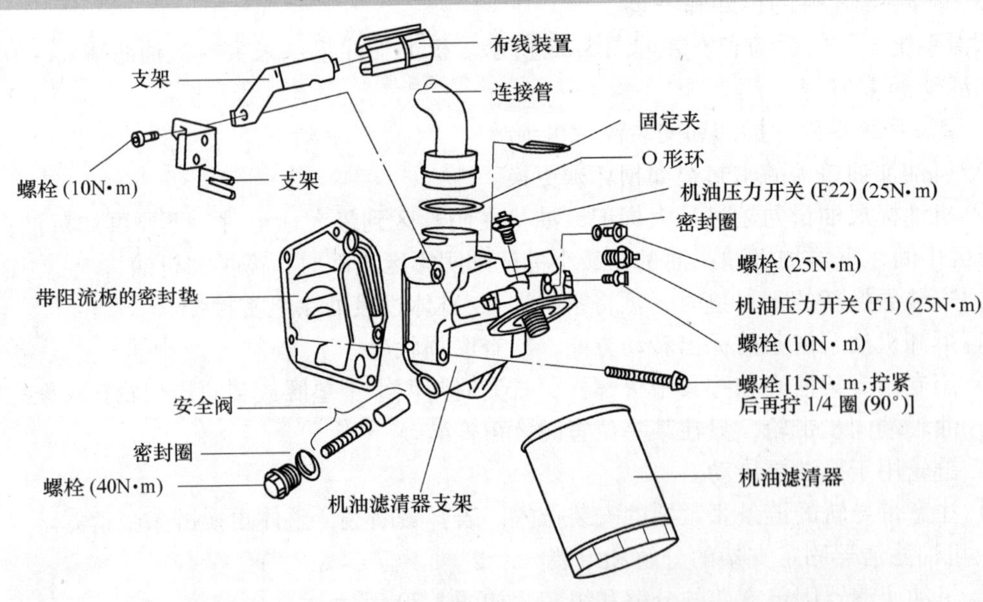

图 3-29　机油滤清器固定支架的分解和组装

① 连接管在机油滤清器支架和连接软管之间，用于连接吸油软管。

② 机油压力开关(F22)为30kPa，褐色，电线为蓝/黑。密封圈密封不良可取下更换。

③ 机油压力开关(F1)为180kPa，白色，电线为黄色。密封圈密封不良可取下更换。

④ 机油滤清器用张紧带松开，用手拧紧。注意机油滤清器上的安装说明。

⑤ 安全阀打开压力为350～450kPa。

4. 机油泵的分解和组装

1）机油泵的分解和组装，如图3-30所示。

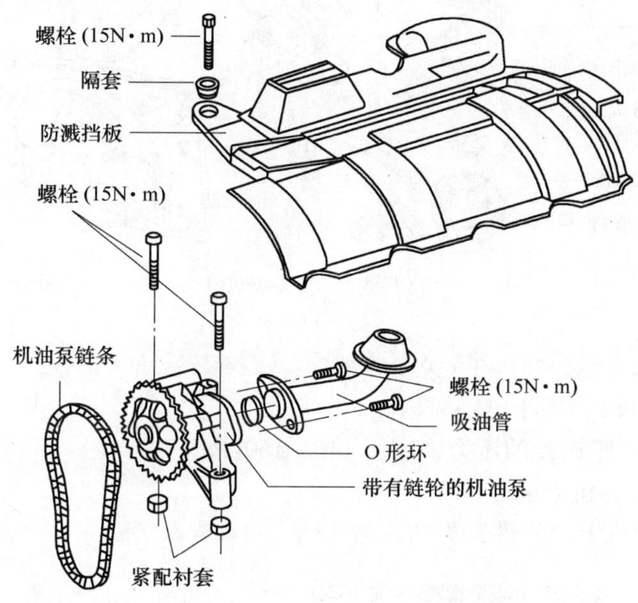

图3-30　机油泵的分解和组装

2）机油泵的分解和组装注意事项。

① 带有链轮的机油泵的链轮只能与机油泵一起更换。接触面有裂纹时需更换链轮。

② 机油泵安全阀的打开压力为1100～1300kPa。

③ 紧配衬套用于机油泵/气缸体对正中心。

④ 拆卸机油泵链条前标明转动方向，检查磨损状况。

⑤ 防溅挡板须在安装好的机油泵上装配。

(五) 冷却系统的拆装

1. 冷却系统零件的拆卸和安装说明

1）在发动机热态时，冷却系统处于压力状态，修理前如需要应卸压。

2）软管接头是用弹性卡箍紧固的，修理时只可使用弹性卡箍。

3）装配弹性卡箍时可使用夹钳。

2. 冷却系统零件的构成

冷却系统零件的构成，如图3-31所示。

3. 冷却系统零件拆装注意事项

1）换上新散热器后，必须更换全部冷却液。

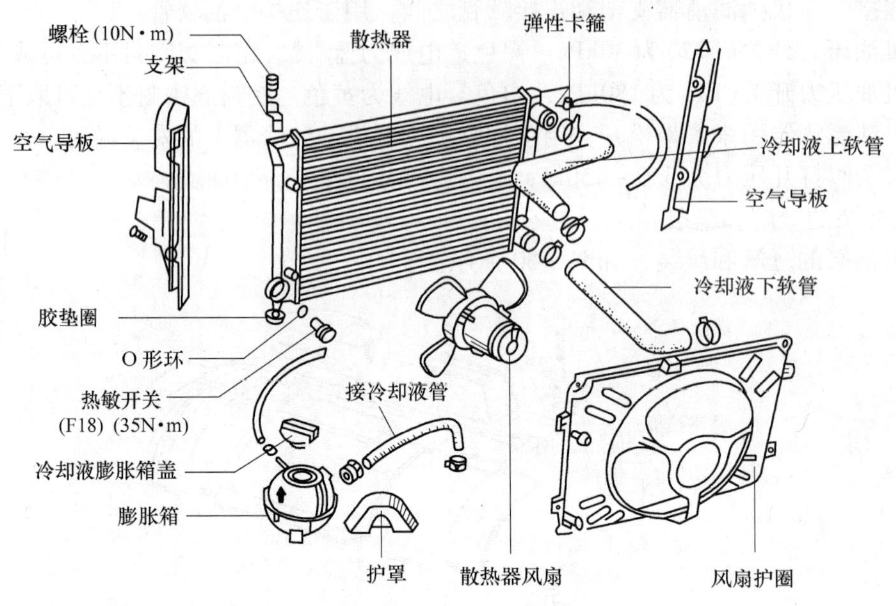

图 3-31　冷却系统零件的构成

2）热敏开关(F18)，用于电动风扇。

3）检查冷却液膨胀箱盖的压力，应为 140 ~ 160kPa。

4. 冷却系统在发动机上的零件

冷却系统在发动机上的零件，如图 3-32 所示。

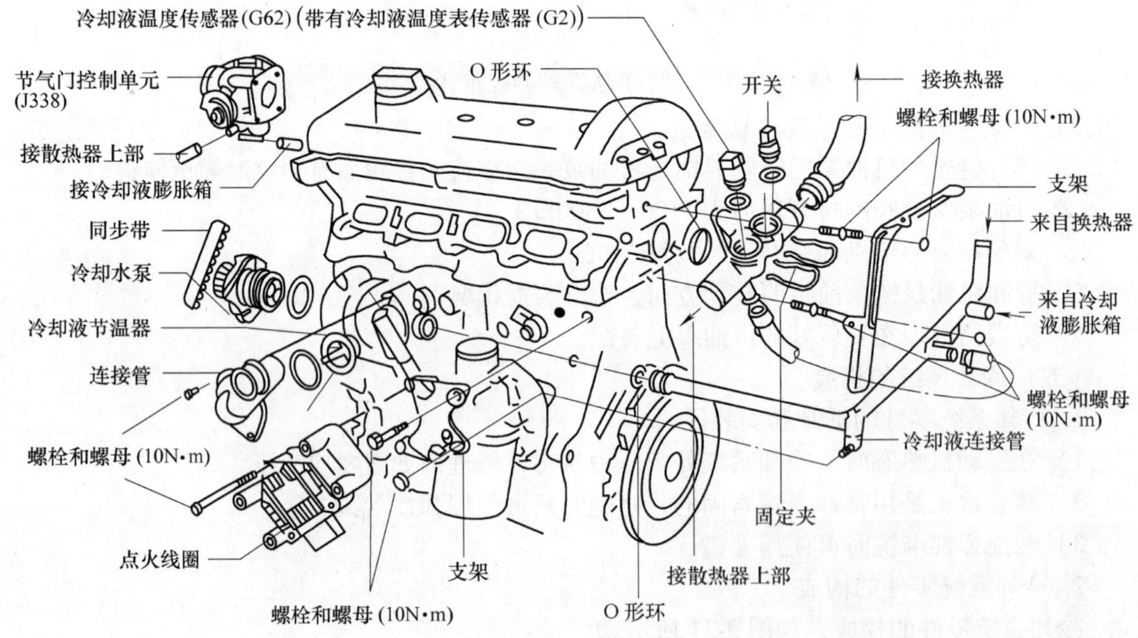

图 3-32　冷却系统零件的构成

5. 散热器和冷却风扇的拆卸和安装

必备的专用工具、检测仪和辅助工具：收集盘、弹性卡箍夹钳、扭力扳手(5～50N·m)。

(1) 拆卸散热器和冷却风扇

1) 拆下发动机罩锁支架。

2) 放出冷却液。

3) 从散热器上取下冷却液软管。注意不可打开空调制冷剂环路，并且为避免损坏冷凝器及制冷剂管路/软管，应注意勿使管路和软管过度卷紧，折叠或弯曲。

4) 从散热器上拆下冷凝器。

5) 从风扇护圈上拧下制冷剂管路固定卡箍。

6) 从散热器上拆下空气管道。

7) 拨下热敏开关和冷却风扇的插头。

8) 从散热器上拆下冷却风扇。

9) 拧下散热器的紧固螺钉，将散热器小心地向上取下。

10) 在关闭点火开关的情况下，拆下蓄电池接地线，拆下蓄电池。

11) 将冷却风扇护圈和冷却风扇一同拆下。

(2) 安装散热器和冷却风扇　安装可按与拆卸相反的顺序进行，注意以下几点。

1) 按照规定加注冷却液。

2) 连好电气连线和理顺线路走向。

3) 安装发动机罩锁支架。

4) 检查前照灯光束，如需要，重新校正。

6. 冷却水泵的拆卸和安装

必备的专用工具、检测仪和辅助工具：收集盘、弹性卡箍夹钳、扭力扳手(5～50N·m)。

(1) 冷却水泵的拆卸和安装说明

1) 要换所有的密封垫和密封环。

2) 同步带下护罩可以不拆。

3) 同步带仍留在曲轴上同步带轮一侧。

4) 为防止冷却液烫伤人，拆卸冷却水泵前，应用抹布盖住同步带。

(2) 拆卸冷却水泵

1) 放出冷却液。

2) 拆下多楔带。

3) 从冷却水泵的同步带轮上取下同步带。

4) 从冷却水泵上拧下紧固螺栓，并拆下冷却水泵。

(3) 安装冷却水泵

1) 用冷却液浸润新O形密封环。

2) 装上冷却水泵，安装位置：外壳上的堵塞向下。

3) 将冷却水泵装到气缸体上并拧紧紧固螺栓，拧紧力矩为15N·m。

4) 安装同步带并调整配气相位。

5) 加注冷却液。

三、知识拓展

（一）常用工具

1. 呆扳手(开口扳手)

图 3-33 呆扳手

呆扳手是汽车保养中最常用的工具之一，如图 3-33 所示。在保养中螺栓、螺母的拆装都要用到呆扳手。在选择呆扳手时应特别注意其质量，如果呆扳手质量不好，使用中很容易“开口”并将螺栓或螺母的棱角损坏，使螺栓或螺母无法拆装。

常用的呆扳手有：6—9、8—10、9—11、12—14、14—17、13—15、17—19、21—23、22—24 等尺寸型号。

2. 梅花扳手

梅花扳手也是保养工作中最常用的工具之一，如图 3-34 所示。梅花扳手的工作部分是封闭的环状，用起来对螺栓或螺母的棱角损害程度小，使用比较安全。但使用时必须注意，由于梅花扳手比较容易用上力，切勿用大力，以防扭断螺栓。梅花扳手有高桩和矮桩两种，一般来说矮桩比较好用，但这也是因人而异。

常用的梅花扳手尺寸型号有：6—9、8—10、9—11、12—14、14—17、13—15、17—19、21—23、22—24 等尺寸型号。

3. 套筒扳手

套筒扳手是使用最方便的工具，如图 3-35 所示。套筒扳手使用灵活而且安全，使用中螺母的棱角不易被损坏。套筒扳手可以任意组合使用，特别是在使用空间小的地方，只有套筒扳手才能解决问题。套筒扳手常用的尺寸为 6～24mm。

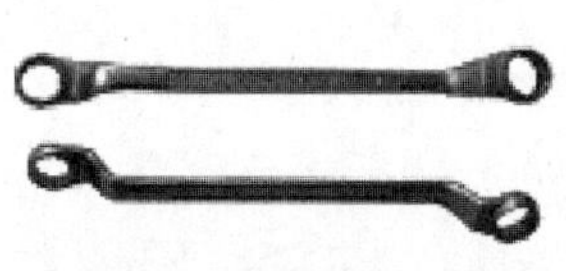
图 3-34 梅花扳手

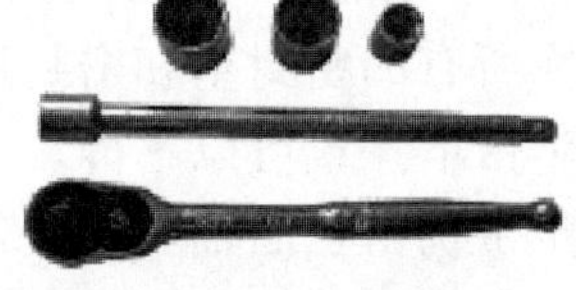
图 3-35 套筒扳手

4. 活扳手

活扳手如图 3-36 所示，它的开口尺寸是在一定范围内任意可调的。在其他扳手不合适的时候，活扳手是有一定的用途。在使用中，尽量使用梅花扳手和呆扳手。不得已使用活扳手时，一定要调整好开口的尺寸与螺栓棱角的配合，小心使用，以防损坏螺栓棱角。活扳手常用的尺寸型号有：200×24mm、300×36mm 等规格。

5. 内六角扳手

内六角扳手是用来拆装内六角螺栓(螺塞)，如图 3-37 所示。规格以六角形对边尺寸 S

图 3-36 活扳手

图 3-37 内六角扳手

表示，有3～27mm尺寸的13种，汽车维修作业中使用成套内六角扳手拆装M4～M30的内六角螺栓。

6. 扭力扳手

扭力扳手是一种可读出所施力矩大小的专用工具，如图3-38所示。其规格是以最大可测力矩来划分的，常用的有294N·m、490N·m两种；扭力扳手除用来控制螺纹件旋紧力矩外，还可以用来测量旋转件的起动转矩，以检查配合、装配情况，如北京492Q发动机曲轴起动转矩应不大于19.6N·m。

7. 轮胎套筒扳手

轮胎套筒扳手是主要的随车工具。这种工具结构简单、使用方便，主要用于轮胎的拆卸与安装。在其他情况下，轮胎套筒扳手还可以当橇杆使用。

图3-38　扭力扳手

8. 火花塞套筒

火花塞套筒是汽油车的必备工具，如图3-39所示。在发生火花塞故障或检查保养时，没有火花塞套筒根本无法工作。

9. 机油滤清器扳手

这是一种滤清器的专用工具，如图3-40所示。通常在汽车配件商店才能找到。在更换机油滤清器、柴油滤清器等作业时，没有这种工具是无法开展工作的。

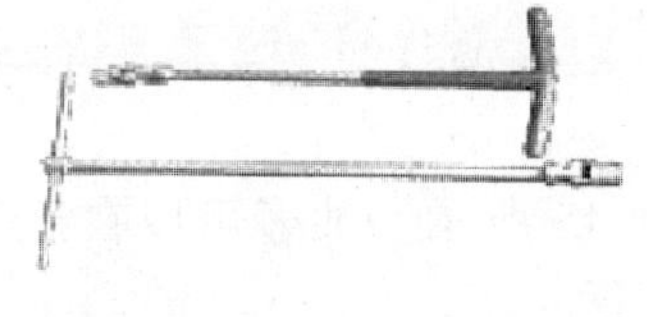

图3-39　火花塞套筒扳手

图3-40　机油滤清器扳手

10. 鲤鱼钳

鲤鱼钳的前部是平口细齿，适用于夹捏小零件，中部凹口粗长，用于夹持圆柱形零件，钳口后部的刃口可剪切金属丝，由于一片钳体上有两个互相贯通的孔，又有一个特殊的销子，操作时钳口的张开度可很方便地变化，以适应夹持不同大小的零件，是汽车维修作业中使用最多的手钳，规格以钳长来表示，一般有165mm、200mm两种，如图3-41所示。

图3-41　鲤鱼钳

11. 钢丝钳

钢丝钳的用途和鲤鱼钳相仿，其支销相对于两片钳体是固定的，故使用时不如鲤鱼钳灵活，但剪断金属丝的效果比鲤鱼钳要好。规格有150mm、175mm和200mm三种。

12. 尖嘴钳

因其头部细长，所以能在较小的空间工作，带刃口的能剪切细小零件，使用时不能用力太大，否则钳口头部会变形或断裂。规格以钳长来表示，常用160mm一种。选择手钳时应尽量选择稍大一点的比较好用。

13. 挡圈钳

在汽车修理中经常遇到不同形状和不同尺寸的弹性挡圈，用来保持各装配部件安装位置固定不变，维修中为了使弹性挡圈拆装方便，都会应用到不同的轴用或孔用弹性挡圈钳。

14. 大口钳

大口钳的开口尺寸在一定范围内可以任意调整，非常适用于圆状零件的夹持，在许多情况下，可用来代替其他工具。如图 3-42 所示。

15. 旋具

旋具分为“十”字、“一”字和“＊”梅花头三种。其中前两种我们比较常见，后一种在英国进口汽车上使用的较多。旋具柄有贯通形和非贯通形两种。您在准备工具时，应将各种旋具大小尺寸各准备一只为好。如图 3-43 所示。

图 3-42　大口钳

16. 锤子

锤子一般应预备铁锤和橡胶锤两种为好。如图 3-44 所示。铁锤用于粗重物体和需要重击的地方，橡胶锤则用于容易损坏的地方，二者的使用应视情安排。

图 3-43　一字旋具和十字旋具

图 3-44　锤子

17. 油壶、油盆

油壶、油盆是汽车保养作业必不可少的工具。如图 3-45 所示。油壶可以在五金商店里买到；油盆则可以用家用的洗面盆代替，或自己用薄铁板做一个。

18. 铜棒

在敲打车身或其他零部件时，为了不让锤子直接敲打而损坏机械部件，往往用铜棒顶住间接锤打，利用铜的柔软性而不会伤损部件表面。如图 3-46 所示。

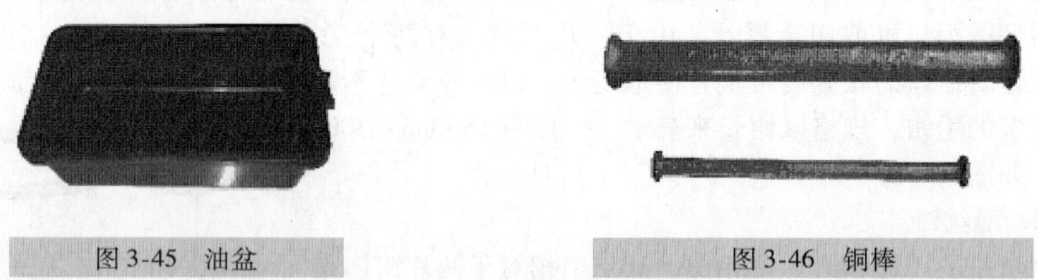

图 3-45　油盆

图 3-46　铜棒

19. 轮胎橇杆

这种工具结构简单、使用方便，主要用于轮胎的拆卸与安装。

20. 千斤顶

车辆上使用的千斤顶种类较多，小型车多用机械式的，大型车多用液压式的，如图3-47所示。使用千斤顶一定要注意支撑的位置和高度，保证安全。

21. 拉器

拉器一般用来完成三种工作：把物体从轴上拉出，把物体从孔中拉出，把轴从物体中拉出。显然，拉器还有许多其他的应用。图 3-48 所示为两种常见的拉器。

图 3-47　液压千斤顶

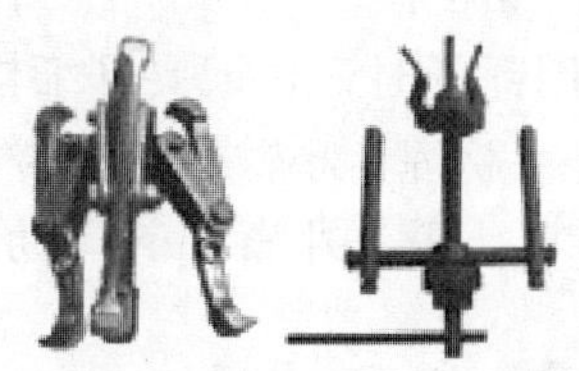

图 3-48　两种常见的拉器

22. 活塞环压缩器

活塞装配时要使用的一种专用工具。活塞环装上活塞后，用活塞环压缩器把活塞环压缩成活塞大小连同活塞一同装入气缸内。如图 3-49 所示。

23. 气门弹簧拆装工具

用于发动机大修时，拆装气门弹簧的一种专用工具，如图 3-50 所示。

图 3-49　活塞环压缩器

图 3-50　气门弹簧拆装工具

24. 磁力棒

磁力棒一端有磁力，在汽车修理过程中，经常会遇到一些小螺钉掉到汽车机体的夹缝里，磁力棒可以方便地拾取。如图 3-51 所示。

图 3-51　磁力棒

（二）工具的正确选用和使用注意事项

1. 扳手类工具

1）所选用扳手的开口尺寸必须与螺栓或螺母的尺寸相符合，扳手开口过大易滑脱并损伤螺栓头部或螺母件的六角，在进口汽车维修中，应注意扳手公英制的选择；各类扳手的选用原则，一般优先选用套筒扳手，其次为梅花扳手，再次为呆扳手，最后选活扳手。

2）为防止扳手损坏和滑脱，应使拉力作用在开口较厚的一边，这一点对受力较大的活扳手尤其应该注意，以防开口出现“八”字形，损坏螺母和扳手。

3）普通扳手是按人手的力量来设计的，遇到较紧的螺纹件时，不能用锤击打扳手。除套筒扳手外，其他扳手都不能套装加力杆，以防损坏扳手或螺纹连接件。

2. 旋具

1）型号规格的选择应以沟槽的宽度为原则，不可带电操作；使用时，除施加扭力外，还应施加适当的轴向力，以防滑脱损坏零件；不可用旋具撬任何物品。

2）在使用螺钉旋具拆装螺钉时，把螺钉旋具垂直地顶在螺钉的头部上，一边用力顶压着，一边转动螺钉旋具。斜着去拧螺钉，对螺钉旋具和螺钉都可能造成伤害。

3. 锤子和钳子

1）使用锤子时，切记要仔细检查锤头和锤把是否楔塞牢固，握锤应握住锤把后部。挥锤的方法有手腕挥、小臂挥和大臂挥三种，手腕挥锤只有手腕动，锤击力小，但准、快、省力，大臂挥是大臂和小臂一起运动，锤击力最大。锤子的正确使用方法如图 3-52 所示。

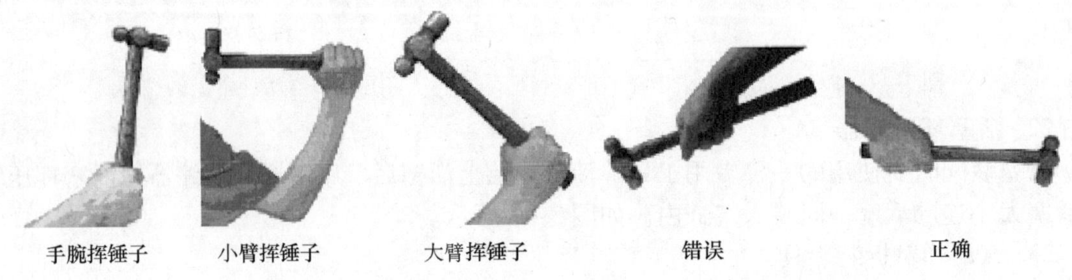

图 3-52 锤子的正确使用方法

2）切忌用钳子代替扳手松紧 M5 以上螺纹连接件，以免损坏螺母或螺栓。

在进行检查保养时，必然要使用各种工具。工具的使用方法不同，很可能使调整或修理的结果不同。刚开始进行维修时，大多数人都不会使用工具，这并不奇怪，但一定要养成正确使用工具的好习惯。

工具精度并非越高越好，对于普通的汽车用户来说，首要的问题是掌握工具的正确使用方法，并不急需各种高档的工具。如果仅仅是进行日常的保养或调整，只要能充分地利用好随车工具，基本上也就足够了。

课题四　汽油发动机构造

任务　观察汽油发动机的零部件

【任务内容】

1）曲柄连杆机构的组成、作用和主要零部件结构。

2）配气机构的组成、作用和主要零部件结构。

3）燃料系统的组成、作用和主要零部件结构。

4）润滑系统的组成、作用和主要零部件结构。

5）冷却系统的组成、作用和主要零部件结构。

6）完成观察汽油机发动机的零部件工作页。

【任务目标】

1）掌握曲柄连杆机构的组成、作用和主要零部件结构。

2）掌握配气机构的组成、作用和主要零部件结构。

3）掌握燃料系统的组成、作用和主要零部件结构。

4）掌握润滑系统的组成、作用和主要零部件结构。

5）掌握冷却系统的组成、作用和主要零部件结构。

一、实践

先由学员各自尽可能地自行完成如下工作页。然后，在教师的指导下完成本任务。

观察汽油发动机的零部件工作页

根据你对发动机零部件的观察和思考，把你观察到的零部件记录在下表中：

零件名称	安装位置（相关联零部件）	损伤形式	对发动机的影响

（续）

零件名称	安装位置（相关联零部件）	损伤形式	对发动机的影响

二、相关知识

（一）曲柄连杆机构

曲柄连杆机构的作用是将燃气作用在活塞顶上的压力转变为能使曲轴旋转运动而对外输出的动力。曲柄连杆机构由机体组、活塞连杆组和曲轴飞轮组三部分组成。

1. 机体组

机体组由气缸盖、气缸体、气缸套、气缸衬垫和油底壳等机件组成，如图 4-1 所示。

图 4-1　机体组结构

（1）气缸盖　气缸盖一般采用灰铸铁或合金铸铁铸成，铝合金的导热性好，有利于提高压缩比，气缸盖结构如图 4-2 所示。在正常情况下，气缸盖不属于易损件，但是会因发动机使用异常导致失油、失水而引起高温变形、产生裂纹等，气缸盖损坏时，一般应更换新的气缸盖。

气缸盖的结构特点：气缸盖的主要作用是封闭气缸上部，并与活塞顶部和气缸壁一起形成燃烧室。它经常与高温高压燃气相接触，因此承受很大的热负荷和机械负荷。

气缸盖内部有冷却水套，其底面上的冷却水孔与气缸体上面的冷却水孔相通，以便利用循环水来冷却燃烧室高温部分。

水冷发动机的气缸盖内部制有冷却水套，缸盖下端面的冷却水孔与缸体的冷却水孔相通，利用循环水来冷却燃烧室等高温部分。汽油机的气缸盖上加工有安装火花塞的孔，而柴

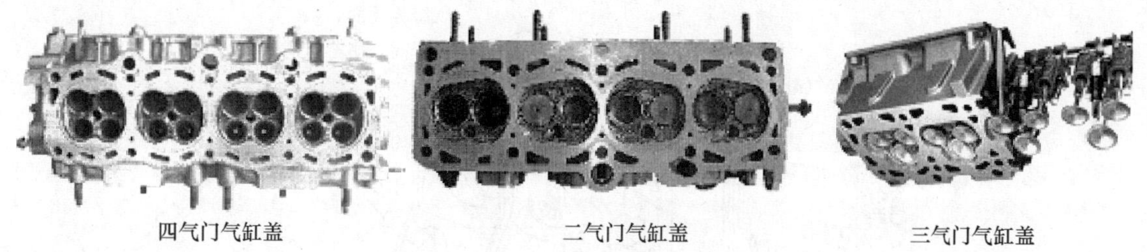

图 4-2　气缸盖

油机的气缸盖上加工有安装喷油器的孔。顶置凸轮轴式发动机的气缸盖上还加工有凸轮轴轴承孔，用以安装凸轮轴。

气缸盖是燃烧室的组成部分，如图 4-3 所示。燃烧室的形状对发动机的工作影响很大，由于汽油机和柴油机的燃烧方式不同，其气缸盖上组成燃烧室的部分差别较大。

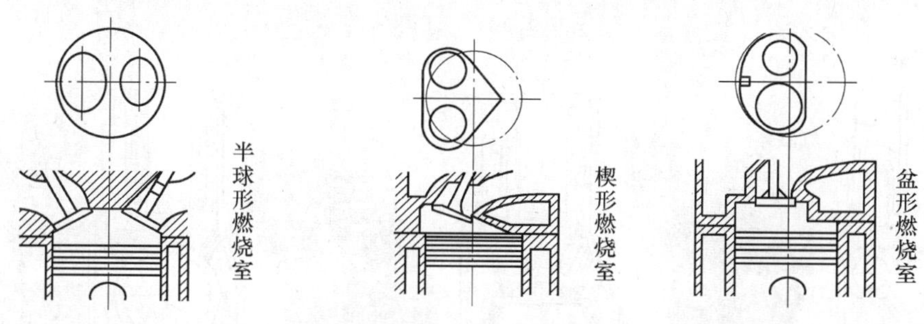

图 4-3　汽油机燃烧室

半球形：结构紧凑，火花塞布置在燃烧室中央，火焰行程短，故燃烧速率高，散热少，热效率高。这种燃烧室结构上也允许气门双行排列，进气口直径较大，故充气效率较高，虽然使配气机构变得较复杂，但有利于排气净化，在轿车发动机上被广泛地应用。

楔形：结构简单、紧凑，散热面积小，热损失也小，能保证混合气在压缩行程中形成良好的涡流运动，有利于提高混合气的混合质量，进气阻力小，提高了充气效率。气门排成一列，使配气机构简单，但火花塞置于楔形燃烧室高处，火焰传播距离长。切诺基轿车发动机采用了这种形式的燃烧室。

盆形：气缸盖工艺性好，制造成本低，但因气门直径易受限制，进、排气效果要比半球形燃烧室差。捷达轿车发动机、奥迪轿车发动机采用盆形燃烧室。

（2）气缸体　气缸体是发动机的基础骨架，它不仅要承受着高温高压气体的作用力，而且发动机的几乎所有零件都安装在气缸体上，因此气缸体应具有足够的强度和刚度。

水冷发动机的气缸体和上曲轴箱常铸成一体，称为气缸体—曲轴箱，也可称为气缸体。如图 4-4 所示。气缸体一般用灰铸铁铸成，气缸体上部的圆柱形空腔称为气缸，下半部为支承曲轴的曲轴箱，其内腔为曲轴运动的空间。在气缸体内部铸有许多加强筋，冷却水套和润滑油道等。

气缸体应具有足够的强度和刚度，根据气缸体与油底壳安装平面的位置不同，通常把气缸体分为以下三种形式，如图 4-5 所示。

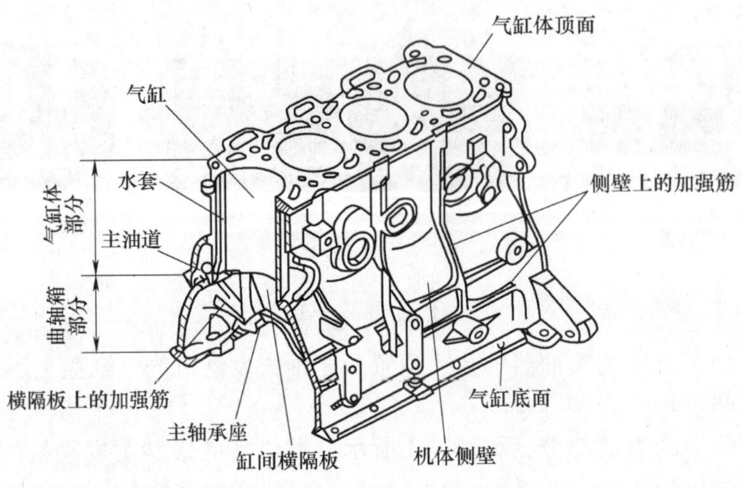

图 4-4　气缸体结构

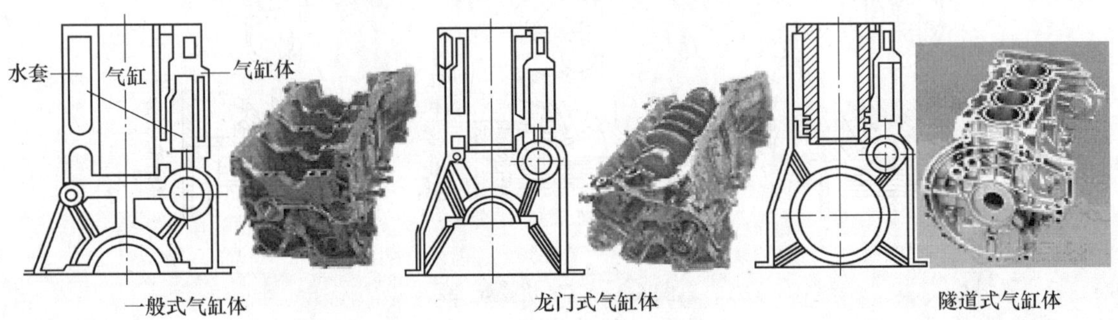

图 4-5　气缸体的三种结构形式

一般式气缸体：特点是油底壳安装平面和曲轴旋转中心在同一高度。这种气缸体的优点是机体高度小，重量轻，结构紧凑，便于加工，曲轴拆装方便；但其缺点是刚度和强度较差。

龙门式气缸体：特点是油底壳安装平面低于曲轴的旋转中心。它的优点是强度和刚度都好，能承受较大的机械负荷；但其缺点是工艺性较差，结构笨重，加工较困难。

隧道式气缸体：这种形式的气缸体曲轴的主轴承孔为整体式，采用滚动轴承，主轴承孔较大，曲轴从气缸体后部装入。其优点是结构紧凑、刚度和强度好，但其缺点是加工精度要求高，工艺性较差，曲轴拆装不方便。

为了能够使气缸内表面在高温下正常工作，必须对气缸和气缸盖进行适当的冷却。

(3) 气缸套　气缸直接镗在气缸体上叫作整体式气缸，整体式气缸强度和刚度都好，能承受较大的载荷，这种气缸对材料要求高，成本高。如果将气缸制造成单独的圆筒形零件(即气缸套)，然后再装到气缸体内，这样气缸套采用耐磨的优质材料制成，气缸体可用价格较低的一般材料制造，从而降低了制造成本。目前几乎所有的发动机都采用了镶入式缸套代替气缸体充当气缸的工作表面，同时，气缸套可以从气缸体中取出，因而便于修理和更换，并可大大延长气缸体的寿命。

水冷式发动机根据是否与冷却液接触，将其分为干式和湿式两种。

气缸套的外表面不直接与冷却液接触的称为干式气缸套，如图4-6所示。为保证散热效果和缸套的定位，缸套的外表面与气缸体的缸套孔内表面必须精加工，且一般采用过盈配合，壁厚仅为1～3mm的干式气缸套是被压装到气缸孔中的。

气缸套的外表面直接与冷却液接触的称为湿式气缸套，如图4-7所示。其壁厚达5～9mm，以微小的装配间隙放入气缸中。通常以上部凸缘的下平面C为轴向定位、以外圆柱表面B和A为径向定位。为防止漏水，缸套下部A处设1～2个耐油、耐热橡胶密封圈。

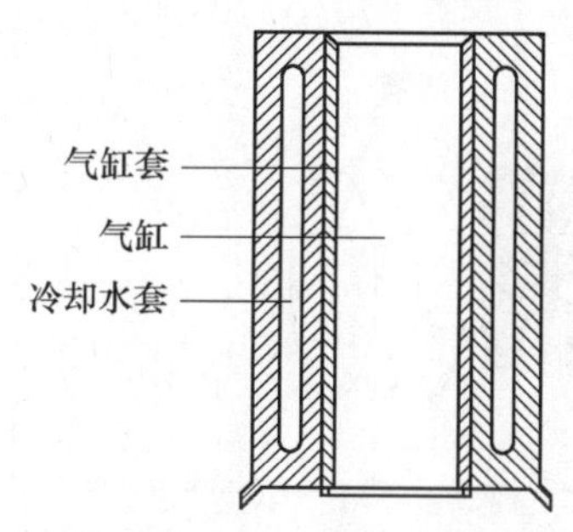

图4-6　干式气缸套

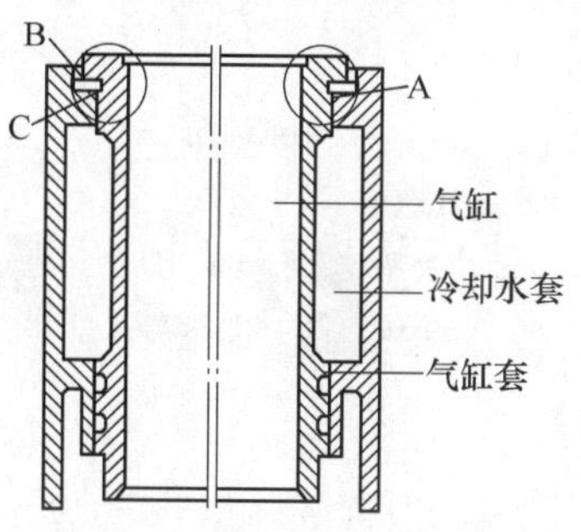

图4-7　湿式气缸套

大多数湿式气缸套装入后，其顶面一般高出气缸体0.05～0.15mm。这样在紧固气缸盖螺栓时，可将气缸垫压得更严实，以保证气缸的密封性，防止漏水、漏气。相对而言，湿式气缸套具有散热性好、缸体铸造方便、易拆卸等优点，因而被广泛采用。

（4）气缸垫　气缸垫装在气缸盖和气缸体之间，气缸垫实物如图4-8所示。其功用是：保证气缸盖与气缸体接触面的密封，防止漏气、漏水和漏油。

安装气缸垫时，首先要检查气缸垫的质量和完好程度，所有气缸垫上的孔要和气缸体上的孔对齐。其次要严格按照说明书上的要求拧紧气缸盖螺栓。拧紧气缸盖螺栓时，必须由中央对称地向四周扩展的顺序分2～3次进行，最后一次拧紧到规定的力矩。

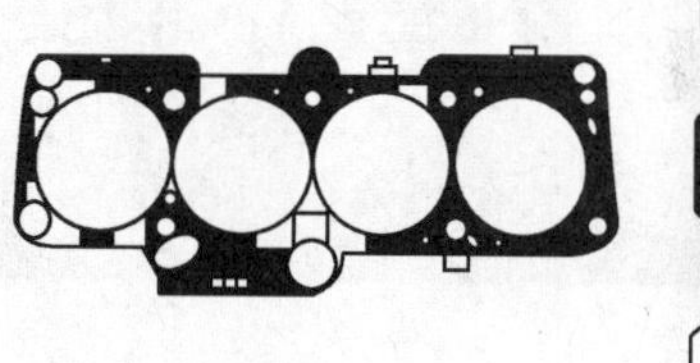
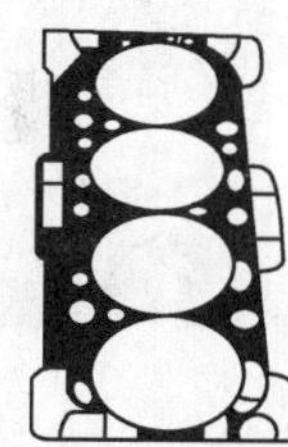

图4-8　气缸垫

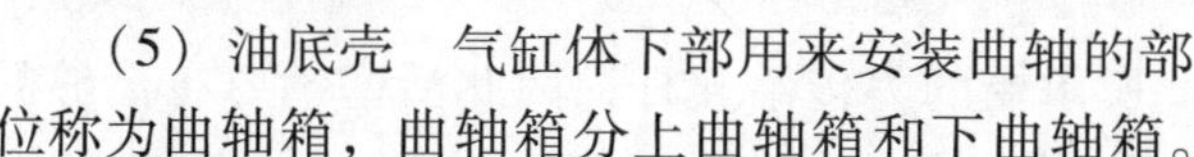

（5）油底壳　气缸体下部用来安装曲轴的部位称为曲轴箱，曲轴箱分上曲轴箱和下曲轴箱。上曲轴箱与气缸体铸成一体，下曲轴箱用来储存润滑油，并封闭上曲轴箱，故又称为油底壳，如图4-9所示。

图4-9　油底壳

结构特点：受力很小，一般采用薄钢板冲压而成，其形状取决于发动机的总体布置和机油的容量。油底壳内装有稳油挡板，以防止汽车颠动时油面波动过大。油底壳底部还装有放油螺塞，通常放油螺塞上装有永久磁铁，以吸附润滑油中的金属碎屑，减少发动机的磨损。在上下曲轴箱接合面之间装有衬垫，防止润滑油泄漏。

2. 活塞连杆组

活塞连杆组包括活塞、活塞环、活塞销、连杆和连杆轴瓦等。如图 4-10 所示。其作用是将燃烧过程中获得的动力传递给曲轴。

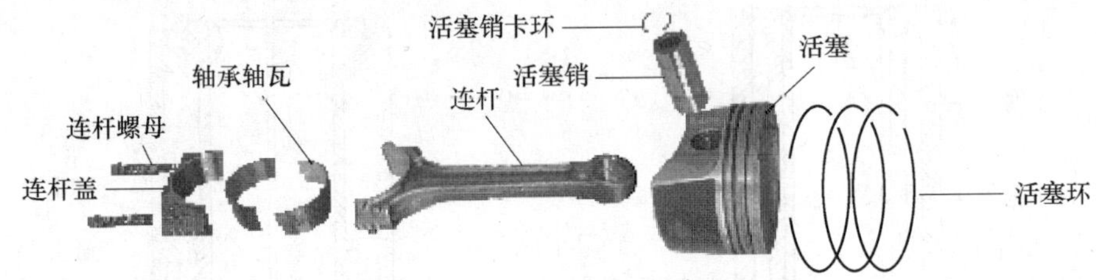

图 4-10　活塞连杆组

（1）活塞　主要是承受燃烧气体的作用力，并将此力通过活塞销传递给连杆以推动曲轴旋转；同时活塞顶部还与气缸盖、气缸壁共同构成燃烧室。活塞不仅要具有足够的强度，而且质量要轻，导热性要好，且耐磨、耐腐蚀。很多发动机通过改变活塞顶部凹坑的尺寸来调节发动机的压缩比，在活塞的顶部设置了各种形状不规则的浅碗形凹坑，与气缸盖上的凹坑组成结构紧凑的多球形燃烧室，如图 4-11 所示。

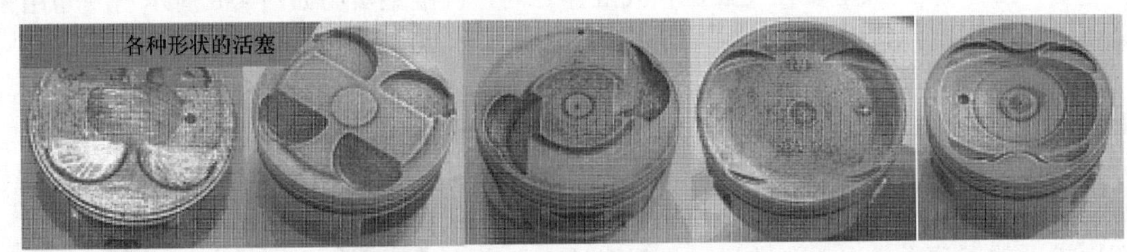

图 4-11　活塞头部形状

（2）活塞销　连接活塞和连杆，把活塞所承受的力传给连杆，因此活塞销要有足够的刚度和较轻的质量。活塞销的安装采用“全浮式”，即在发动机工作过程中，活塞销在连杆小头铜衬套内和活塞的销座孔内均能缓慢转动，这样可使磨损均匀，延长使用寿命。

（3）活塞环　分为气环和油环两种，如图 4-12 所示。

1）气环。保证活塞与气缸壁之间的密封，防止气缸中的高温、高压燃气大量窜入曲轴箱，同时还将活塞顶部的大部分热量传给气缸壁，再由冷却液带走。

2）油环。刮掉气缸壁上多余的机油，并重新在气缸壁上涂一层均匀的油膜，这样既可防止机油窜入气缸燃烧，又可减小活塞、活塞环与气缸的磨损和摩擦阻力。捷达轿车发动机有两道气环和一道油环。

（4）连杆　如图 4-13 所示。接受活塞通过活塞销传来的力，并将力传给曲轴，推动曲轴转动，从而使活塞的往复直线运动转变为曲轴的旋转运动。现在的连杆一般采用中碳钢或

合金钢加工制成，由连杆小头、杆身、连杆大头和连杆轴承盖组成，连杆小头内压有减磨的青钢衬套和铁基粉末冶金衬套。连杆在正常使用情况下，一般不会损坏，如果连杆损坏，应将连杆轴承盖和连杆杆身一起更换。

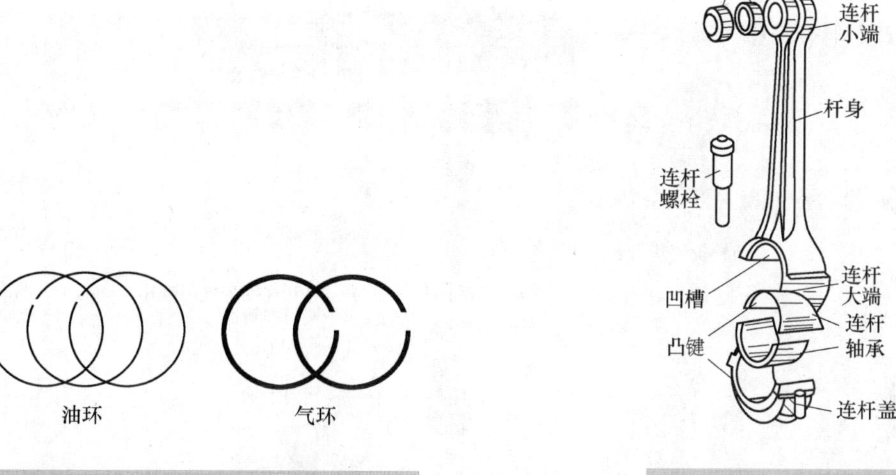

图 4-12　活塞环组件

图 4-13　连杆组

（5）连杆轴承瓦　又称作连杆轴瓦、连杆瓦和曲轴小瓦，装在连杆大头和连杆盖处。现代汽车发动机的连杆轴瓦是由钢背和减磨层组成的分成两半的薄壁轴。连杆轴瓦属易损件，损坏应成组更换。

3. 曲轴飞轮组的组成

如图 4-14 所示，曲轴飞轮组主要由曲轴和飞轮以及其他零件(曲轴正时齿轮、轴瓦、止推片、V 形带轮)和附件组成。发动机机构和性能要求不同，其零件和附件的种类和数量也有所不同。

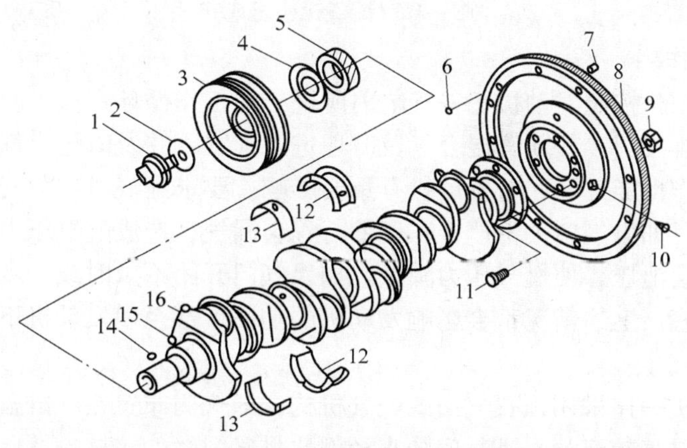

图 4-14　曲轴飞轮组

1—起动爪　2—起动爪锁紧垫片　3—扭转减振器带轮　4—挡油片
5—正时齿轮　6—第一、六缸活塞上止点标记　7—圆柱销　8—齿环
9—螺母　10—润滑脂嘴　11—曲轴与飞轮连接螺栓　12—中间轴承上下轴瓦　13—主轴承上下轴瓦　14、15—半圆键　16—曲轴

（二）配气机构

配气机构由气门组、气门传动组和驱动组三大部分组成，其结构组成如图 4-15 所示。气门组包括气门、气门座、气门导管、气门弹簧、气门弹簧座及锁紧装置等零件；传动组包括挺柱、推杆、摇臂和摇臂轴等零件。驱动组包括凸轮轴、凸轮轴轴承和止推装置等。

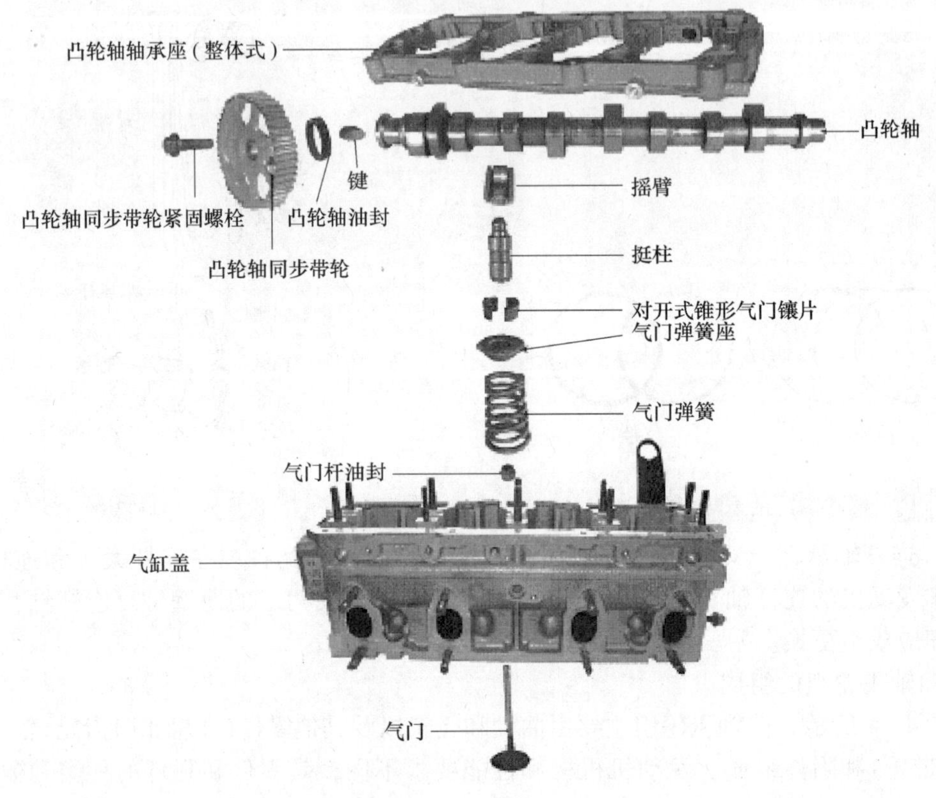

图 4-15　配气机构组成

1. 配气机构的作用

配气机构的作用是按照发动机每一气缸内所进行的工作循环和点火次序的要求，开启和关闭各气缸的进、排气门，使新鲜混合气及时地进入气缸，并及时排出气缸内的废气。

配气机构的工作性能好坏，对发动机有重要影响。要求配气机构的气门要关闭严密，开闭及时，开度足够。如果气门关不严，在压缩行程会漏气，造成气缸压力不足和燃气严重的损失；在做功行程会泄压，使燃气压力降低。如果气门开闭不及时或开度不够，则会使进气不充分，排气不彻底。上述情况都会影响发动机的功率，甚至使发动机不能起动。

2. 配气机构的分类

现代汽车发动机一律采用顶置气门式配气机构，即气门布置在气缸盖上，头部向下倒挂于气缸之上。为了进气较充分，进气门的直径都比排气门大。

配气机构可按下列方式分类：

（1）按每个气缸的气门数　可分为两气门式、三气门式（两进一排）、四气门式（两进两排）和五气门式（三进两排）等。

1）多数发动机都采用每缸两个气门的排列方式。进、排气门沿气缸盖的纵向排成一

列。这样，相邻两缸的同名气门就可合用一个气道。柴油机的进、排气道一般分置于气缸盖的两侧，以免排气对进气加热。汽油机的进、排气道通常置于缸盖的一侧，以便预热进气道中的混合气，图 4-16 所示。

2）三气门发动机的气门排列方式是每缸三个气门的发动机，有两个进气门，一个排气门，进、排气门各排成一列，如图 4-17 所示。

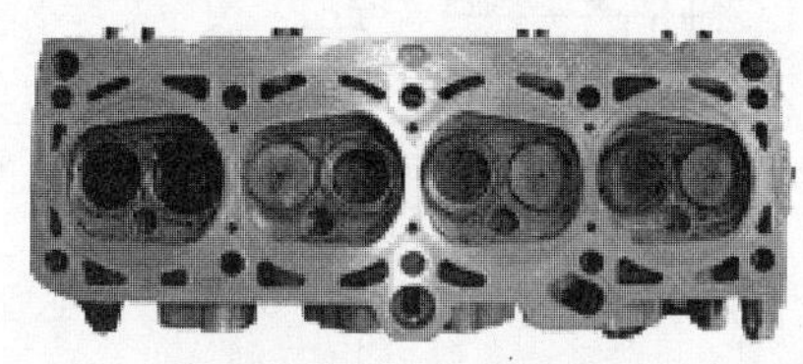

图 4-16　两气门

图 4-17　三气门

3）四气门发动机的气门排列方式每缸采用四个气门时，气门排列的方案有两种：一是同名气门沿气缸盖纵向排成两列，由一个凸轮通过 T 形杆同时驱动，并且所有气门都可以用一根凸轮轴驱动。另一种是同名气门排在同一列，一般用两根凸轮轴驱动。如图 4-18所示。

4）五气门是将四气门式的两个进气门增加至三个的设计，这也是为了提高进气效率而进行的改进，但是虽然获得了相应的效果，却使燃烧室的形状变得更加复杂、面积与体积相应增大，加工难度增加。

（2）按凸轮轴的位置　可分为顶置、中置和下置式三种，如图 4-19 所示。根据顶置式凸轮轴的数量，又可将其分为顶置双凸轮轴和顶置单凸轮轴。顶置单凸轮轴是用一根凸轮轴通过摇臂驱动进、排气门工作。顶置双凸轮轴是用两根凸轮轴通过摇臂分别驱动进、排气门工作，如图 4-20 所示。这两种气门传动机构都没有推杆，主要应用于高速发动机。

图 4-18　四气门

凸轮轴下置

凸轮轴中置

凸轮轴上置

图 4-19　顶置凸轮轴的形式

3. 配气机构的工作过程

当驱动机构带动凸轮轴旋转时，凸轮通过挺柱、推杆和绕摇臂轴摆动的摇臂使气门按相应于凸轮的运动规律运动，在一定时间，克服作用在气门上的弹簧的作用打开气门，并在气门弹簧的作用下关闭气门，达到气体更换的要求。

车用内燃机的高速、强化、低排放，要求配气机构不断改善换气性能和提高高速适应

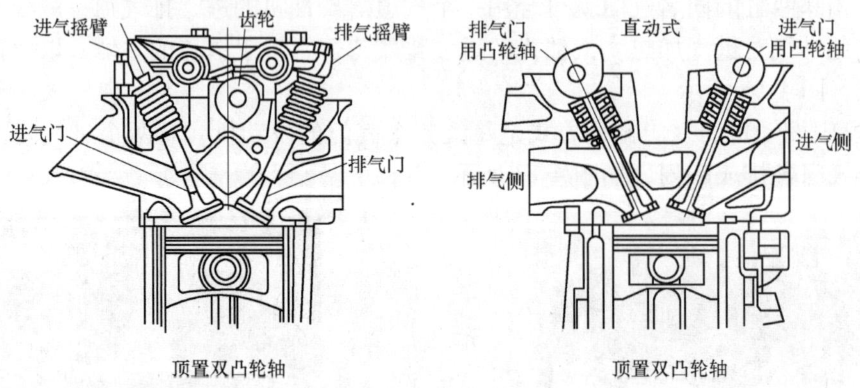

图 4-20　顶置凸轮轴的形式

性。配气机构随着内燃机的发展出现了多种配气机构形式。

4. 配气相位的概念和应用

配气相位就是用曲轴转角表示的进、排气门的实际开闭时刻和开启的持续时间。用曲轴转角的环形图来表示配气相位，这种图称为配气相位图，如图 4-21 所示。

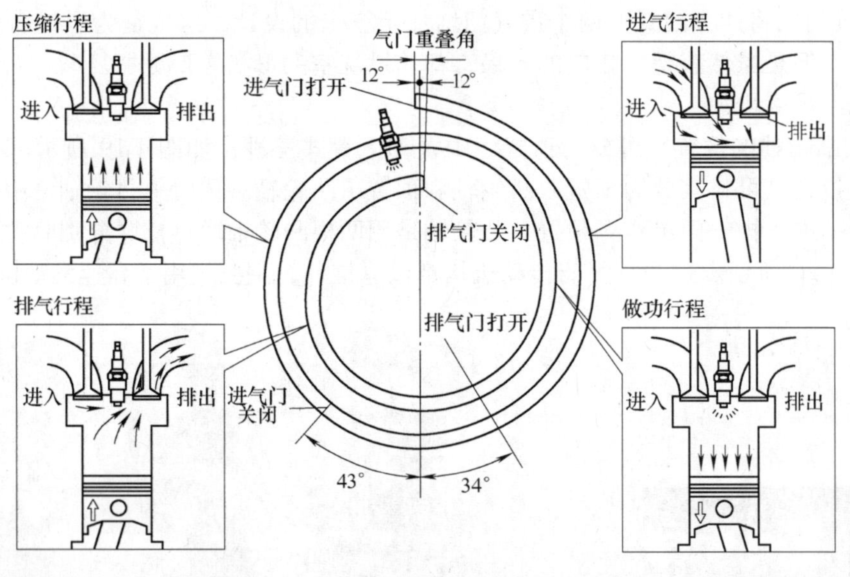

图 4-21　配气相位图

理论上四行程发动机的进气门应当在活塞处在上止点时开启，当活塞运动到下止点时关闭；排气门则应当在活塞处于下止点时开启，在上止点时关闭。进气时间和排气时间各占180°曲轴转角。但是实际发动机的曲轴转速都很高，活塞每一行程历时都很短。例如上海桑塔纳轿车发动机，在最大功率时的转速为 5600r/min，一个行程历时仅为 0.0054s。这样短时间的进气和排气过程，往往会使发动机充气不足或排气不干净，从而使发动机功率下降。因此，现代发动机都采取延长进、排气时间的方法，即气门的开启和关闭的时刻并不正好是活塞处于上止点和下止点的时刻，而是分别提前或延迟一定曲轴转角，以改善进、排气状况，从而提高发动机的动力性。

（1）进气门的配气相位　如图4-21所示，在排气行程接近终了，活塞到达上止点之前，进气门便开始开启，即曲轴转到活塞处于上止点位置还差一个角度 α 栋为进气提前角。直到活塞过了下止点重又上行，即曲轴转到超过活塞下止点位置以后一个角度 β 时，进气门才关闭，称为进气迟后角。进气提前角，一般为10°～30°，进气迟后角，一般为40°～80°。这样，整个进气过程中，进气门开启持续时间的曲轴转角，即进气持续角为 $180° + \alpha + \beta$。

进气门早开晚关的目的，是为了保证进气行程开始时进气门已有一定开度，在进气行程中获得较大进气通道截面，使新鲜气体能顺利地充入气缸。当活塞到达下止点时，气缸内压力仍低于大气压力，在压缩行程开始阶段，活塞上移速度较慢的情况下，仍可以利用气流较大的惯性和压力差继续进气，因此进气门晚关是利于充气的。发动机转速越高，气流惯性越大，迟闭角应取大值，以充分利用进气惯性充气。

（2）排气门的配气相位　在做功行程接近终了，活塞到达下止点前，排气门便开始开启，提前开启的角度 γ，称为排气提前角，一般约为40°～80°。经过整个排气行程，在活塞越过上止点后，排气门才关闭，排气门关闭的延迟角称为排气迟后角，一般约为10°～30°。这样，整个排气过程中，排气门开启持续时间的曲轴转角，即排气持续角为 $180° + \gamma + \delta$。

排气门早开晚关的目的是利用排气过程后期，当做功行程接近下止点时，气缸内的气体仍有300～500kPa的压力，但就活塞做功而言，作用不大，这时若稍开启排气门，大部分废气在此压力作用下可高速从缸内排出；以减小排气行程消耗的功。排气迟后关闭角主要是利用排气气流惯性排出更多的废气。当活塞到下止点时，气缸内压力大大下降（约为110～120kPa），这时排气门的开度进一步增加，从而减少了活塞上行时的排气阻力。高温废气的迅速排出，还可以防止发动机过热。当活塞到达上止点时，燃烧室内的废气压力仍高于大气压力，加之排气时气流有一定惯性，所以排气门迟关，可以使废气排放得较干净。

（3）气门的叠开　同一气缸的工作行程顺序是排气行程后，接着便是进气行程。因此，在实际发动机中，在进排气行程的上止点前后，如图4-21所示，由于进气门在上止点前即开启，而排气门在上止点后才关闭，这就出现了在一段时间内排气门与进气门同时开启的现象，这种现象称为气门重叠，重叠的曲轴转角 $\alpha + \delta$ 称为气门重叠角。

当驱动机构带动凸轮轴旋转时，凸轮通过挺柱、推杆和绕摇臂轴摆动的摇臂使气门按相应于凸轮的运动规律运动，在一定时间，克服作用在气门上的弹簧的作用打开气门，并在气门弹簧的作用下关闭气门，达到气体更换的要求。

5. 配气机构主要零部件的作用和结构

（1）气门组　气门组在配气机构中相当于一个阀门，它的主要作用是准时接通和切断进排气系统与气缸之间的通道。

气门组一般由气门、气门导管、气门弹簧、气门弹簧座及锁片等零件组成，如图4-22所示。

更换气门时，一般应成组更换，并应同时更换气门油封，修整或更换气门座。气门导管只有在与气门的配角合间隙过大时才需要更换。气门弹簧、气门弹簧座和锁片等属于非易损件，一般不予更换。

1）气门。气门由气门头部及杆部两部分组成。气门头部顶面的形状有凸顶、平顶和凹顶。凸顶的刚度大，受热面积也大，用于某些排气门；平顶的结构简单、制造方便，受热面积小，应用最多；气门顶部形状为漏斗形，其质量小、惯性小，头部与杆部有较大的过渡圆

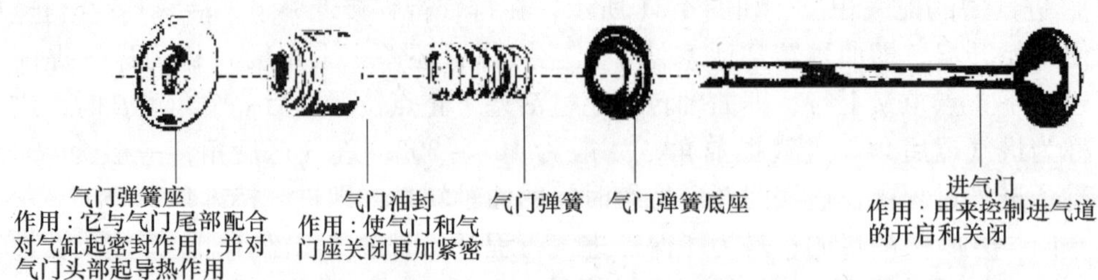

图 4-22　气门分解图

弧，使气流阻力小及具有较大的弹性，对气门座的适应性好（又称柔性气门），容易获得较好的密封，但受热面积大，易存废气，容易过热及受热易变形，所以仅用作进气门；凹顶气门的刚性和弹性居于平顶和漏斗形顶之间，对气门座口也有较好的适应性，应用也较多。气门头部的工作面被加工成锥形，它与气门座相配合形成密封带，此锥形面的锥角一般为 30°或 45°。

2）气门导管。气门导管的功用是在气门作往复直线运动时进行导向，以保证气门与气门座之间的密封；当凸轮直接作用于气门杆端时，承受侧向作用力并散出气门的部分热量。

为了防止轴向运动，设有卡环定位槽，它与定位卡环配合便可防止工作时导管移动而落入气缸中。气门杆与气门导管之间一般留有微量间隙，使气门杆能在导管中自由运动。气门导管工作温度较高，润滑较差，一般用含石墨较高的铸铁或铁基粉末冶金制成，以提高自润滑性能。

3）气门弹簧。气门弹簧的功用是保证气门回位，在气门关闭及振动弹跳时保证气门与气门与气门座之间的密封；保证气门在工作时不致因惯性而与凸轮分离。气门弹簧如图 4-23 所示。

采用两个弹簧既可减低弹簧的高度，从而降低发动机的高度尺寸，又可提高弹簧工作可靠性，可以抑制共振的产生。为了保证两圈弹簧在工作时不至互相卡住，内、外弹簧的螺旋方向应该相反。有些发动机采用不等距的圆柱螺旋弹簧，其目的也是为了减少共振的产生。在安装时，通常螺距较小的一侧朝向缸盖。

4）气门油封。为了防止由于过量机油进入燃烧室而造成这种严重后果的发生，一般在气门导管上端安装有橡胶油封，这就是气门油封，如图 4-24 所示。

图 4-23　气门弹簧

图 4-24　气门油封

5）气门座圈。气门座的功用是防止气门直接落座在气缸盖上而引起缸盖的过度磨损。有些发动机的气门座是在缸盖（或缸体）上直接加工出来的，而大多数发动机的气门座是用

耐热合金钢或合金铸铁单独制成座圈，然后压入气缸盖(体)中，以提高使用寿命和便于修理更换。气门座圈如图 4-25 所示。

(2) 气门传动组　气门传动组的作用是使进、排气门按规定的时刻开闭，且保证有足够的开度。它主要包括凸轮轴、正时齿轮、挺柱、摇臂轴、摇臂以及推杆等零件。

1) 凸轮轴。凸轮轴的作用是驱动和控制各缸气门的开启和关闭，使其符合发动机的工作顺序，配气相位及气门开度的变化规律等要求。凸轮轴结构如图 4-26 所示。

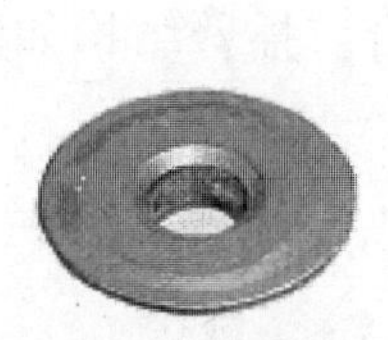

图 4-25　气门座圈

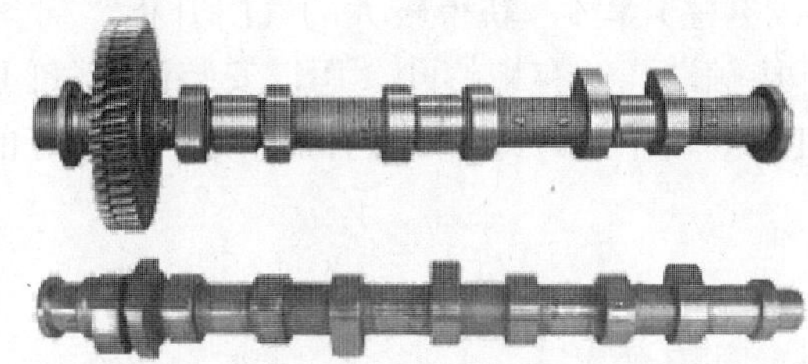

图 4-26　凸轮轴结构

如图 4-27 所示，O 点为凸轮轴的轴心，EA 为凸轮的基圆。当凸轮转过 EA 弧段时，挺柱处于最低位置不动，气门处于关闭状态。凸轮转过 A 点后，挺柱开始上移。至 B 点气门间隙消除，气门开始开启，凸轮转到 C 点，气门开度达到最大。而后逐渐关小，至 D 点，气门闭合终了。此后，挺柱继续下落，出现间隙，至 E 点挺柱又处于最低位置。Φ 对应着气门开启持续角，ρ_1 和 ρ_2 则分别对应着消除和恢复气门间隙所需的转角。凸轮廓 BCD 弧段为凸轮的工作段，其形状决定了气门的升程及其升降过程的运动规律。

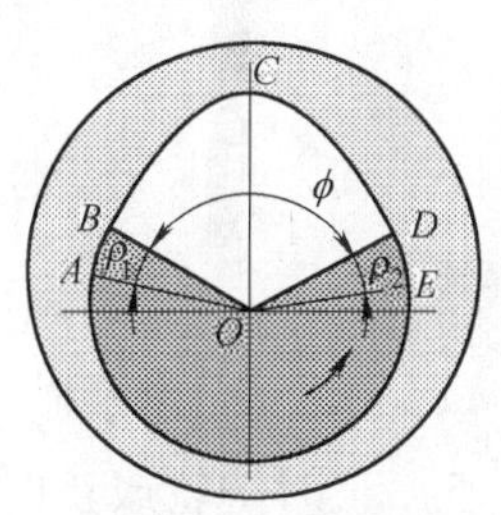

图 4-27　凸轮轴轮廓形状

2) 挺柱。将来自凸轮的运动和作用力传至推杆，承受凸轮传来的侧作用力，并将此侧作用力传给发动机机体。一般挺柱有筒式和滚轮式两种，采用一般挺柱的配气机构需要预留气门间隙。但液压挺柱可以自动调节长度，不用预留气门间隙，被轿车广泛采用，结构如图 4-28 所示。

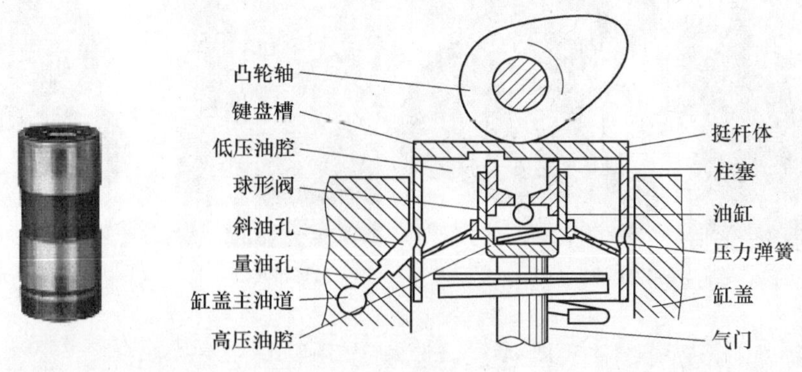

图 4-28　液压挺柱结构

3) 推杆。推杆位于挺柱与摇臂之间，它的作用是将挺柱传来的运动和作用力传给摇臂。推杆是一个细长的杆，其上、下两端装有凹、凸的球头，上端的凹槽与摇臂上的球头相接触，下端的凸头与挺杆的凹槽相接触。由于推杆传递的力很大，因此必须保证良好的纵向稳定性，为此，推杆往往采用钢管制造，以保证在不增加质量的情况下提高抗弯性。如图4-29所示。

4）摇臂。摇臂的功用是将挺杆（或是凸轮）传来的力，改变方向后作用于气门端面，推开或关闭气门。同时利用摇臂两边臂的长度比（摇臂比）来改变气门的升程。它可以在小的凸轮升程下（或挺柱升程），获得较大的气门升程。摇臂内往往钻有油道或油孔，以便润滑。在摇臂与挺杆接触端，钻有螺钉孔，用以安装调节气门间隙的调节螺钉，并设有紧固螺钉螺母。一般螺钉的下端作成外球头或内凹球坑，以很好的与挺杆头配合。摇臂结构如图4-30所示。

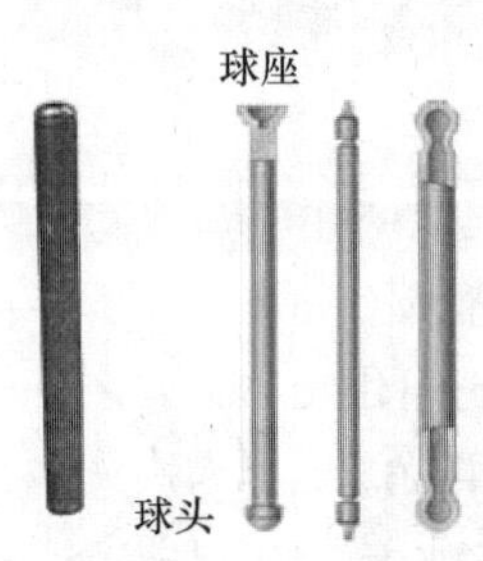

图4-29　推杆

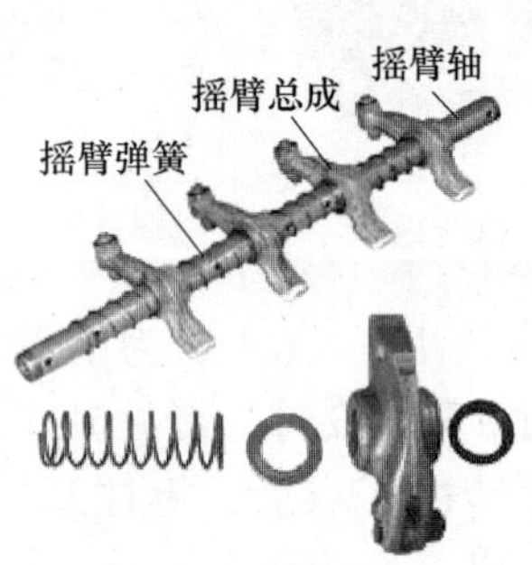

图4-30　摇臂

5）正时链轮或正时齿轮。曲轴正时齿轮一般采用45号钢或Cr40钢制造，为了减小发动机的噪声，凸轮轴正时齿轮多采用铸铁、夹布胶木或尼龙材料制造。由于正时齿轮高速旋转磨损较多，且关系到配气机构的正时配合，因此要求严格，如果磨损量影响到发动机的正时配气就需要进行更换。更换时，如果是齿轮传动的，则应成对（成套）更换；如果是正时带或正时链条传动的，则可以单独更换。如图4-31所示。

链条与链轮传动

齿形带传动

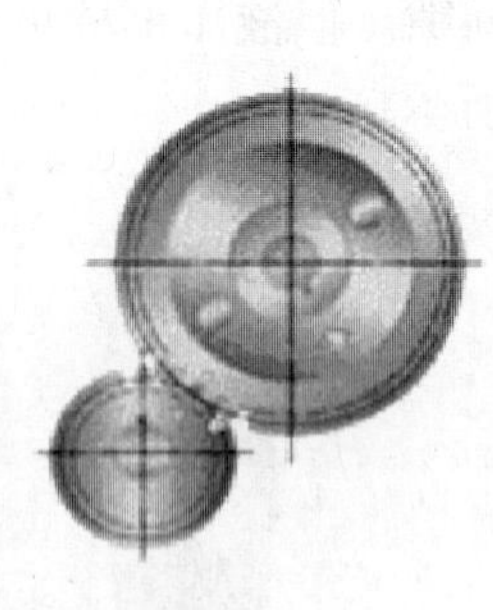
齿轮传动

图4-31　正时齿轮传动形式

曲轴到凸轮轴的传动方式一般有三种：齿轮传动、链条与链轮传动和齿形带传动。

齿轮传动机构是在曲轴和凸轮轴之间用齿轮将曲轴的旋转传递凸轮轴的驱动形式，由于其结构复杂，质量大，制造精度要求高，所以普通的汽车几乎不使用，仅限于赛车。

链条与链轮传动机构用于中置式和上置式凸轮轴的传动，尤其是上置式凸轮轴的高速汽油机采用链条与链轮传动机构的很多。链条一般为滚子链，工作时应保持一定的张紧度，不使其产生振动和噪声。为此在链条与链轮传动机构中装有导链板并在链条的松边装置张紧器。

齿形带传动机构用于上置式凸轮轴的传动。与齿轮传动和链条与链轮传动相比具有噪声小、质量轻、成本低、工作可靠和不需要润滑等优点。另外，齿形带伸长量小，适合有精确定时要求的传动。因此，被越来越多的汽车发动机特别是轿车发动机采用。

（三）汽油机燃料供给系统

1. 汽油机燃油供给系统的作用

汽油机燃油供给系统的作用：储存、输送及清洁燃料，根据发动机各种不同工况，供给气缸一定浓度和数量的可燃混合气。并将发动机作功后产生的废气排入到大气之中。现代轿车燃料供给系统越来越多地采用电子燃油喷射系统，以适应降低油耗，减少污染的要求。

2. 汽油机燃油供给系统的组成

汽油机供油方式可分为化油器式和电子燃油喷射式（EFI）。由于化油器结构的局限性以及人类对环境保护的日益重视，化油器式的供油系统已逐渐淘汰。近年来，大多数轿车和货车的汽油发动机都采用电子燃油喷射系统。

电子燃油喷射式系统的部件主要有传感器、油箱、燃油泵、燃油滤清器、燃油压力调节器、燃油管、燃油分配管、喷油器和节气门体等。电喷发动机燃油供给系统如图 4-32 所示。

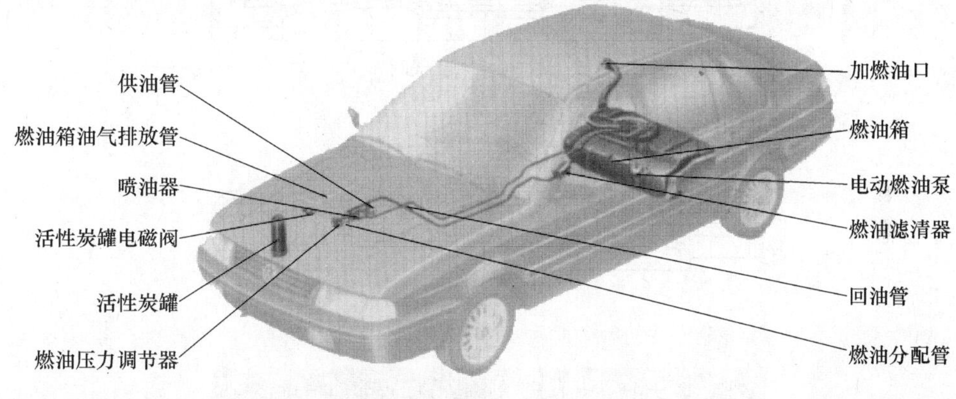

图 4-32　电喷发动机燃油供给系统

（1）汽油箱　汽油箱的作用是储存汽油。其数目、容量、外形及安装位置随车型不同而不同。

汽油箱的构造如图 4-33 所示，油箱体是用薄钢板冲压焊成，油箱底部设有放油螺塞，用以排除油箱内的积水和污物。箱内装有隔板，用以减轻汽车行驶时燃油的激烈振荡。

油箱盖带有空气阀和蒸气阀，如图 4-34 所示。可保持油箱内部与外界大气压的压力平衡，以保证油箱密封，同时汽油进出不受吸力和压力影响。防止汽油在行驶中因振荡而溅出。

（2）汽油滤清器　汽油滤清器装在汽油箱与汽油泵之间，用以除去汽油中的杂质和水分。东风 EQ6100-1 型发动机的可拆式汽油滤清器，如图 4-35 所示。

发动机工作时，汽油在汽油泵的作用下，从进油口接头流入沉淀杯中，由于水的比重大

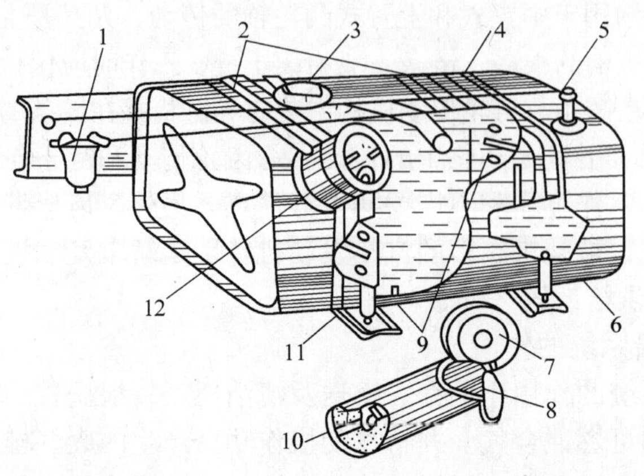

图 4-33　汽油箱

1—汽油滤清器　2—汽油箱固定箍带　3—油面指示表传感器　4—油面指示表传感器浮子　5—出油开关　6—放油螺塞　7—汽油箱盖　8—加油延伸管　9—隔板　10—滤网　11—汽油箱支架　12—加油管

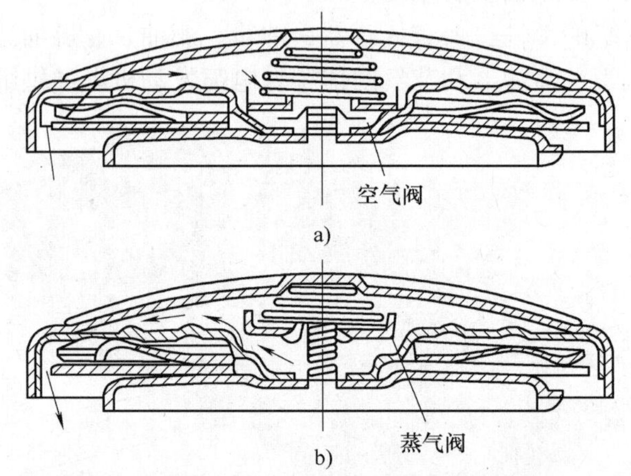

图 4-34　带有空气阀和蒸气阀的油箱盖

于汽油，故水分及较重的杂质沉入杯底，较轻的杂质随燃油流向滤芯内腔时，被粘附在滤芯上，清洁的汽油通过滤芯进入滤芯内腔，然后从出油管接头流出至汽油泵。

现代轿车发动机多采用不可拆式纸质汽油滤清器。由一个中央多孔筒，特制折叠纸质滤和一个多孔滤纸外筒组成。它不用清洗，一般每行驶 1500km 需更换。更换时需注意滤清器上箭头所指的汽油流动方向。

（3）汽油泵　汽油泵的作用是将汽油从油箱中吸出，经管路和汽油滤清器，然后压送到化油器浮子内。东风 EQ6100—1 型发动机采用 EQB601—C 型汽油泵，其结构如图 4-36 所示。它由上体、下体、进出油阀和泵膜机构等组成。

上体上装有油管接头和进、出油阀，进、出油阀结构相同阀片方向相反，两阀及支持片用螺钉固定在上体。

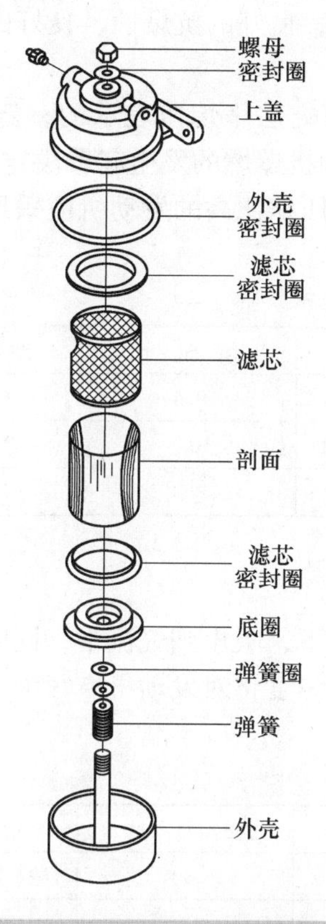

图 4-35　可拆式汽油滤清器

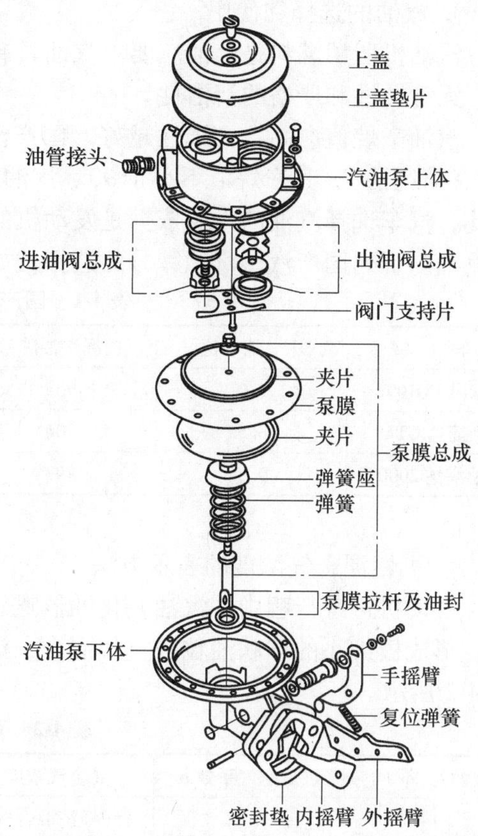

图 4-36　EQB601-C 型汽油泵

上体与下体之间夹有膜片组件，它由橡胶泵膜，上、下护盘和拉杆等组成，泵膜弹簧装在下体凸缘上的弹簧座和膜片下护盘之间，其作用是使膜片向上拱曲。弹簧座下设有泵膜拉杆油封，以防膜片破裂时，汽油流入曲轴箱。

下体中的摇臂轴上松套着外摇臂及内摇臂，两者之间为平面接触，形成单向传动关系，即当摇臂绕轴逆时针转动时，可带动泵膜拉杆向下移动，而当摇臂在回位弹簧的作用下回至原来位置时，却不能带动内摇臂回位。内摇臂是由泵膜弹簧的张力推动膜片及泵膜拉杆上行而回位的。回位弹簧使摇臂紧压在凸轮轴上的偏心轮上。

（4）空气滤清器　空气滤清器的作用是滤去进入气缸内空气中的尘土和砂粒，以减少气缸、活塞和活塞环的磨损，延长发动机的使用寿命。

汽车发动机广泛采用纸质干式空气滤清器。这种滤清器具有结构简单、质量轻、成本低、使用方便、滤清效果高的优点，纸质干式滤清器可达 99.5% 以上。

为延长纸质滤芯的使用寿命，一般汽车每行驶 12000km 维护一次，即将它取出用手轻拍，或用压缩空气吹去积灰。切忌接触油质，以免加大滤清阻力。

（5）进气和排气装置　汽车发动机上进气和排气装置的作用是将预热可燃混合气并将其导入各气缸中，排除燃烧后的废气并消减排气噪声。

进气管的作用是将可燃混合气（汽油机）或空气（柴油机）分送到各个气缸中；排气管的作用是汇集各个气缸的废气，从排气管中排出。

3. 汽油的选择和使用

汽油机所用燃料是汽油。要求汽油具有适当的蒸发性，良好的抗爆性、良好的氧化安定性、无腐蚀性和严格的清洁性。

汽油辛烷值愈高，抗爆性越好。国产汽油牌号是用研究法辛烷值表示的，例如，90 号汽油(研究法)，其辛烷值不小于90。汽油的抗爆性对发动机爆燃的发生起着决定性的影响，因此，汽车选择汽油的主要依据是发动机的压缩比，一般压缩比高的发动机应采用辛烷值高的汽油。下列国产汽车汽油牌号的选择，如表 4-1 所示。

表 4-1　国产汽车汽油牌号的选择

车　　型	压　缩　比	选择汽油牌号	车　　型	压　缩　比	选择汽油牌号
东风 EQ1092	7.0	90#	别克赛欧 1.6	9.4	≥93#
捷达 GT	8.5	90#	宝来 1.8/1.8T	10.3	93#～97#
桑塔纳 2000	9.5	≥93#			

4. 可燃混合气浓度的表示方法

发动机进气行程中，汽油在化油器喉管真空度的作用下，吸出到气流中，同时被气流吹散。形成极细小的球状油粒与空气混合，混合的比例和均匀度将对发动机有很大的影响，如表 4-2 所示。

表 4-2　可燃混合气的浓度

空燃比(A/F)	过量空气系数 α	混合气浓度	空燃比(A/F)	过量空气系数 α	混合气浓度
>14.7	>1	稀(经济混合气)	<14.7	<1	浓(功率混合气)
$=14.7$	$=1$	标准			

理论上，1kg 汽油完全燃烧需要 14.7kg 空气，按此比例供给的可燃混合气称为理论混合气，可燃混合气成分可用空燃比(A/F)表示，它是在燃烧时空气质量与燃料质量之比，即

$$\text{空燃比}\ A/F=\frac{\text{空气质量(kg)}}{\text{燃油质量(kg)}}$$

可燃混合气成分也可用过量空气系数 α 表示，它是理论上燃烧 1kg 燃料实际供给的空气质量与理论上完全燃烧时所需要的空气质量之比。即

$$\alpha=\frac{\text{燃烧 1kg 燃料实际供给的空气质量}}{\text{理论上完全燃烧时实际所需要的空气质量}}=\frac{\text{实际空燃比}}{\text{理论空燃比}}$$

5. 化油器

(1) 简单化油器　简单化油器结构的可燃混合气的形成过程如图 4-37 所示。

1) 浮子机构。由浮子、针阀和浮子室组成。浮子室连同喷管为一壶状容器，储存来自汽油泵的汽油。浮子中装有浮子和针阀，针阀支靠在浮子上，两者可一同随油面起落。当浮子室油面达到规定高度时，针阀关闭浮子室进油口，汽油不能流入。浮子下落，针阀重新开启，汽油又流入浮子室，直到针阀上升关闭时为止。这样可保持油面的规定高度。浮子室上部有孔与大气相通，使油面的压力与大气压力相等，从而保持一定的液面压力。

2) 喷管和量孔。喷管的出油口在喉管的附近。喉管口略高出浮子室液面，燃油不会自

动流出。喷管另一端与浮子室相通。浮子室内装有油量孔，通过量孔的汽油流量大小取决于量孔的直径和量孔前后压力差的大小。

3）喉管。空气管中截面积沿轴向变化的细腰管，其面积最小处称喉部。喷管的喷口位于喉部。喉管的作用是增加空气的流速，形成真空吸力，使汽油从喷管内喷出，利用空气流速将喷出的汽油吹散雾化。

4）空气室和混合室。喉管内喉部以上为空气室，喉部以下到节气门轴为混合室。混合室是汽油被空气初步粉碎并与之混合的场所。

5）节气门（油门）。通常为一椭圆形的片状阀门，可绕其短轴转动一定角度。节气门通过杆件与驾驶室内的加速踏板相连。驾驶员将加速踏板踩到底时，节气门转到垂直位置，此时混合气的流动通道截面最大；当驾驶员完全放松加速踏板时，节气门便向水平位置转动，到关闭位置时略成倾斜状。

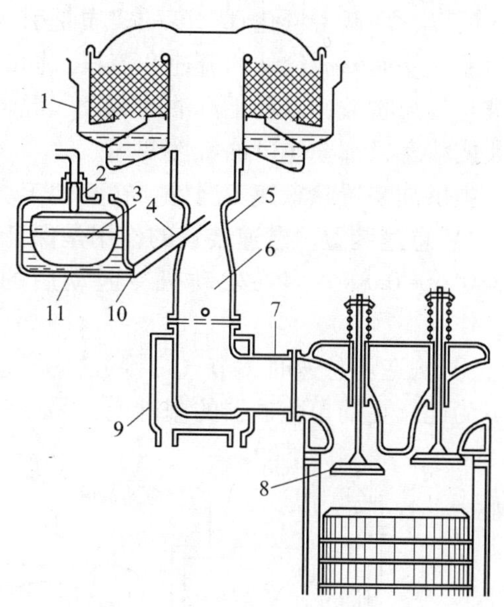

图 4-37 简单化油器及可燃混合气的形成过程

1—空气滤清器 2—针阀 3—浮子 4—喷管 5—喉管 6—节气门 7—进气管 8—进气门 9—进气管加热套 10—量孔 11—浮子室

现代化油器在简单化油器的基础上，加装了一系列自动调配混合气浓度的装置，如主供油装置、怠速装置、大负荷加浓装置、加速装置和起动装置；此外，还有一些特殊功能的附属装置，以保证车用汽油机在各种工况下都能供给适当浓度的混合气，满足发动机工作的需要。

（2）现代化油器五大装置 为满足发动机工作的需要，现代化油器在简单化油器的基础上增加了主供油装置、怠速装置、加浓装置、加速装置和起动装置。

1）主供油装置。主供油装置的作用是保证发动机在中、小负荷工作时供给随节气门开度加大而逐渐变稀的混合气（$\alpha=0.85-1.1$）。

① 构造。为了将简单化油器供给的随节气门开度增大逐渐变浓的混合气校正到随节气门开度增大而逐渐变稀的混合气，通过降低主量孔外面真空度。即在简单化油器的基础上，加装空气室（又称油井）和空气量孔，以降低主量孔吸油真空度，如图 4-38 所示。

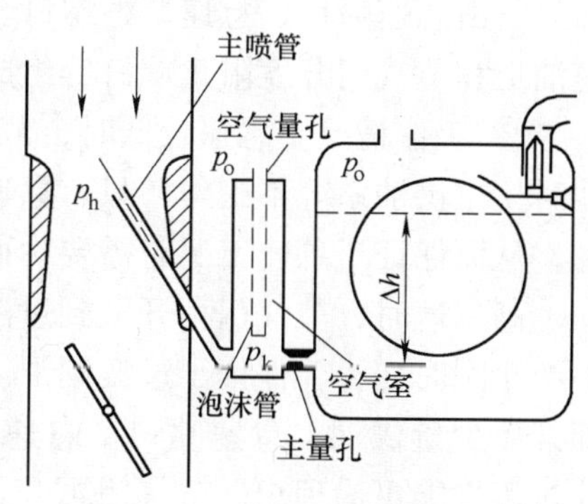

图 4-38 主供油装置

空气室内装有直立内吹式泡沫管，管的上端有空气量孔，中部有 2～4 排渗气孔，空气室分别和大气、浮子室、喉管相通。

② 工作情况。当发动机进入中小负荷时，喉管处产生吸力而喷油，由于喷管喷口尺寸大于主量孔直径，空气室内出现“供不应求”的现象，油面迅速下降，空气自空气量孔和泡沫管中的渗气孔进入空气室。此时，喷口喷出的不再是液体，而是被吹成泡沫状的油气混合物；且汽油流量比没有空气量孔时少，混合气也变稀。

所以，降低主量孔真空度的实质是引入极少量的空气到主量孔中，降低主量孔处内外的压力差，从而降低汽油的流速和流量。同时又使汽油泡沫化，在从主喷口喷入喉管之后更容易被空气流吹散，以利于汽油的蒸发、混合和燃烧。主量孔的冲刷磨损或堵塞，空气量孔的变大或堵塞，都会使供油特性变坏。

主供油装置除怠速工况外，在其他工况都供油。

2）怠速装置。怠速装置的作用是保证发动机在怠速和极小负荷时供给浓而少的混合气（$\alpha=0.6-0.8$）。多在发动机冷起动后的暖机过程、短暂停车、更换变速器档位时短时间工作。

① 构造。怠速时，节气门接近全关，主喷管处真空度很低，节气门后面的真空度却很高。为此，在简单化油器的基础上，另设怠速油道和喷孔，如图4-39所示。

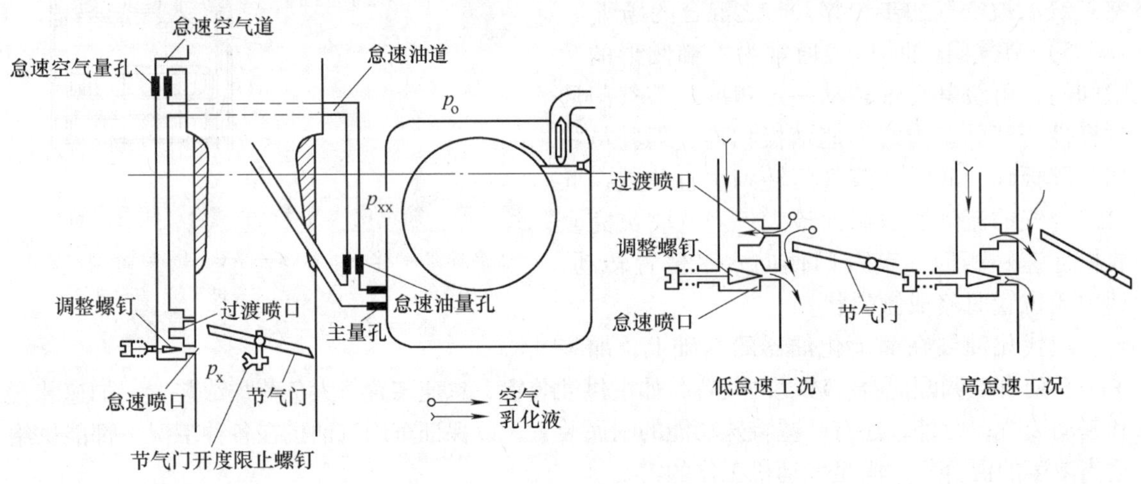

图4-39　怠速装置

它由怠速喷口、怠速调整螺钉、过渡喷口、怠速喷口、怠速油量孔、怠速空气量孔、怠速油道和节气门开度限止螺钉等组成，节气门在过渡喷口与怠速喷口中间。

② 工作情况。怠速较低时，节气门关闭，节气门下方真空度大，节气门上方真空度小，此时，主供油系统不工作，只有怠速喷口出油，由于经空气量孔和节气门边缘流入的空气很少，从而保证了怠速工况时需要少而浓的混合气的需要。

高怠速时，节气门稍开大到过渡喷口上面时，节气门下方的两个喷孔同时喷油，混合气不至于瞬时变稀，保证了过渡圆滑。节气门开度再加大时，即进入小负荷状态，主供油装置即开始少量供油，怠速喷口、怠速过渡喷口也还在喷油，瞬时出现“三孔喷油”的局面，使过渡性能更为理想。节气门再开大，由于节气门下方真空度减小，怠速喷口停止供油，由主供油装置单独供油，进入了中小负荷工况。

③ 怠速调整。怠速调整螺钉用来调整流出喷孔的泡沫量，改变混合气的浓度（即质的调整）。该螺钉拧入时，出油量少，拧出时，出油量多偏稀时易熄火、怠速不稳，偏浓时排放污染严重。

节气门开度调整螺钉调节气门最小开度和空气量，改变转速的高低。拧入时，开度加大，转速升高，拧出时，开度减小，转速降低。

两个螺钉配合调节，可以得到各种条件下稳定的怠速工况所要求的混合气，并可降低排放污染。

3）机械式加浓装置。加浓装置的作用是当发动机负荷增大到80%~85%以上时，额外地供给部分燃料，以保证发动机发出最大功率所需的较浓混合气（$\alpha = 0.85 - 0.95$）的要求。

① 构造。在浮子室内装有加浓量孔和加浓阀，加浓量孔与主量孔并联出油。加浓阀上方有长度可调的推杆。拉杆通过摇臂与节气门相连，如图4-40所示。

② 工作情况。发动机在中小负荷时推杆压不到加浓阀，该阀处于关闭状态，加浓装置不工作。发动机进入大负荷，即节气门开度达到80%~85%以上时，推杆开始压开加浓阀，汽油经加浓阀、加浓量孔流入主喷管，与从主量孔来的汽油汇合一起喷出。这样增加了汽油的供给量，使混合气加浓。当节气门开度减小时，拉杆与推杆上移，加浓阀在复位弹簧作用下关闭加浓进油口。机械加浓装置起作用的时刻只与节气门开度有关，与发动机转速无关。

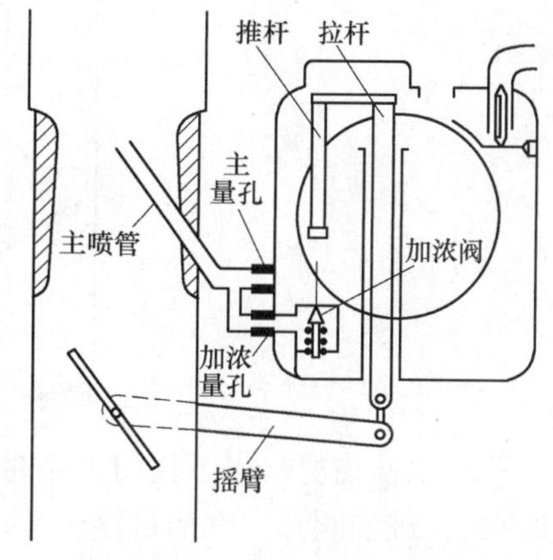

图4-40　机械加浓装置

③ 调整。改变推杆的长度可以改变机械加浓装置起作用的时刻。推杆上方的连接处做成可调的2~3个卡槽，推杆变长早加浓，推杆变短晚加浓。

4）真空加浓装置。真空活塞位于空气缸中，在推杆上装有预先压缩的弹簧。空气缸的下方借空气道与空气管连通，其上方有真空通道与节气门后方相通。推杆下端制有2~3道卡槽，以改变弹簧的张力。铜制活塞上制有环槽，具有存污防卡、减少摩擦、增加密封性的作用。如图4-41所示。

① 工作情况。未进入大负荷时节气门后面的真空度较大，将加浓活塞吸到最高位置。加浓阀关闭，无加浓作用。

进入大负荷时节气门后面的真空度减小，在弹簧的张力和活塞的自重作用下，加浓活塞落下压开加浓阀，额外的汽油便经加浓量孔流入主喷管与主量孔来的油一起喷出，补偿主量孔出油的不足，使混合气变浓。

② 调整。改变弹簧弹力的大小可改变真空加浓装置起作用的时刻。推杆下端制有2~3道卡槽，以改变弹簧的张力。弹簧张力大早加浓，弹簧张力小晚加浓。

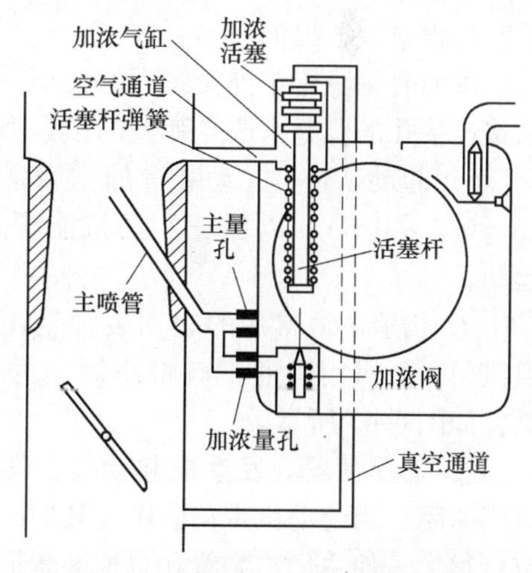

图4-41　真空加浓装置

5）加速装置。加速装置的作用是当汽车需要加速行驶或超车时，在节气门突然开大的瞬间将一定量的燃料一次喷入喉管，使混合气临时加浓，避免由于汽油量的增加迟于空气量的增加造成混合气的严重过稀导致发动机熄火。

① 构造。活塞式加速装置由加速泵活塞、杆、加速泵弹簧、进油阀、出油阀、加速喷

嘴和加速量孔等组成，如图4-42所示。连接板与推杆是活动连接的，拉杆通过摇臂与节气门轴相连。它是弹性驱动、弹性供油，使供油时间延续1~3s，改善加速性能。

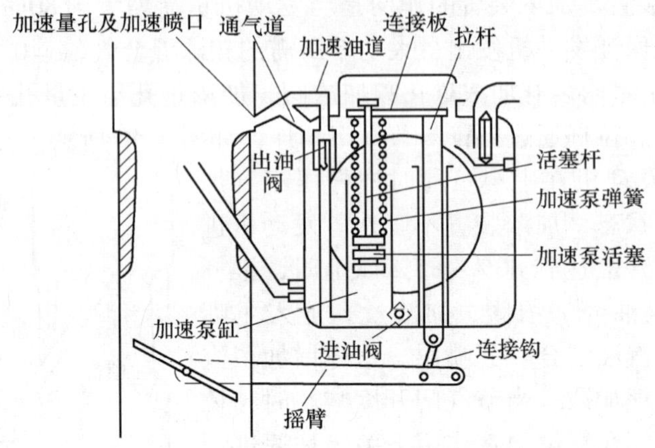

图4-42　加速装置

② 工作情况。当节气门关小时，活塞在泵筒内向上运动，泵筒内产生吸油真空度，出油阀关，进油阀开，汽油自浮子室吸入泵筒。

当节气门迅速大开时，连接板通过弹簧将活塞急速压下，泵筒内油压剧增，进油阀关闭，出油阀打开而喷油。由于连接板推压时弹簧被压缩，所以当节气门停止运动后，弹簧伸张使活塞仍可继续下行一段，喷油持续1~3s。

由上分析可知，喷油量的多少，与活塞行程的大小有关，出油时间的早晚和持续时间的长短与弹簧的张力有关。

③ 调整。出油量的调整可以通过改变节气门摇臂上连接孔的位置，连接孔离轴心愈远，活塞行程愈大，出油量多。

供油时刻决定于弹簧张力的大小，弹力增加供油提前，弹力下降供油延迟，可通过改变泵簧连接孔的位置来改变弹簧的预紧力。

6）起动装置。起动装置的作用是供给极浓的混合气（$\alpha=0.2\sim0.6$），以保证发动机能顺利冷起动和快速热起动。

① 构造。最常用的起动装置是在化油器喉管前方装阻风门，阻风门上通常有带小活门的通气孔或加装自动阀，如图4-43所示。

② 工作情况。发动机起动前，驾驶员通过拉钮将阻风门关闭。当起动机带动曲轴旋转时，在阻风门下方的真空度很大，使主供油装置和怠速装置同时供油。

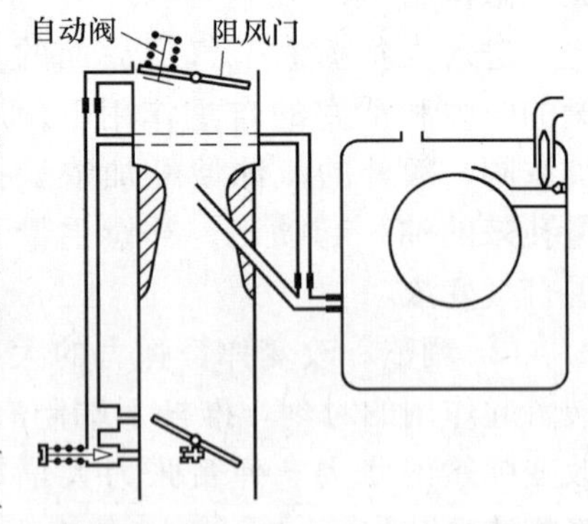

图4-43　起动装置

（四）润滑系统

1. 发动机机油的选用

（1）车用机油级别的识别

1）粘度级别。润滑油的粘度多数用SAE（美国汽车工程师学会）级别标识，例如

SAE5W-40 或 SAE15W-40，“W”表示冬季，其前面的数字越小说明机油的粘度越稀，流动性越好，在冷起动时对发动机的保护能力越好；“W”后面的数字则是机油耐高温性的指标，数值越大说明机油在高温下的保护性能越好。较高粘度的机油对运动系的阻力也相对较高，不但耗费功率、增加油耗，而且机油容易氧化、影响冷起动的保护。

2）质量级别。API（美国石油学会）等级代表发动机机油质量的分类。它采用简单的代码来描述发动机机油的工作能力。从“SA”一直到“SL”，字母越靠后，质量等级越高。每递增一个字母，机油的性能都会优于前一种，机油中会有更多用来保护发动机的添加剂。

（2）正确地选购机油

1）要根据不同车辆发动机使用环境温度的要求，选择对应的润滑油级别。豪华高档轿车可能要求用到 SL 级和 SJ 级全合成 5W/40 润滑油，中高档车要选用 SJ 级 10W/40 半合成机油，中档车可能要用 SF 级 15W/40 机油。

2）看该品牌和型号的润滑油是否经过国际权威的 API 和 ACEA（欧洲汽车制造商协会）的认证，有国际权威认证的产品，您尽可以放心选用。

3）要考虑用油经济性。计算润滑油成本不应该简单地比较每桶单价，而应该根据其耐久时间计算公里成本。

2. 润滑系统的作用组成和润滑油路

（1）润滑系统的组成　润滑系统主要由机油集滤器、机油泵、机油滤清器、油底壳以及机油冷却器组成，如图 4-44 所示。发动机工作时，许多零件相对运动的表面（如曲轴与主轴承，连杆轴承，活塞与气缸壁，凸轮轴与轴承等）之间必然有摩擦，如果各金属表面直接摩擦（即干摩擦），摩擦阻力将会很大，不但会增加发动机内部的功率消耗，使零件工作表面迅速磨损，而且由于摩擦产生的高温可能使某些摩擦表面的金属熔化，致使发动机无法正常运转。为保证发动机正常工作，必须对相对运动的表面给予良好的润滑。

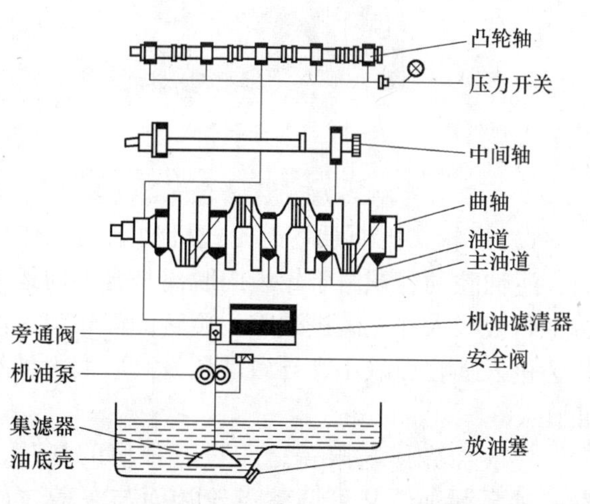

图 4-44　润滑系统油路

润滑系统的主要作用有：润滑减摩作用、冷却作用、清洁作用、密封作用、防锈作用和消除冲击负荷等作用。

（2）润滑系统的油路　现代汽车发动机的润滑油路方案大致相似，如图 4-45 所示。在该润滑系统中，曲轴的主轴颈、连杆轴颈、凸轮轴止推凸缘、正时齿轮和分电器传动轴等都用压力润滑，其余部分用飞溅润滑。

3. 润滑系统主要零件的结构与检修

（1）机油泵　机油泵的作用是把一定压力和数量的润滑油供到主油道。机油泵按形式分为齿轮式和转子式两种，如图 4-46 所示。两者在目前的发动机中都广为应用。机油泵一般在汽车行驶 30 万 km 以上才可能出现损坏而被更换。

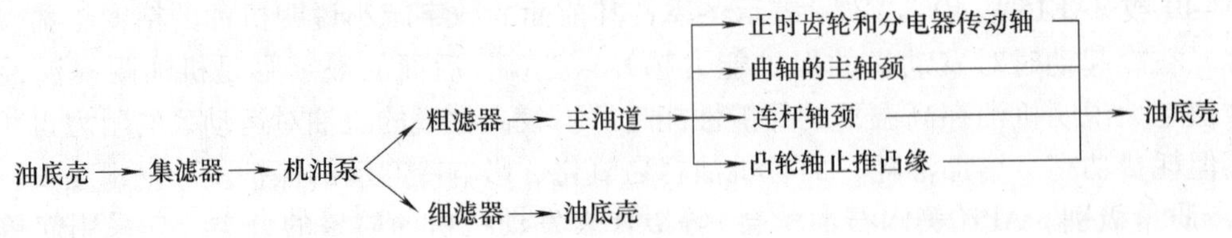

图 4-45　润滑油路流向

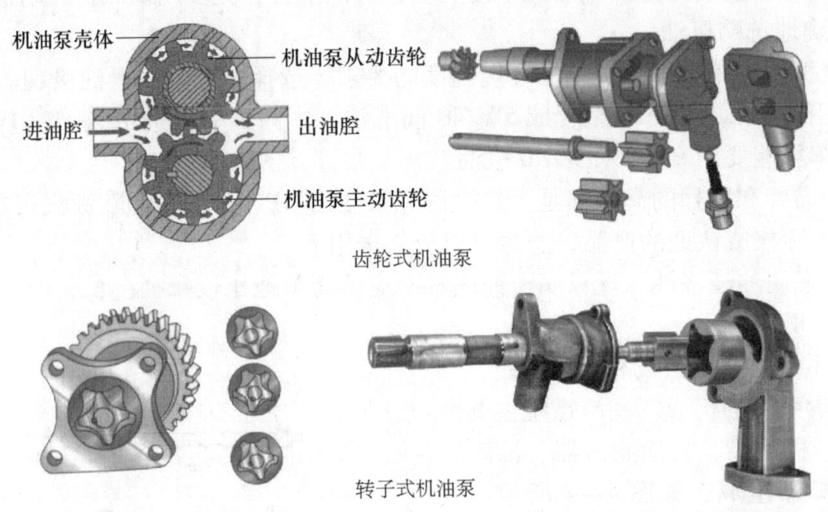

图 4-46　机油泵

1）齿轮式机油泵。齿轮式机油泵的工作原理如图 4-47 所示。当齿轮按图示方向旋转时，进油腔的容积由于轮齿向脱离啮合方向运动而增大，腔内产生一定的真空度，机油便从进油口被吸入并充满进油腔。旋转的齿轮将齿间的润滑油带到出油腔。出油腔的容积则由于轮齿进入啮合而减小，导致油压升高，润滑油经出油口被输出，输出的油量与发动机转速成正比。

一般在壳体与泵盖之间设有很薄的垫片，既可防止油泵漏油，又可调整齿轮端面与泵盖之间的间隙。为保证齿轮转动的连续性，当前一对轮齿还未脱离啮合，后一对轮齿已经进入啮合了。这样，一部分润滑油将随着轮齿的转动被封闭在啮合齿的齿隙中，封闭的润滑油会产生很大的推力，作用于齿轮轴。为此，在泵盖上铣出一条泄压槽与出油腔相通。当齿隙逐渐变小时，通过该槽将齿隙内的润滑油导向出油腔。

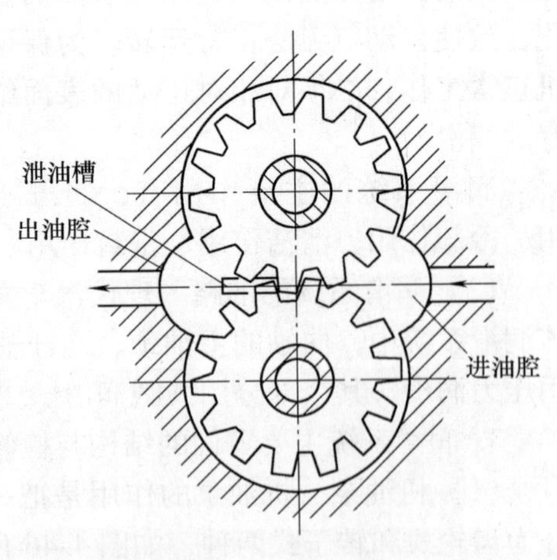

图 4-47　齿轮式机油泵的工作原理

捷达两阀 ATK 电喷发动机使用内齿轮机油泵，其特点是运动件少、磨损小、啮合更小、减少摩擦、工作空间大、吸入性能好和工作效率高。

2）转子式机油泵。转子式机油泵结构与工作原

理如图 4-48 和图 4-49 所示。主要由内转子、外转子和油泵壳体组成。内转子有 4 个外齿，通过键固定于主动轴上。外转子有 5 个内齿，外圆柱面与壳体配合。内外转子有一定的偏心距，外转子在内转子的带动下转动。壳体上设有进油口和出油口。

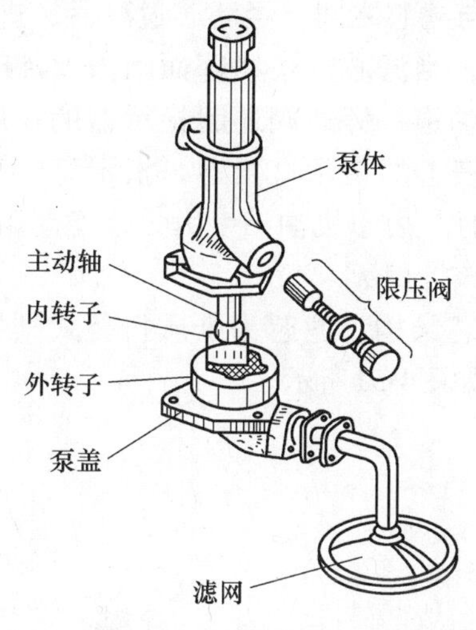

图 4-48　转子式机油泵结构

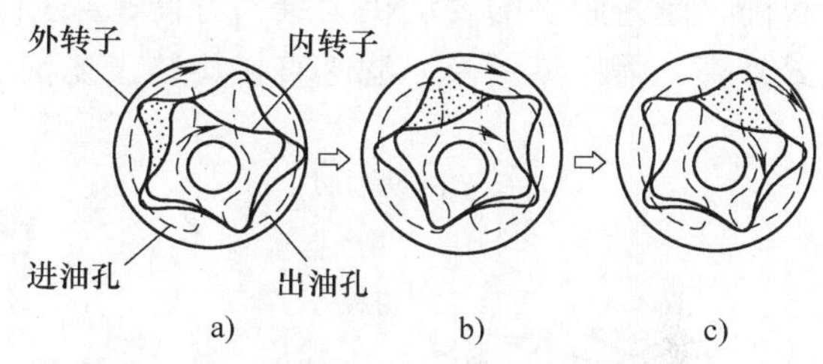

图 4-49　转子式机油泵工作原理

在内外转子的转动过程中，转子每个齿的齿形齿廓线上总能互相成点接触。因此，在内外转子之间形成了 4 个互相封闭的工作腔。由于外转子总是慢于内转子，这 4 个工作腔在旋转过程中不但位置改变，容积大小也在改变。每个工作腔总是在最小时与壳体上的进油孔接通，随后容积逐渐变大，形成真空，把机油吸进工作腔。当该容积旋转到与泵体上的出油孔接通且与进油孔断开时，容积逐渐变小，工作腔内压力升高，将腔内机油从出油孔压出。直至容积变为最小，重又与进油孔接通开始进油为止。与此同时，其他工作腔也在进行着同样的工作过程。

转子式机油泵结构紧凑，吸油真空度大，泵油量大，供油均匀度好。安装在曲轴箱外位置较高处时，也能很好地供油。

（2）机油滤清器　机油滤清器的功用是用来滤除机油中的金属碎屑和各种杂质，以免使之进入润滑系统，磨损机件。机油滤清器按结构分为可换式、旋装式和离心式。旋装式滤清器密封好、易于更换、过滤效率高及寿命长，现在国内轿车几乎全部采用此种结构形式的机油滤清器。

机油滤清器按在系统中的布置可分为全流式和分流式。

现在汽车上广泛使用全流式机油滤清器，具有效果好、机油流动阻力小，使用更换方便的优点。

机油滤清器的滤芯有褶纸式、纤维滤清材料以及金属片隙缝式。机油滤清器经过一段时间使用之后，滤芯上会聚集许多油泥和金属碎屑，造成滤清器堵塞，阻碍润滑系统正常工作。此时，应清洗或更换机油滤清器的滤芯。

（3）集滤器　集滤器采用滤网式结构，安装于机油泵进油管上。大多数汽车都采用固定式集滤器，位于油面下面吸油，可防止吸入泡沫。同时，固定式集滤器结构简单，由一层滤网通过卡簧固定在机油收集器上。

（4）粗滤器　粗滤器属于全流式滤清器，串联安装于机油泵出油孔与主油道之间，可滤掉机油中粒度较大（直径为ϕ0.05～ϕ0.1mm以上）的杂质。粗滤器和细滤器都安装于缸体外面，以方便维护。粗滤器主要由外壳、端盖和滤芯等组成，如图4-50所示。

从机油泵输出的压力油经端盖上的进油孔进入粗滤器与滤芯之间，经滤芯过滤后，进入芯筒并经端盖上的出油孔进入主油道。旁通阀装于端盖上，当滤芯发生堵塞而阻力增加时，旁通阀打开，外壳内的机油经旁通阀和端盖出油孔进入主油道。旁通阀还起指示器的作用，当滤芯阻力增大到油压达0.1MPa时，指示器将驾驶室仪表上的指示灯接通，指示灯闪亮，表明需要更换滤芯或者对粗滤器进行维护。发动机冷起动时，由于机油粘度大，使滤芯阻力增加，指示灯也闪亮，但当发动机温度升高机油变热时，该灯熄灭。

目前，越来越多的发动机为维护方便，采用旋装式滤芯结构。滤芯为纸质折叠式结构、封闭式外壳，需定期更换，滤芯直接旋装于滤清器盖上。如图4-51所示。

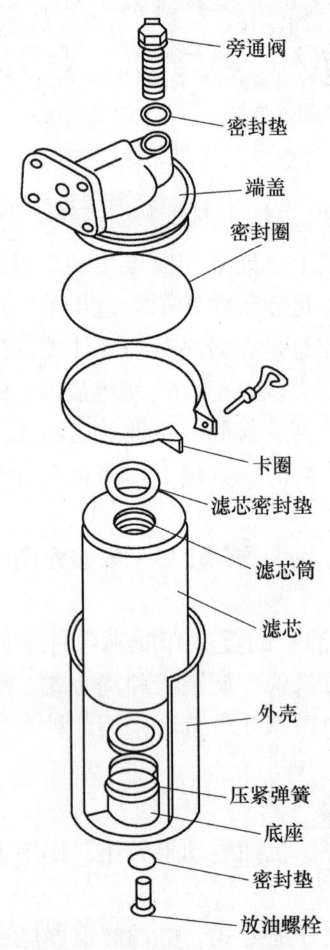

图4-50　发动机粗滤器

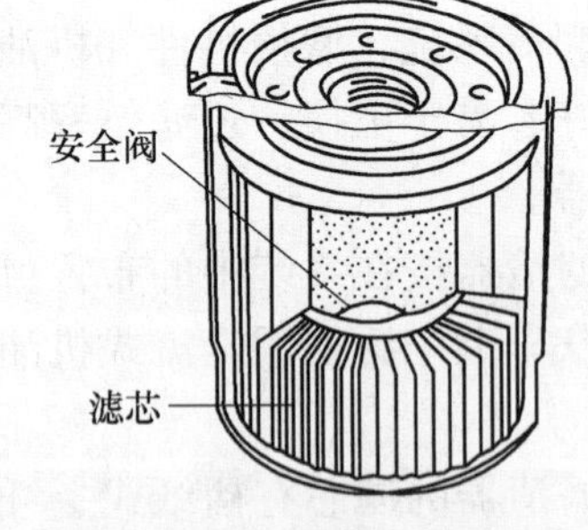

图4-51　旋装式滤芯

（5）细滤器　细滤器属于分流式滤清器，过滤能力强，但流动阻力也大，与主油道并联安装。细滤器按过滤方式分成过滤式和离心式两种结构。过滤式细滤器与粗滤器结构基本相同，只是滤芯能过滤掉更细小颗粒杂质。

离心式细滤器主要由三部分组成：壳体与滤清器盖、转子轴、转子体与转子盖。EQ6100—1型发动机的离心式细滤器的结构如图4-52所示。

离心式滤清器滤清能力强，并且不需要滤芯，但它对胶质的滤清效果差。转子上的喷嘴又是机油的限量孔，它保证了通过细滤器的油量为油泵出油量的10%～15%左右。

（6）机油散热器与机油冷却器　机油散热器和机油冷却器是一些大功率柴油机设置的专用机油散热装置。

机油散热器和冷却液散热器结构基本相同，但采用横流式结构，布置在冷却液散热器前面。机油散热器油路与主油道并联，利用风扇风力使机油冷却。

机油冷却器是利用发动机冷却液对机油进行冷却。冷却器油路与主油道串联。机油冷却器的构造如图4-53所示，主要由芯子和壳体组成。芯子由铜制的圆形或椭圆形管与散热片组成，与两端的进出水腔相通。冷却液在芯子管内流动，润滑油在管外流动。冷却器上装有旁通阀，当机油温度过低、粘度过大时，旁通阀打开，机油不经冷却直接进入主油道内。

（五）冷却系统

冷却系统对发动机机件进行冷却，使发动机在适宜的温度下正常运行。

1. 冷却系统的作用与类型

（1）冷却系统的作用　冷却系统的功用就是保证发动机在最适宜的温度下工作。

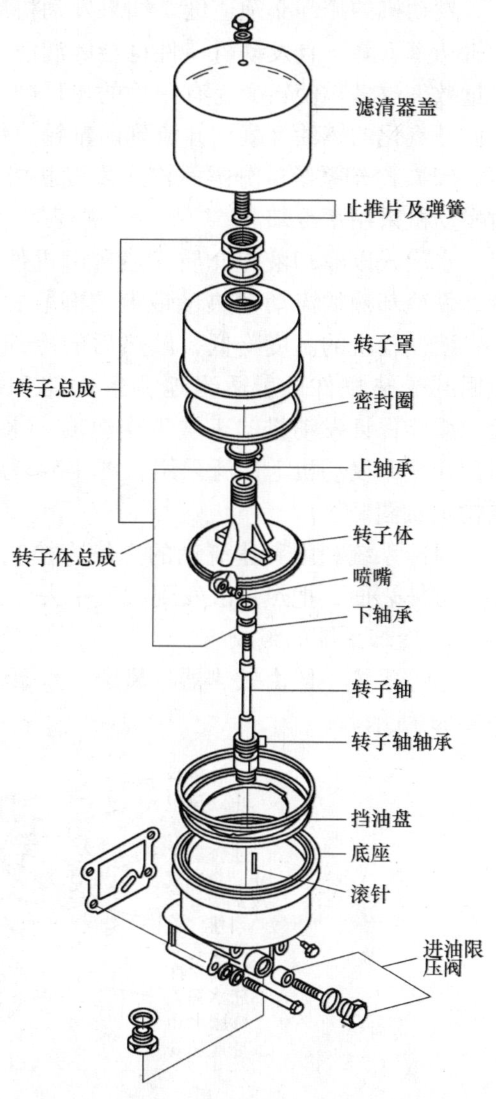

图4-52　离心式机油细滤器

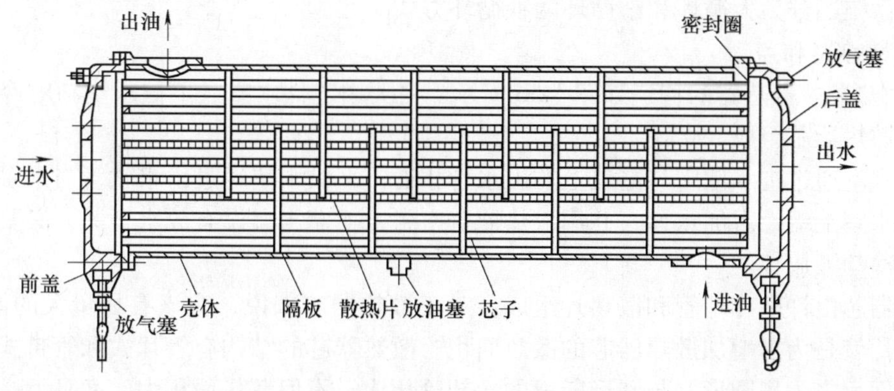

图4-53　机油冷却器

发动机的冷却必须适度。如果发动机冷却不足，由于气缸充气量减少和燃烧不正常，发动机功率下降，且发动机零件也会因润滑不良而加速磨损。但如果冷却过度，则一方面由于热量散失过多，使转变为有用功的热量减少，而另一方面由于混合气与冷气缸壁接触，使其中原已汽化的燃油又凝结并流到曲轴箱，使磨损加剧。

（2）冷却系统的分类　汽车发动机常见的冷却方式有两种，即水冷却和风冷却。大多数发动机采用水冷却。

水冷式以冷却液为介质，热量由机件传给冷却液，靠冷却液的流动把热量带走，再散发到大气中去，使发动机的温度降低，散热后的冷却液再重新流回到受热机件处。适当地调解水路和冷却的强度，就能保证发动机的正常工作温度。水冷却系统目前在汽车发动机上广泛采用。图 4-54 为水冷系统结构示意图。

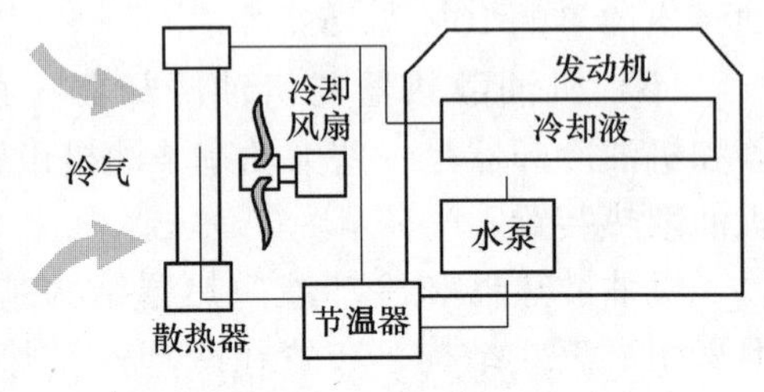

图 4-54　水冷系统结构示意图

风冷系统利用高速流动的空气直接吹过气缸盖和气缸体表面，把热量散发到大气中去，保证发动机在最有利的范围内工作。

2. 冷却系统的组成

水冷系统一般由散热器、风扇、水泵、节温器、膨胀水箱、水套及连接水管等组成，如图 4-55 所示。

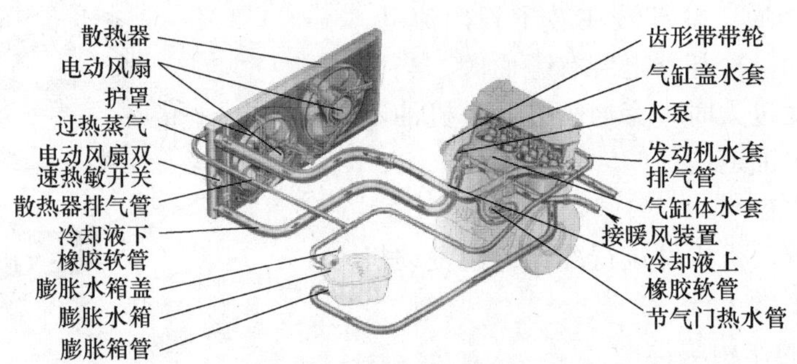

图 4-55　水冷系统结构图

水冷系统还分为大循环和小循环两种循环方式。

（1）散热器和盖

1）散热器。散热器的构造如图 4-56 所示。主要由上储水室、下储水室和对冷却液起散热作用的散热器芯组成。

上储水室通过进水软管与缸盖上的出水管相通，下储水室通过出水软管与水泵进水口相通，上储水室上端设有加水口，并用散热器盖密封，下储水室设有放水开关，必要时可将散热器内的冷却液放掉。

散热器芯由许多冷却管和散热片组成。对于散热器芯来说，应该有尽量大的散热面积，采用散热片就是为了增加散热器芯的散热面积。散热器芯的结构有管片式和管带式两种。冷却管的断面大多为扁圆形，与圆形断面的冷却管相比，不但散热面积大，而且万一管内的冷却液结冰膨胀，扁管可以借其横断面变形而避免破裂。采用散热片，不但可以增加散热面

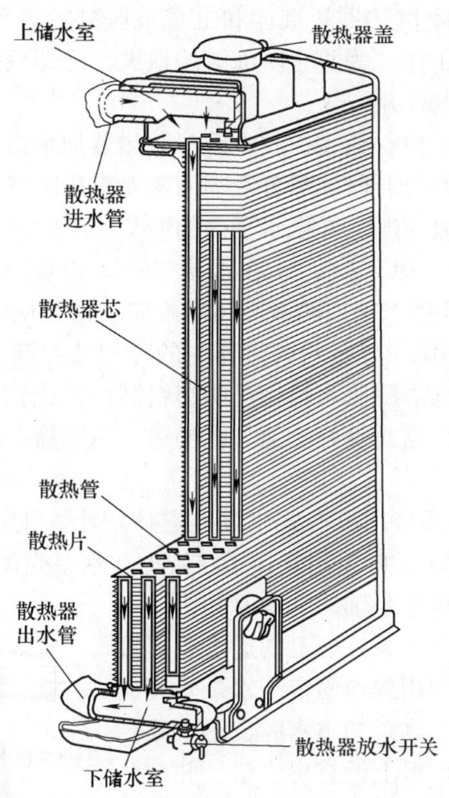

图 4-56　散热器结构

积，还可增大散热器的刚度和强度。

2）散热器盖。汽车发动机都采用压力循环水冷系统。这种水冷系统广泛采用具有蒸气阀和空气阀的散热器盖，其结构如图 4-57 所示。

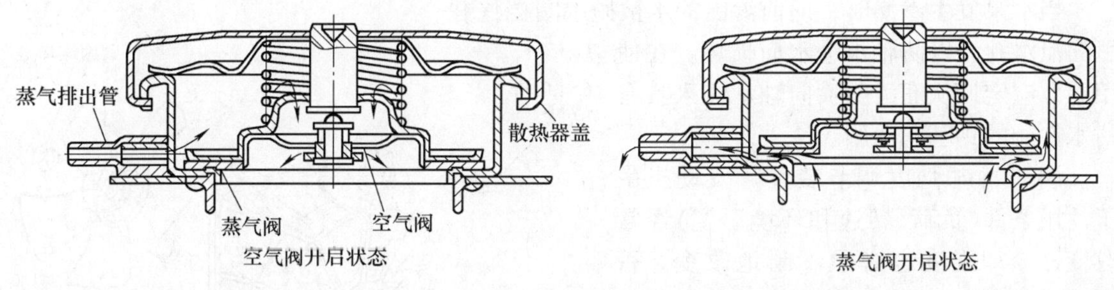

图 4-57　散热器盖

蒸气阀在弹簧的作用下，紧紧压在加水口，密封散热器。在蒸气阀中央设有空气阀，弹簧使其处于关闭状态。由于两个阀门的作用，不但可以提高冷却液的沸点（达 108～120℃），还可防止当散热器内水量减少或压力降低时冷却管被大气压瘪。

当发动机处于热态时，不要打开散热器盖，以防高温水蒸气喷出引起烫伤。

（2）冷却液补偿装置

1）补偿水桶。目前，大多数发动机都采用了防冻液作为冷却液。防冻液冰点很低，可避免冬季使用中因结冰而导致散热器、缸体和缸盖被胀裂的现象；防冻液的沸点也要比水高，更有利于发动机的正常工作。为防止防冻液的损失，冷却系统设置了补偿水桶，对散热器内的防冻液起到自动补偿的作用。

补偿水桶设置于散热器一侧，通过橡胶水管与散热器加水口处的出气口相连。当冷却液受热膨胀至散热器盖的蒸气阀打开时，部分冷却液随着高压蒸气通过水管进入补偿水桶；而当温度降低、散热器内产生真空时，补偿水桶内的冷却液及时回流散热器。补偿水桶上有两条刻线标记“GA0”（高）和“DI”（低），在水温 377K（50℃）时，补偿水桶内的液面高度不得低于“DI”；室温时，补偿水桶内的液面高度不应超过“GAO”。

2）膨胀水箱。膨胀水箱除了具备对散热器内的冷却液起到自动补偿作用，又同时还具备及时将冷却系内的水汽分离。膨胀水箱用透明塑料制成，位置稍高于散热器。

膨胀水箱应无渗漏、箱盖密封良好、通气孔畅通，否则就会破坏冷却液的回流，必须立即更换。

（3）水泵　汽车发动机都采用离心式水泵。它体积小、出水量大、工作可靠。离心式水泵的工作原理如图 4-58 所示。叶轮同定在水泵轴上，水泵壳体装于发动机缸体上。

水泵外壳前半部分是支承水泵轴的轴承座孔，后半部分为容纳叶轮的工作腔室。水泵外壳上的进水管直接与工作腔室相通。泵盖和垫圈用螺栓固定于水泵外壳的后端面，用来封闭水泵外壳。水泵的出水腔位于水泵工作腔的一侧，在泵盖的相应位置上设有出水口，并与分水管相通。

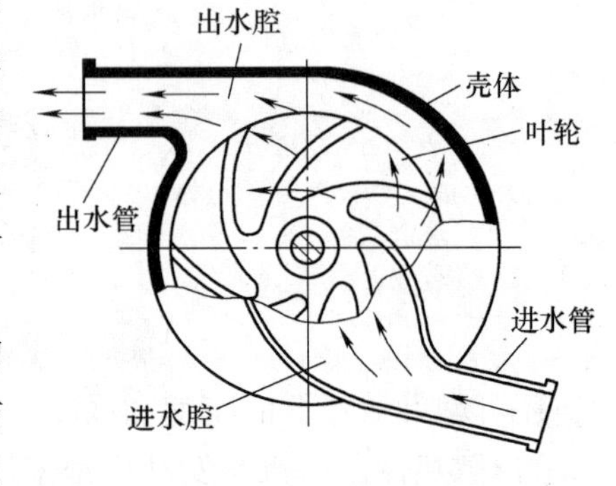

图 4-58　离心式水泵

水泵轴用轴承支承在水泵外壳上。水泵轴的一端切削两平面与水泵叶轮的孔相配合，并用螺钉紧固，以防叶轮轴向窜动；水泵轴的另一端用半圆键与凸缘盘连接，并用槽形螺母锁紧。凸缘盘用来安装风扇传动带轮。

当水泵发生渗漏时，向前渗出的水被抛水圈挡住并甩向泄水孔，以防轴承进水而损坏。在使用中，应定期从润滑脂嘴向轴承注入具有耐水性能的钙基润滑脂。

（4）冷却强度调节装置　发动机由于使用条件（负荷、转速和环境温度）经常改变，冷却强度也必须不断地改变。否则，会出现发动机过热或过冷现象而影响正常使用。冷却强度通过两种方式调节：一是改变通过散热器的空气量；另一种是改变通过散热器的冷却液量。第一种方式靠百叶窗和风扇离合器来完成；第二种是靠节温器来实现的。

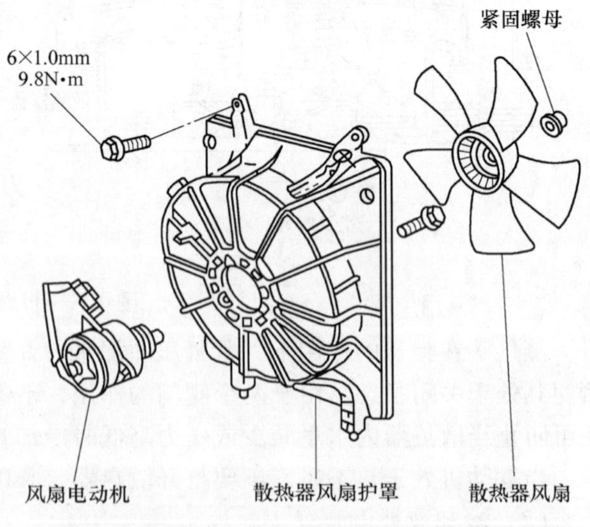

图 4-59　电动冷却风扇

1）风扇。风扇安装于散热器后面，大多数发动机风扇与水泵同轴，如图4-59

所示。风扇旋转时，会产生轴向吸力，增加流过散热器芯的空气量，可加速对流经散热器芯的冷却液的冷却，从而加强了对发动机的冷却作用。

风扇常和发电机一起通过 V 形带由曲轴带轮驱动。通常将发电机的支架做成可移动式的，以便调节传动带的松紧度。风扇传动带必须松紧适宜，传动带过松会造成打滑，使风扇风量减少发动机过热；传动带过紧将增加轴承的径向力，加速轴承磨损。

轿车发动机由于大多采用电动风扇，风扇不与水泵同轴。电动风扇由电动机驱动，受冷却液温度控制的温控开关控制风扇的转动，不受发动机转速的影响。这样，既能保证发动机在汽车低速时的冷却，又可减少消耗发动机的功率，电动风扇一般采用双速直流电动机驱动散热风扇。如桑塔纳轿车，散热风扇电动机的通、断电和变速，是由装在散热器一侧的温控（热敏）开关来控制的。当冷却液温度高于 95℃时，温控开关的低温触点闭合，风扇电动机以 1600r/min 的转速低速转动；当冷却液温度升高到 105℃时，温控开关的高温触点合上，风扇电机便以 2400r/min 的转速高速转动。

2）风扇离合器。风扇离合器的结构形式有硅油式、电磁式和机械式三种类型，其中硅油式应用最多。

硅油风扇离合器的结构如图 4-60 所示。主动轴与水泵轴连接，前端同定有主动板。壳体（风扇毂）通过轴承支承在主动轴上，风扇用螺栓安装在壳体上。从动板与壳体之间的空腔为工作腔，腔壁间夹有主动板。

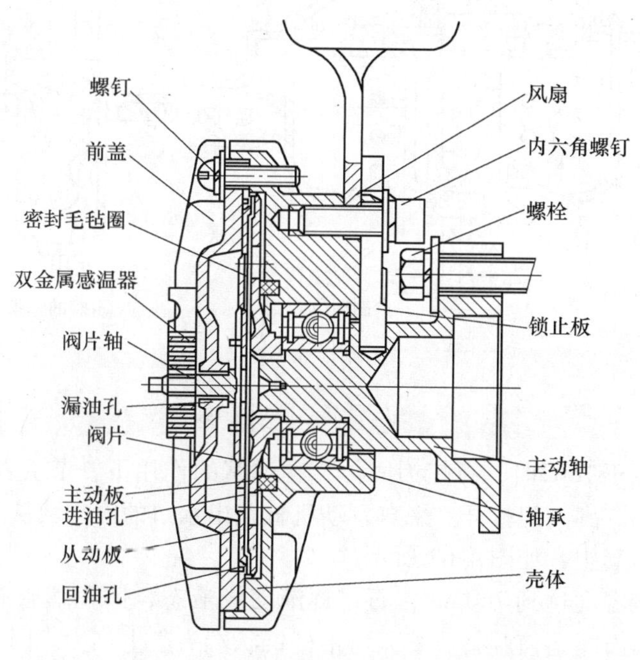

图 4-60　硅油风扇离合器

从动板与前盖之间的空腔为储油腔，其中装有硅油。从动板上有一进油孔，平时由阀片关闭。将阀片转动一定角度，进油孔即打开。阀片的转动，靠离合器前的螺旋状双金属片感温器控制。

当发动机在小负荷下工作时，冷却液和通过散热器的气流温度不高，进油孔被阀片关闭，硅油不能从储油腔流入工作腔。工作腔内无油，离合器处于分离状态。这时主动轴与水泵轴一起转动，风扇随离合器壳体在主动轴上空转。

当发动机负荷增加、散热器中冷却液温度升高时，通过散热器的气流温度随之升高。双金属片感温器受热变形而带动阀片轴和阀片转过一定角度。当吹向感温器的气流温度超过65℃时，阀片转至进油孔打开的位置，于是硅油从贮油腔进入工作腔。由于主动板与从动板、壳体之间的缝隙进入了粘度很大的硅油，主动板利用硅油的粘度即可带动壳体和风扇转动。此时，风扇离合器处于接合状态，风扇转速迅速提高。

当发动机负荷下降，吹向感温器的气流温度低于35℃时，双金属片感温器卷缩将进油孔关闭，工作腔内油液从同油孔甩向贮油腔，直至甩空为止，风扇离合器又回复到分离状态。

3）节温器。蜡式节温器安装于缸盖出水口处，控制冷却液通往散热器的流量。

蜡式节温器的构造如图4-61所示。推杆的上端同定于支架，下端插入胶管的中心孔内。胶管与节温器外壳之间的环形内腔装有石蜡。节温器外壳上端套装有主阀门，下端套装有副阀门，弹簧位于主阀门与支架下座之间。

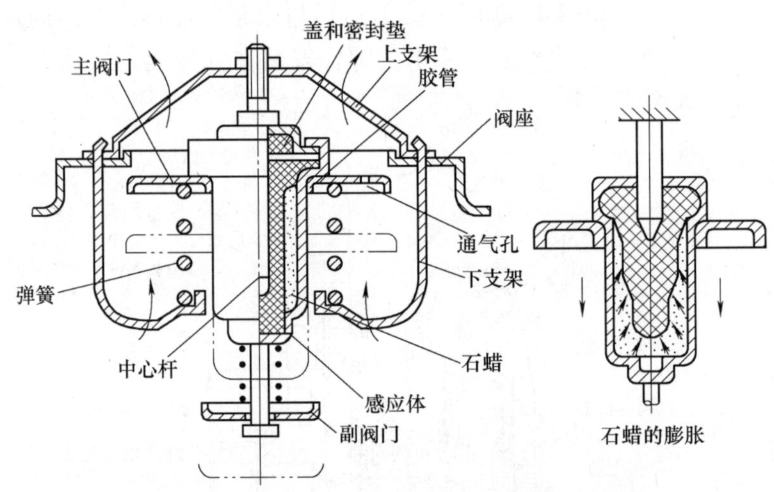

图4-61 蜡式节温器

当冷却液温度低于76℃时，石蜡为固体，在弹簧的作用下，节温器外壳处于最上端位置，此时主阀门关闭，副阀门打开。来自发动机缸盖出水口的冷却液从副阀门进入小循环软管，经水泵又流回水套中，如图4-62所示。

当发动机冷却液温度达到76℃时，石蜡逐渐变成液态，体积膨胀而产生推力。由于节温器外壳为刚性件，石蜡迫使胶管收缩而对推杆锥状端头产生推力。因推杆固定于支架不能移动，其反推力迫使胶管、节温器外壳下移。这时，主阀门开始打开，有部分冷却液经主阀门进入散热器散热。

当水温超过86℃时，主阀门全开，副阀门刚好关闭，从缸盖出水口流出的冷却液全部经主阀门进入散热器散热。此时，冷却液流动路线长、流量大，冷却强度增大，称为大循环，如图4-62所示。

当发动机内冷却液处于上述两种温度之间时，主阀门和副阀门均部分开放，故冷却液的

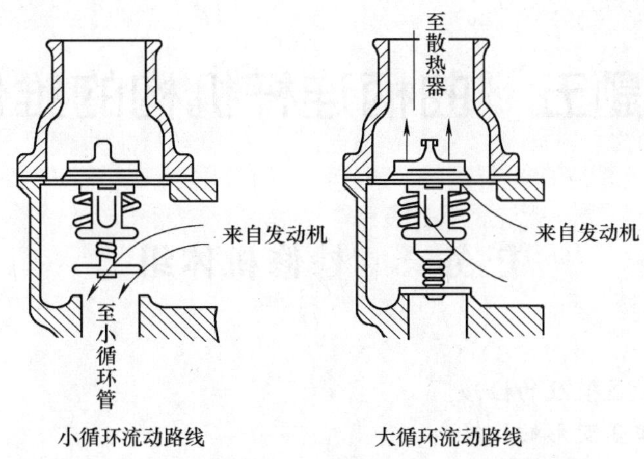

图 4-62　蜡式节温器工作

大小循环同时存在。此时冷却液的循环称为混合循环。

发动机水温由高温状态下降时，液态石蜡逐渐恢复成固态，在弹簧的弹力作用下，节温器外壳逐渐上移，先将副阀门打开；温度下降至 76℃以下时，主阀门关闭。

课题五　曲柄连杆机构的维修

任务一　检修机体组

【任务内容】

1）气缸体和气缸盖裂纹的检修。

2）气缸体和气缸盖变形的检修。

3）气缸磨损的检修。

4）完成检修机体组工作页。

【任务目标】

1）掌握气缸体和气缸盖裂纹的检修。

2）掌握气缸体和气缸盖变形的检修。

3）掌握气缸磨损的检修。

一、实践

先由学员各自尽可能地自行完成如下工作页。然后，在教师的指导下完成本任务。

任务一　检修机体组工作页

1. 图 5-1 是气缸体上平面检查位置图，请写出在各个方向检查气缸平面度的方法和要求：

方法：____。

要求：____。

2. 图 5-2 是气缸圆度和圆柱度的测量位置图：请根据你的操作，记下检测步骤：

____

____

____

____

____

____________________。

请把你测量的最大磨损气缸的数据填入下表，计算出结果并判断气缸圆度和圆柱度有没有误差超出公差值范围，若误差超出公差值范围请确定修理级别。

测量 位置纵横向	上	中	下
纵向			
横向			

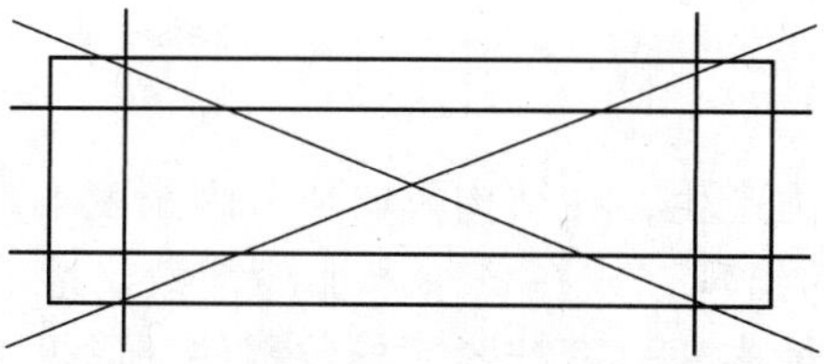

图 5-1　气缸体上平面检查位置图

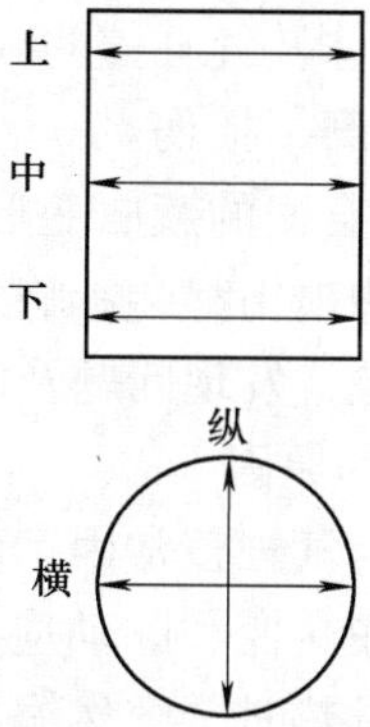

图 5-2　气缸圆度和圆柱度测量位置图

单位：mm

注：气缸圆度公差：汽油机为 0.05mm，柴油机为 0.0625mm。

气缸圆柱度公差：汽油机为 0.20mm，柴油机为 0.25mm。

气缸圆度：________________________________。

气缸圆柱度：______________________________。

气缸圆度和圆柱度误差超出公差值范围情况：

该缸的修理级别：

3. 请在图 5-3 小圆圈中标出拆装气缸盖螺栓的顺序，并写出拆卸和安装注意事项。

注意事项：____

____

____

____。

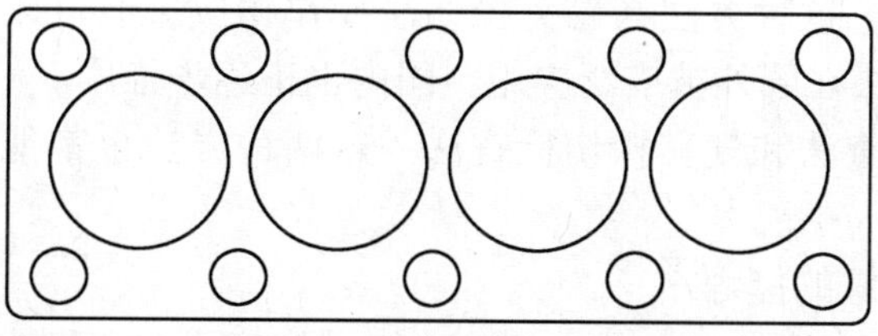

图 5-3　气缸盖螺栓的拆卸顺序

4. 想一想，当气缸盖下平面用去除材料的方法修平后，如何测量气缸盖上的燃烧室容积？

二、相关知识

（一）气缸体、气缸盖破裂损伤的检查与修理

气缸体是发动机的基础部件，气缸盖是发动机的主要部件，它们是燃料燃烧做功的基件。通常气缸体和气缸盖都由灰铸铁或铝合金铸成，结构复杂，工作条件恶劣，使用或修理

不当易产生如下损伤：

1）气缸体及气缸盖的破裂损伤。

2）气缸磨损损伤。

3）各结合面的翘曲变形或其他部件的变形。

所有这些损伤都会影响发动机的技术性能指标、工作可靠性和耐久性。因此在修理过程中应认真检验，发现问题及时解决。

1. 破裂的原因

气缸体与气缸盖常因工作温度不均匀，导致热应力产生，在结构薄弱环节因刚度不足而产生破裂，在交变和脉动应力作用下导致疲劳裂纹的出现，或在冬季未加冷却液，造成冻裂。发动机过热时，突然添加冷却液，或者因冲击、撞击、过度拧紧而导致零件变形等不规范操作，使缸体、缸盖产生裂纹甚至断裂。因此在大修开始前，修补裂缝后，镶装气缸套、气门座圈及气门导管后均应进行裂纹检查的工作。

损伤与破坏，一般发生在缸体、缸盖外壁、燃烧室薄壁处、排气门座周围、水套周围、缸盖气门摇臂一侧等部位。

2. 检查方法

在维修行业中，气缸体、气缸盖破裂常用到的检测方法有：水压法、磁力探伤法、荧光粉检查法、染色渗透剂检查法和气雾探伤检查法。

（1）水压检查法　这是检查缸体、缸盖最常用的方法，能发现各部位的裂纹。注意水压试验压力：对未修补过的缸体、缸盖为300～400kPa(3～4kgf/cm^2)，对已修补过的则为400～500kPa(4～5kgf/cm^2)。各部位应无任何渗漏。如有渗水或水珠漏出，应将渗漏部位作好标记。

（2）磁力探伤　当检查的零件被磁化后，断裂处产生磁极，撒在表面的细铁粉将被吸引，从而可看到缸体、缸盖上有明显的灰色裂纹外形。此法只适用于可磁化的材料，不适用于铝合金铸造缸体、缸盖及钨铬钴合金制造的气门座、铜质零件。

（3）荧光粉检查法　这种方法与磁力探伤法操作相似，但可以发现磁力探伤法所不能发现的细小裂纹。此方法在国外被广泛应用，国内也正逐步推广。

（4）染色渗透剂检查法和气雾探伤检查法　这两种方法也都能较容易发现缸体、缸盖上的裂纹。

3. 缸体、缸盖上裂纹的修理

缸体、缸盖上的裂纹基本上分为内部的(如燃烧室部位)和外部的(即可从外部看到的)两种。修理缸体、缸盖上的裂纹，通常采用有机粘接法、焊接修补法和铸铁销接法等方法。

（1）有机粘接法　修理时可按下列步骤进行：

1）彻底清洁需要修理的表面，在裂纹的两端钻ϕ3～ϕ4mm通孔，并沿裂缝开45°～90°坡度2～3mm，再次清洁坡口。

2）根据要求调制环氧树脂或低湿固化粘接剂。

3）用油灰刀将环氧树脂等粘接剂压入裂缝和砂痕中。

4）固化环氧树脂，烘干12～14h以上。

然后，再次检查有无渗漏。其中关键是彻底清洁表面，可用专用的清洁剂喷洗，对其烘干或吹干，切不可擦干，以免玷污油脂，影响结合效果。

（2）焊接修补法　此方法目前在部分工厂中被采用，不管是气焊、电焊、氩弧焊、还是二氧化碳保护焊等，其关键是消除焊接过程中的内应力和热变形。比较成熟的操作方法有：加热减应法、热焊法等。其原理是使焊接过程中的被焊零件上的变形最剧烈的区域处于塑性变形，以消除内应力产生，所以选择好待变形区是很重要的一个步骤。

气焊、电焊一般适用于铸铁零件，氩弧焊、二氧化碳保护焊适用于铝合金铸造零件。用焊接修补的方法完工后一定要认真检查变形情况，必要时需热处理以消除内应力。

（3）铸铁销接法　这是修补气缸体、气缸盖的一种古老方法，适用于受力不大、强度要求低和裂缝范围较小的平面部位，其操作步骤如下：

1）在裂缝两端钻 $\phi2 \sim \phi3$mm 的限止孔。

2）沿裂缝每隔 4 ~5mm 钻 $\phi2 \sim \phi3$mm 的通孔，然后攻螺纹，螺纹不直攻穿，一般是锥形螺孔。

3）将紫铜螺钉加白漆拧入，在高出 1.5 ~2mm 处切断。

4）在每个间隔处再钻孔、攻丝、拧紧螺钉、填满裂纹、切断。

5）捶打高出的部位。

6）修平，必要时加焊锡，以防渗漏。

（二）气缸体、气缸盖变形的检修

1. 气缸体与气缸盖变形的原因

气缸体和气缸盖的变形直接影响修理质量。在正常情况下，气缸体与气缸盖在使用过程中的变形是很小的。大修时只需对零件清洁、检查，必要时更换损坏的零件。除此以外，有时因下述原因也会使缸体、缸盖变形。

1）在制造时进行的时效处理不足，因此零件内应力较大。在高温条件下工作时，内应力重新分配，达到新的平衡，使零件产生过大的翘曲变形，破坏各部位之间的位置精度，因此换装新的零配件，效果也是很不理想的。

2）由于装配、维修过程中，不按工艺规程操作，气缸盖螺栓紧固扭力不均匀，不按规定顺序装卸缸盖螺栓而引起缸盖变形，或装配过程中缸盖螺栓的拧紧力矩过大，使螺孔四周因受螺栓拉力作用而凸起。

3）在高温下拆卸缸盖，使缸盖发生拱曲，或缸体、缸盖因裂纹损伤而采用热焊补修理法发生受热变形。

4）由于气缸垫不平引起漏水、漏气使平面形成腐蚀、斑点，或修理工作平面采用环氧浇灌引起不平。

在这些变形中，往往缸盖变形较大，缸体变形较小。

2. 气缸体和气缸盖平面的平面度检查与修理

缸体和缸盖的平面度可用长度大于待检缸体最大长度的刀口尺或光轴和塞尺检查，使用光轴时其径向圆跳动应不大于 0.05mm，表面粗糙度 R_a 为 0.48μm。观察平面与刀口线或光轴母线漏光部位，并用塞尺检漏光处。如果中间凸起，应将两端间隙调成等值后再进行测量，所测得的最大间隙即为该平面的平面度误差。

气缸体上平面的平面度误差标准：在任意位置，每 $50 \times 50\text{mm}^2$ 的范围内均应不大于

0.05mm。全长小于等于600mm的气缸体，其平面度误差不大于0.15mm；全长大于600mm的铸铁气缸体，其平面度误差不大于0.25mm；全长大于600mm的铝合金气缸体，其平面度误差不大于0.35mm。

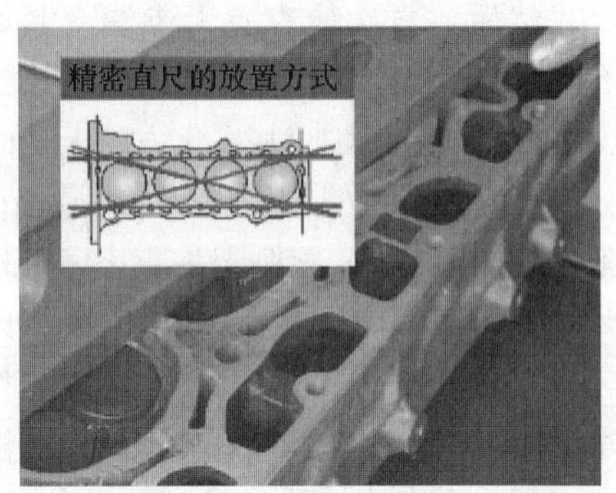

图5-4　气缸体平面度的检查

气缸盖平面度要求：全长上应不大于0.10mm，在100mm长度上应不大于0.03mm。

如超过平面度允许值，应予以修理，修理方法如下：

1）少量“凸起”可用油石推磨，细板锉修平。

2）平面度较大的变形可用铣、磨、刨等加工方法修复，总切削量不宜过大，约0.24～0.50mm，否则将影响发动机的压缩比，引起发动机爆燃或极易产生冲击气缸床的故障。所以有时可采用铲刀铲平或涂上研磨膏，把缸盖扣合在缸体上研磨，这样切削量较小。研磨完后应彻底清洗，以防研磨砂存在缸体内，加剧活塞等磨损。

3）对于翘曲严重的缸盖、缸体，可加温后放在压床上校正，将厚度为变形量4倍的钢垫片垫在校正零件下平面，零件上平面放软金属(铜、铝或木块)，缓慢增加压力。同时以小锤沿气缸盖上轻击3～4遍，以减小受压变形时产生的内应力。一般需保持压力8～24h。

4）修磨后缸盖厚度变薄，应检查燃烧室容积，容积减小量不得超过标准容积的5%。各缸燃烧室容积差应不大于其平均值的4%。

燃烧室容积检查方法：将缸盖装上火花塞、进排气门关闭后，搁置在工作台上，燃烧室向上。用量杯盛满水或煤油，缓缓倒入燃烧室。在燃烧室周围的缸盖平面上，涂上一层薄薄的润滑脂，盖上一块中间打有小孔的玻璃，将水或煤油倒至与玻璃接触为止。此时量杯中少掉的容积就是燃烧室的容积。

（三）气缸磨损的检查与修理

发动机大修与否主要取决于气缸磨损程度，气缸磨损超过允许标准时，发动机的其他机件，如曲轴、凸轮轴、气门等摩擦副也都接近修理条件。这时，汽车动力性能和经济性能严重下降，起动困难，已经不能可靠地使用，不进行气缸修理难以恢复其使用性能。

1. 气缸磨损的原因

气缸磨损的原因主要有机械磨损、磨料磨损和化学腐蚀。

（1）润滑不良造成的机械磨损　发动机在工作中，气缸上部的润滑条件较差，因为润滑油不易溅到气缸壁上部。同时，由于气缸内部温度很高，使进入气缸的润滑油变稀，粘度下降，在缸壁上不能形成良好的油膜，甚至使润滑油可能被烧掉。这些因素所造成的润滑不良，将使气缸上部与活塞环形成干摩擦或半干摩擦而加快磨损。

（2）高压造成的机械磨损　发动机工作时，活塞环在自身弹力和气体压力作用下，压紧在气缸壁上。当活塞在气缸中高速往复运动时，活塞环与气缸壁发生相对摩擦而产生磨损。磨损程度取决于活塞环作用在气缸壁上的正压力大小。正压力越大，润滑油膜的形成和保持越困难，机械磨损越严重。因而形成气缸上部磨损较大，下部磨损较小，而使气缸呈圆锥形。

（3）腐蚀造成的磨损　通常汽油中含硫量为0.15%，由于燃烧生成二氧化硫(SO_2)，

其中一部分生成三氧化硫(SO_3)，SO_3 同燃烧生成物中的水结合成硫酸(H_2SO_4)蒸气，存在于燃气中。当发动机缸壁温度低，而缸内压力大时，气缸内的含酸气体将凝聚在缸壁上，这些酸性物质破坏了润滑油膜，对缸壁产生腐蚀作用。当发动机工作时，在活塞环的作用下金属的腐蚀物被刮去，而造成腐蚀磨损，腐蚀越严重，磨损越厉害。

(4) 磨料造成的磨损　磨料是由机油中渗和的金属杂质和空气中带进的尘土拌合形成的。磨料随着活塞在气缸中往复运动，加速了气缸中部的磨损，而造成气缸呈“腰鼓形”的磨损。

由于在进气过程中进气流直冲进气门对面缸壁，未汽化的油粒冲向进气门对面缸壁，破坏了润滑油油膜。同时，进气流带进的磨料粘附在进气门对面的缸壁上，形成严重的磨料磨损，促使气缸的横断面磨成不规则的椭圆形。

上述四种原因，在发动机使用中是普遍存在的，其中气缸的冷却、润滑条件对磨损有决定性的影响。因此保持发动机正常工作温度，发动机起动时进行预热，及时清洗、更换空气滤清器、机油滤清器、汽油滤清器，保持机油的质量，严格执行修理质量标准，是延长发动机使用寿命的关键措施。

2. 气缸的修理

(1) 气缸的测量　测量气缸是判断发动机技术状态的重要手段。测量的内容主要是它的圆度和圆柱度，确定使用还是需要修理，以及修理到哪一级尺寸。测量气缸通常使用量缸表、千分尺。

1) 根据气缸直径，选择适当的测量接杆及固定螺母，旋入量缸表杆下端，使接杆与活动测杆的总长度略大于所测气缸的直径，并将量缸表即百分表装在表杆的上端。

2) 校准千分尺，并将其尺寸调到标准缸径尺寸，如 CA6100 的标准缸径为 101.60mm。

3) 将量缸表的测杆插入千分尺，旋转接杆，调节接杆伸出长度；同时观察表针，使表针指示在 2mm 附近，将固定螺母拧紧。再次观察表针，旋动表面，使表针对准零位。

4) 用手抓住测杆绝缘胶套处，连接杆端先倾斜放入气缸，测量各个缸上、中、下三个平面的偏差，其中上平面为活塞处于上止点时第一道活塞环所对应的位置，下平面为活塞向下运动时，活塞环能够到达的最低位置，中间平面位于气缸中部，如图 5-5 所示。缓慢摆动表杆，当表针顺时针摆动到最大位置时，记下表针指示的逆时针刻度(红色)读数。记数时需要注意的是：如果测量时指针顺时针摆动没超过 1 圈时，读数要加上 1mm；而指针顺时针摆动超过 1 圈时，直接读表针指示值即可。

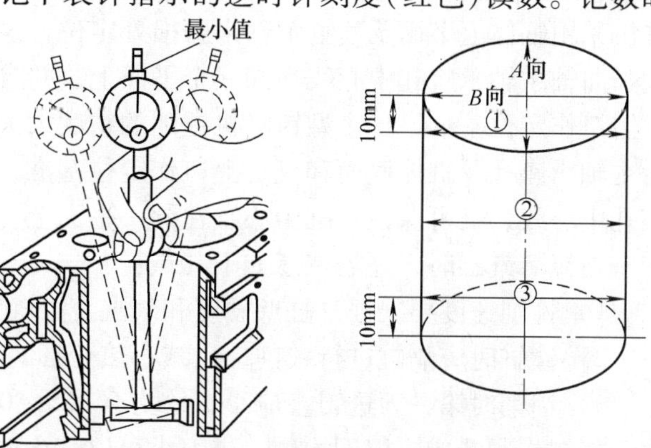

图 5-5　气缸磨损量的测量

(2) 气缸圆度、圆柱度的计算

1) 气缸圆度 = (气缸磨损最大尺寸 - 气缸磨损最小尺寸)/2(圆度的计算是用同一平面相互垂直的两个直径尺寸)

2) 气缸圆柱度 = (气缸磨损最大尺寸 - 气缸磨损最小尺寸)/2(圆柱度的计

算是用全部测量尺寸）

3）圆度和圆柱度中的任意一项超过标准就要对气缸进行修理，气缸圆度和圆柱度误差许可值如表5-1所示。

表5-1 缸圆度和圆柱度误差许可值

	圆度误差	圆柱度误差
汽油机	≤0.05mm	≤0.20mm
柴油机	≤0.0625mm	≤0.25mm

（3）气缸的修理尺寸　在确定发动机修理尺寸时，应以磨损最大的气缸为标准。一般发动机前、后两缸磨损较大，测量时可重点测量这两只气缸。以磨损最大的缸径尺寸作为选取修理尺寸的依据。

气缸镗削需按分级加大修理尺寸进行，这是因为发动机的活塞制造困难，一般均由专业厂分级生产成标准的、加大的活塞，所以镗削时应参照专业厂成品选择活塞，使其既保证镗削可能，又保证镗削量最小。几种车型发动机活塞与气缸的装配间隙如表5-2所示。

表5-2 几种车型发动机活塞与气缸的装配间隙　（单位：mm）

车　型	桑塔纳	标致	夏利	切诺基	五十铃
配合间隙	0.03～0.08	0.06～0.08	0.03～0.12	0.023～0.043	0.017～0.055

1）确定修理尺寸。修理尺寸 = 气缸标准缸径 + 气缸磨损测量最大值 + 镗磨余量（0.10～0.20mm）

2）确定修理级别。根据气缸修理级别数值等于或大于气缸磨损测量最大值和镗磨余量的总值的原则，确定气缸修理级别，同一台发动机上各缸修理尺寸应相同。国产汽车发动机气缸的加大修理尺寸以每加大 +0.25mm 为一级，一般有4～6级，即 +0.25mm、+0.50mm、+0.75mm、+1.00mm、+1.25mm、+1.50mm。

3）某缸镗磨加工量 = 活塞直径 + 装配间隙 − 该缸的最大直径。其中磨缸加工量一般取0.02～0.06mm。

（4）气缸镗磨中应注意的问题　镗缸的关键在于定位基准的确立，通常小型移动式镗缸机采用缸体上平面及气缸下部未磨损处定位，这种方法累计误差较大，很难保证各缸中心线与曲轴主轴承座孔中心线在同一个平面上，并且相互垂直。立式镗缸机以缸体底平面和气缸上口作定位基准，比小型镗缸机镗削的精度大大提高，但尚有定位误差。最佳方法是以前后主轴承座孔及缸体底面和气缸上口作定位基准，这样既可保证各缸中心线垂直曲轴主轴承座孔中心线，又可保证各缸中心线在同一平面上。

在镗磨气缸时，还需注意如下几点：

1）镗削速度要根据气缸壁硬度和气缸直径确定，硬度高、直径大的宜用低转速。

2）镗缸时应隔缸进行镗削，以减小热变形的影响。

3）镗削时第一刀进刀量应小，约为0.025～0.05mm，因第一刀时气缸表面较硬，同时由于气缸失圆造成进刀不均匀，进刀小可以减少残留量及刀杆的变形量。中间各刀可加大到0.07～0.08mm。最后一刀为了保证表面粗糙度，进刀量应减小为0.025～0.050mm。

4）磨缸是为了降低气缸表面粗糙度，同时使缸壁形成网状螺旋形的“花纹”，以便发动机工作时，在其中有适当存油。通常磨缸分粗磨和细磨。磨缸后的圆度偏差应不大于0.005mm，圆柱度偏差不大于0.075mm，表面粗糙度 R_a 值不大于0.6μm，并形成与水平线成22°～32°夹角的交叉纹线。

（5）气缸套的镶配

1）干式缸套的镶配。

① 缸套的选择。缸套通常由灰铸铁、球墨铸铁和合金铸铁等制成。近年来，有薄壁镀铬缸套出现，它是由无缝钢管经高精度拉削后，内壁进行多孔性镀铬而制成，如五十铃发动机缸套。不同缸套，其镶配方法是不同的，活塞环的选用也有差别。

铸铁缸套外径有一定标准，不同车型分不同的级差。缸套外表一般要求：表面粗糙度不大于3.2μm，圆度和圆柱度偏差不大于0.01mm，下口有8×2°30′或3×15°的外倒角。

② 镗削缸套承孔。镗孔时应根据所采用缸套尺寸加工，孔径圆度偏差不大于0.0075mm，圆柱度偏差不大于0.01mm，表面粗糙度 R_a 值不大于2.5μm。缸套与承孔的配合采用压配合，过盈量一般控制在0.05～0.1mm。五十铃因是薄壁缸套，其过盈量应控制在0.001～0.019mm。镶配薄壁缸套后不再进行镗磨加工。

③ 将承孔、缸套外壁涂上润滑油。将缸套外端有锥形一端向下，放置承孔上，将锥体部分插入承孔放正。在缸套上口垫上垫木，用20～25kg/cm^2 压力，徐徐压下，至20～30mm时，放松压力，检查缸套是否正直，随时校正，然后继续下压到底。有的发动机规定在镗孔时底部保留一个小台阶（约3～4mm 宽），以防止缸套被推出。在压装之前，也可对整个气缸体均匀加热。

镶套时，应隔缸压入。缸套应稍稍高出孔的顶部。

④ 重新调整镗杆中心位置，用扁平刀头切削缸套顶部，使其略高于缸体平面。

⑤ 将气缸镗至所需的最终尺寸。

⑥ 如镶单个气缸套，在镶装后，应对相邻各缸测量尺寸，镶套后可能会引起其他气缸的变形，此时可用珩磨校正。

2）湿式缸套的镶配。

① 去除旧套。刮去缸体与缸套结合面上的铁锈，用细砂布擦至露出光泽。

② 选配新缸套，先不装密封圈，将缸套装入承孔，压紧后检查顶部应高出缸体平面0.07～0.10mm，过高或过低用铜垫片调整，取出缸套。

③ 将橡胶密封圈涂上白漆装在缸套外圈下部密封处。在承孔上口台肩处放上铜垫圈（铝合金缸体，装铝垫圈）。

④ 将镗磨好的缸套压入，通常配合间隙为0.05～0.15mm。

三、知识拓展

（一）常用量具

1. 简单量具

1）钢直尺。这是一种最简单的测量长度直接读数量具，用薄钢板制成，常用它粗测工件长度、宽度和厚度，常见钢直尺的规格有150mm、300mm、500mm、1000mm 等。

2）卡钳。它是一种间接读数量具，卡钳上不能直接读出尺寸，必须与钢直尺或其他刻线量具配合测量。常见卡钳的形式和种类如图 5-6 所示，内卡钳用来测量内径、凹槽等，外卡钳用来测量外径和平行面等。

2. 游标量具

1）刻线原理和读数方法。游标量具读数部分由尺身与游标组成，如图 5-7 所示。其尺身刻线间距 a 为 1mm，若令尺身刻线 $n-1$ 格的宽度等于游标刻线 n 格的宽度，则游标的刻线间距 $b=a(n-1)/n$，而尺身刻线与游标刻线间距宽度差（即游标读数值）$I=a-b=a/n$。当游标在尺身两个刻线间移动时，游标上只有一条刻度线与尺身刻度线对齐，此时游标上零线到对齐刻度线的格数和游标读数值的乘积，这个乘积即为读数时小数部分的值，此值加上游标零线前面尺身上的刻度值即为测量结果。常取 $n=10$、$n=20$、$n=50$ 三种，相对应游标读数值 i 分别为 0.10mm、0.05mm、0.02mm 三种。

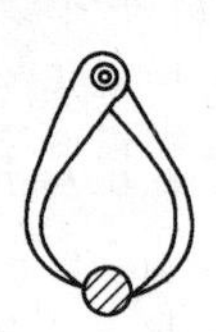
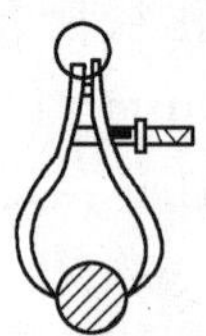
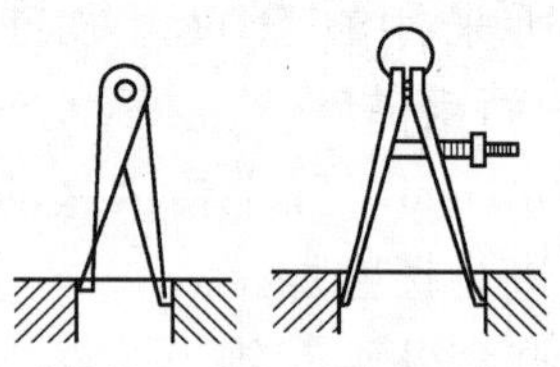

图 5-6　卡钳的正确使用

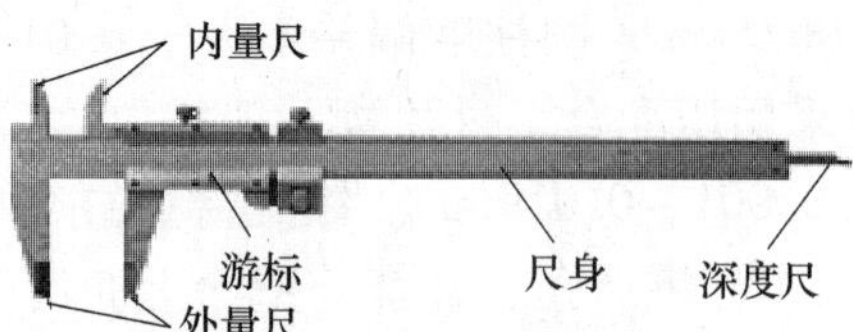

图 5-7　游标卡尺

2）游标卡尺。其种类和外形结构较多，其规格常用测量范围和游标读数值来表示，比如：某游标卡尺的型号为 0～125×0.02，则说明其测量范围为 0～125mm，游标读数值为 0.02mm，最常用的为三用游标卡尺，如图 5-7 所示，它可以测量内外尺寸、深度、孔距、环形壁厚和沟槽，常用测量范围有 0～125mm、0～150mm 两种，游标读数值有 0.02mm、0.05mm 两种。

3. 千分尺

1）分类和结构。千分尺又称螺旋测微器，是一种精密量具，其测量精度比游标卡尺高，且比较灵敏。千分尺按用途一般分为外径千分尺、内径千分尺、杠杆千分尺、深度千分尺、壁厚千分尺、公法线千分尺等。本节主要以外径千分尺（图 5-8）为例介绍，它是由尺架、测微装置、测力装置和锁紧装置等组成。其规格是按其测量范围来表示的，常用 0～25mm、25～50mm、50～75mm、75～100mm、100～125mm、125～150mm 六种，其分度值一般为 0.01mm。一般千分尺均附有调零的专用小扳手，测量下限不为零的千分尺还附有用于调整零位的标准棒。

2）刻度原理和读数方法在千分尺的固定套管轴向刻有一条基线，基线的上、下方都刻有间距为 1mm 的刻线，上、下刻线错开 0.5mm。微分筒的圆锥面上刻有 50 等分格。由于测微螺杆和固定套管的螺距都是 0.5mm，所以当微分筒旋转一圈时，测微螺杆就移动 0.5mm，同时，微分筒就遮

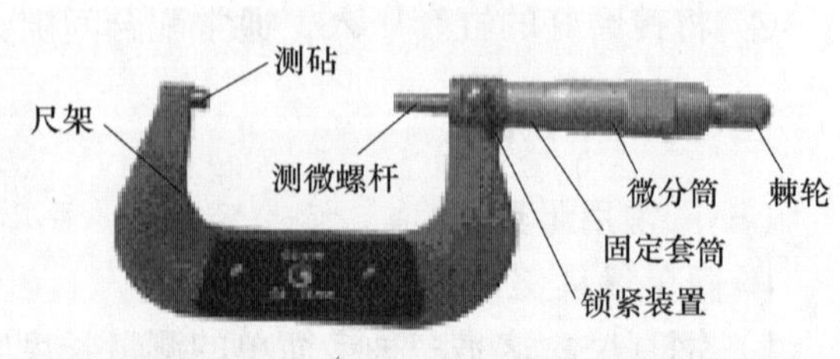

图 5-8　外径千分尺

住或露出固定套管上的一条刻线，当微分筒转动一格时，测微螺杆就移动 0.5/50 = 0.01mm，即千分尺的测量精度为 0.01mm。读数时，先从固定套管上读出毫米数与半毫米数，再看基线对准微分筒上哪格及其数值，即多少个 0.01mm，把两次读数相加就是测量的完整数值。

注意：外径千分尺规格大于 100 时，还需加上外径千分尺量程的初始值，如 100 ~ 125 的量程，读数值就要加上 100。

4. 百分表

1）结构特点和工作原理。百分表是齿轮传动式测微量具，其结构如图 5-9 所示。它常用来测量机器零件的各种几何形状偏差和表面相互位置偏差，也可测量工件的长度尺寸，具有外廓尺寸小、重量轻和使用方便等特点。使用时必须将其固定到可靠的支架上，其工作原理是将测杆的直线位移，经过齿条与齿轮传动转变为指针的角位移，百分表的刻度盘圆周刻成 100 等分，其分度值为 0.01mm，当大指针转动 1 周，则测杆的位移量为 1mm，表盘和表圈是一体的，可任意转动，以便使指针对零位，小指针用以指示大指针的回转圈数。常见百分表的测量范围为 0 ~ 3mm、0 ~ 5mm 和 0 ~ 10mm 等。

2）内径百分表。内径百分表又称量缸表，是一种借助于百分表为读数机构，配备杠杆传动系统或楔形传动系统的杆部组合而成，它是用比较法来测量孔径及其几何形状偏差，其外观和结构图如图 5-10 所示。它主要用来测量气缸的尺寸精度和形状精度，也可以用来测量轴孔。测量时，被测孔的尺寸偏差借活动测头的位移，通过杠杆和传动杆传递给指示机构，因传动系统的传动比为 1，因此，测头所移动的距离与指示表的指示值相等。为了测量不同的缸径，常备有不同的量杆。量缸表的规格是按测量直径的范围来划分的，如 18 ~ 35mm、35 ~ 50mm、50 ~ 160mm 等，汽车维修作业中常用 50 ~ 160mm 这种。

图 5-9　百分表

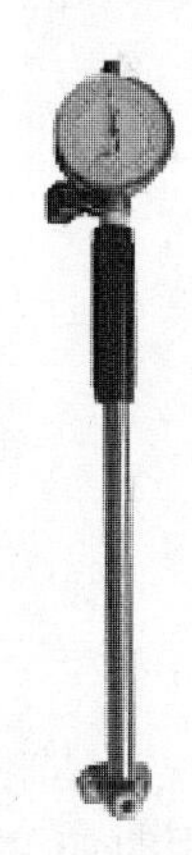

图 5-10　内径百分表

3）万能百分表架。百分表架是专门用来夹持百分表的，可变换各种方向，以适应不同方向的测量工作，通常有轨道座式、磁力座式和磁力座软轴式三种。

5. 其他常用量具

1）塞尺。又名厚薄规，如图 5-11 所示，主要用来测量两平面之间的间隙，塞尺上标有厚度的尺寸值，规格以长度和每组片数来表示，长度常见的有 100mm、150mm、200mm、300mm 四种，每组片数有 11 ~ 17 等多种。

2）弹簧秤。如图 5-12 所示，它是用来测量拉力或弹力的，其外壳的正面刻有量度单位，单位为 N · m 或 kgf，使用时把要测的物体挂在钩上，拉动或提起圆环，弹簧就伸长，固定在弹簧上的指针也跟着移动，即得出测量力的大小。

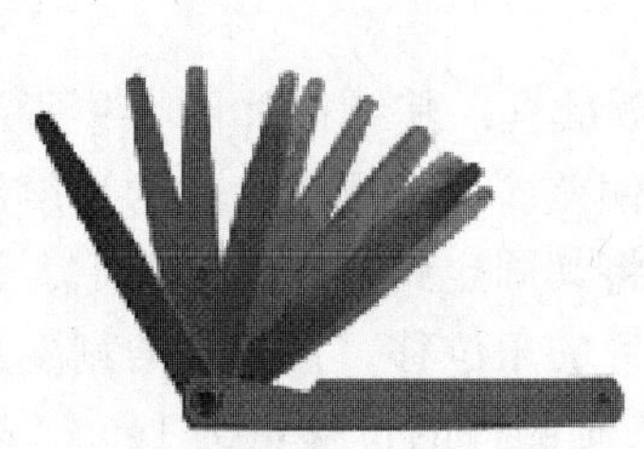

图 5-11　塞尺

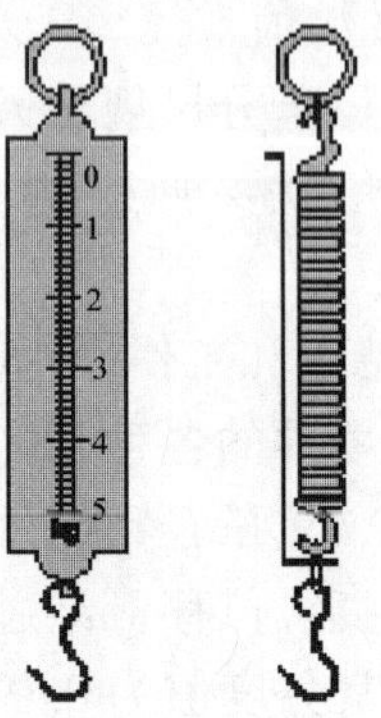

图 5-12　弹簧秤

（二）量具的正确选用和使用注意事项

1. 简单量具

1）钢直尺在使用过程中，应注意防止由视差而产生的误差。

2）卡钳的正确使用方法如图 5-13 所示。

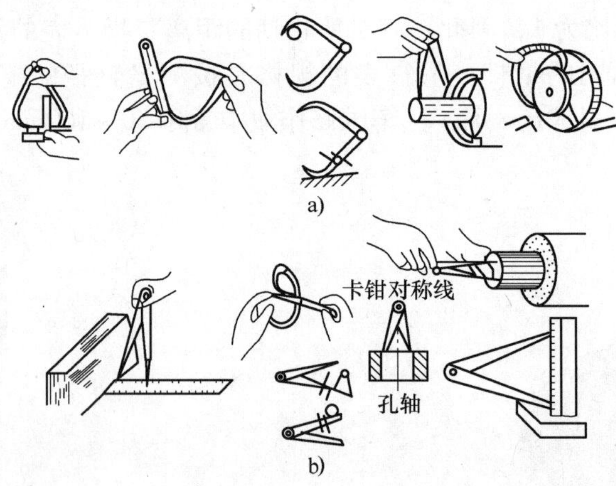

图 5-13　卡钳的正确使用

3）卡钳的使用时应注意的事项如图 5-14 所示。

2. 游标卡尺

1）游标卡尺的用途很广，只有正确使用，才能保证其测量精度，测量前应将被测工件表面擦净，同时检查游标卡尺尺身和游标上的零线是否对齐，否则应先标定后再使用。

2）游标卡尺不能测量旋转中的工件。

3）绝对禁止把游标卡尺的两个量爪当作手板或刻线工具使用。

4）游标卡尺受到损伤后，绝对不允许用锤子、锉刀等工具自行修理，应交专门修理部门修理，经检定合格后才能使用。

3. 千分尺

1）测量前先将测量面擦净，并检查零位，具体检查方法是：用测量装置使量面或量面与标准棒两端接触，观察微分筒前端面与固定套管零线、微分筒零线与固定套管基线是否重合，如不重合，应通过附带的专用小扳手转动固定套管来进行调整，如图 5-15 所示为调整零位方法。

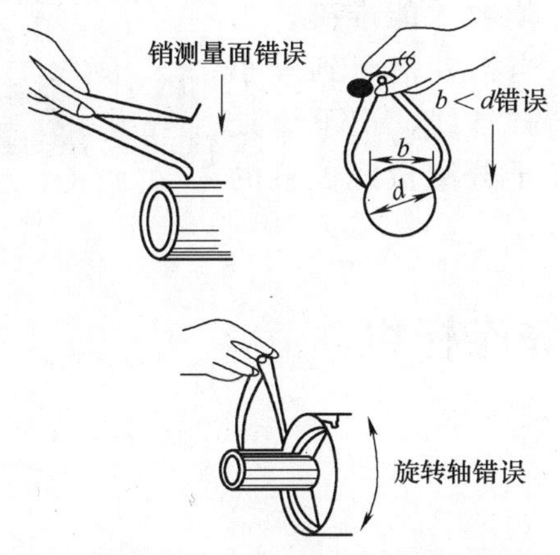

图 5-14　卡钳使用注意事项

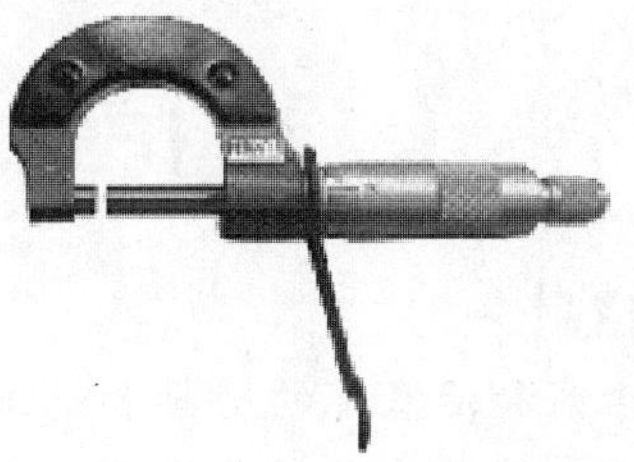

图 5-15　千分尺零位的调整

2）测量时，千分尺应摆正，先用手转动活动套管，当测量面接近工件时，改用转动棘轮，直到听到“咔咔”声为止。

3）读数时，要特别注意不要读错 0. 5mm。

4）不准测量毛坯或表面粗糙的工件，不准测量正在旋转发热的工件，以免损伤测量面或得不到准确的读数。

4. 磁座百分表和量缸表

1）使用磁座百分表测量工件时，必须将其固定在可靠的支架上。

2）百分表夹装要牢固，夹紧力适当，检查测杆是否灵活，夹紧后不可再转动百分表。

3）测量时，应使测头处于被测工件表面的正确位置，否则将产生较大的测量误差，正确的位置如图 5-16 所示。

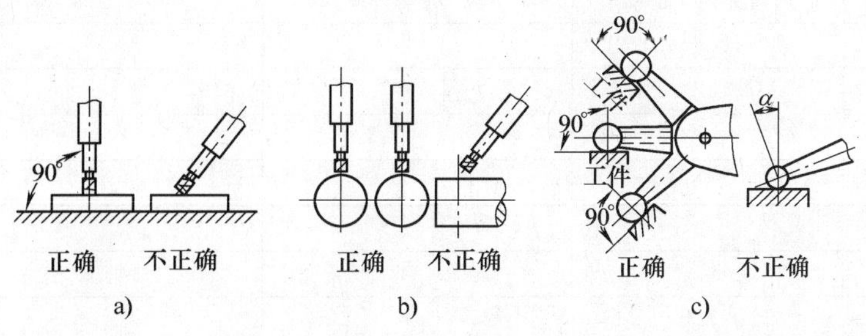

图 5-16　百分表的正确位置

4）测量时，应轻提测杆，缓慢放下使测头与工件接触，测头抵住被测量面后，应使表针转过一周左右，以保持触头一定的压力，不准将工件强行推至测头下，也不准急速放下测杆，否则将造成测量误差，甚至损坏量具。

5）用量缸表测量缸径时，先根据缸径选用合适的固定量杆，将量缸表放入缸上部，如果表针能转动一圈左右，则为调整适宜，然后将量杆上的固定螺母锁紧。

6）测量缸径时，量杆必须与气缸轴线垂直，读数才能准确，为此，测量时可稍稍摆动量缸表，如图5-17所示，当指针指示到最小数值时(图中中间位置)。即表明量杆已垂直于气缸轴线，记下该处数值(注意:大指针和小指针都要记)，然后用外径千分测量此位置的读数值即为缸径值。

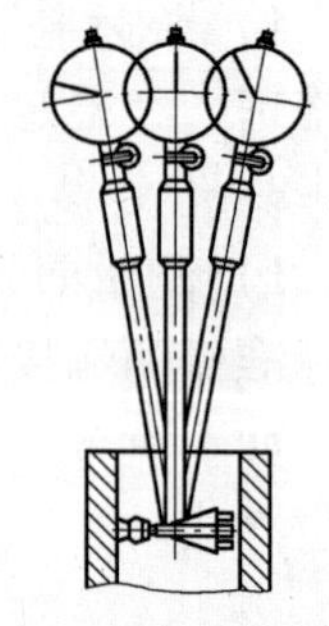

图5-17　量缸的正确测量位置

任务二　检修活塞连杆组

【任务内容】

1）活塞和活塞环的磨损和选配。

2）活塞销和连杆组的修配。

3）完成检修活塞连杆组工作页。

【任务目标】

1）掌握活塞和活塞环的磨损和选配。

2）掌握活塞销和连杆组的修配。

一、实践

先由学员各自尽可能地自行完成如下工作页。然后，在教师的指导下完成本任务。

任务二　检修活塞连杆组工作页

根据你对活塞连杆组零件的检修，把你的检修内容记录在下表中：

零件名称	损伤情况	检验步骤	维修办法
气环			
油环			
活塞			
活塞销			
连杆			
连杆螺栓			
连杆轴瓦			
连杆衬套			

二、相关知识

活塞连杆组是发动机重要的传力机件，它在工作中承受高温、高压、高速作用，工作条件很差。它的磨损要比曲轴、气缸等机件快。因此活塞连杆组的修理不仅是大修的必需项目，而且也常常是中小修中的经常性工作。尤其对部分新型发动机不再大修、而采用中修时，更换活塞与活塞环已成为必需的项目。

（一）活塞和活塞环的磨损

1. 活塞的磨损

活塞在工作中的最大磨损部位是活塞环槽，主要原因是气缸压力的作用，使活塞环对活塞环槽的单位面积之压力很高，同时活塞在高速往复运动中，活塞环对活塞环槽的冲击很大。尤其是第一道环槽，所承受的压力最大，周围的温度最高，且润滑条件差，因此磨损最为严重，以下逐渐减轻。环槽磨损后，引起活塞环侧隙增大，使气缸漏气和窜油，润滑油进入燃烧室，燃烧产生大量积炭、结胶，使活塞环过热，失去弹性或卡死，造成发动机工作时冒黑烟，经济性能下降。

活塞裙部磨损相对环槽的磨损要小，当活塞裙部与气缸间隙过大时，工作时会产生敲缸，而且会导致润滑油过量燃烧。

活塞工作时，由于气体压力和惯性力的作用，活塞销与销座孔之间产生磨损，其最大磨损在上下方向。磨损使配合松旷，严重时，在工作中会出现不正常响声。目前大多采用更换活塞解决。

2. 活塞环的磨损

活塞环通常用灰铸铁铸造，为提高耐磨性，对第一道环的表面进行多孔性镀铬或喷钼。多孔性镀铬使环面存有一定润滑油，可以把环的耐磨性提高 2～3 倍，气缸磨损也可减小 20%～30%。常见活塞环磨损有磨料磨损和拉毛磨损。在使用不当时，也可能出现环失去弹性或断裂以及活塞烧顶等现象。

（1）磨料磨损　磨料磨损主要是由进入气缸的尘土、机械杂质附在缸壁上发生活塞环和活塞的磨料磨损。由于第一道环背压最高、接触磨粒的机会最大，因此磨损最快。

（2）拉毛磨损　拉毛是一种熔接过程，即在相互移动表面的高出部分因温度很高、间隙很小、相互严重摩擦，活塞环的小片金属熔化，发生熔接、拉毛。活塞环的拉毛通常发生在第一道气环到气缸上止点的位置。

（3）失去弹性和断裂　在使用中未及时更换机油或发动机工作中产生断油、断水现象，引起发动机过热，就会使活塞环过热而失去弹性，有时产生大量积炭、结胶，影响环的散热，也会导致失去弹性。有时这种积炭、结胶会影响活塞环的运动，或引起卡死，活塞环从活塞顶部断裂出来，破坏了发动机正常运转。

（4）烧顶　活塞烧顶是因发动机长期超负荷运行、燃料不当、冷却不良使发动机产生爆燃引起的。

（二）活塞和活塞环的选配

1. 活塞的选配

活塞的选配，关键是保证活塞与气缸壁的间隙应达到标准。活塞的选组应根据测得的气缸直径，选配对应的组别。

测量活塞直径时，应在活塞裙部长轴方向，距活塞最下端约15～25mm处测量，如图5-18所示。

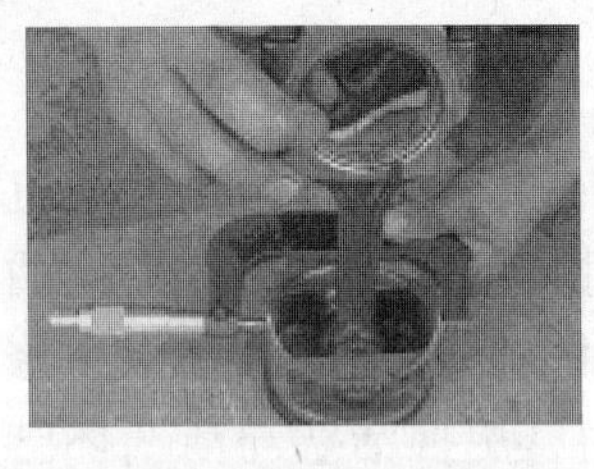
图5-18 活塞直径的测量

此外，同组活塞的质量差不得超过5g，否则在运转中将引起发动机抖动。一般采用车削裙部内部或重新选配。

发动机小修时，可根据需要更换个别活塞。更换时，必须查明损伤活塞的直径、高度、质量和材料。选配新活塞时，应尽可能和旧活塞完全一致，即更换同一级活塞、同一厂家生产的活塞，质量差和直径差应符合要求，这样可避免工作中因热变形、性能不一致等引起的问题。

2. 活塞环的选配

活塞环与活塞一样，分标准尺寸和加大尺寸两种。在选用时，环的尺寸级别应与活塞的尺寸级别一致。

活塞环按断面形状常分为矩形环、桶形环、正扭曲环和反扭曲环。在安装时必须注意顺序，第一、二道环不要装错、装反，否则起不到密封作用。一般活塞环侧面常有记号，如圆点、文字或数字，有记号的一面在安装时应朝向活塞顶部。装反了，易引起窜油。

选用活塞环后，应进行如下检查修正：

（1）活塞环与缸壁的漏光检查　将活塞环推入气缸内，气缸底部放一小灯，观察活塞环与缸壁接触处透光的位置与透光的角度大小。其漏光的弧长应不大于25°，整个环的漏光处弧长总和不大于45°。在开口处左右30°内不得漏光，如超过上述数据应更换活塞环。

（2）活塞环开口间隙的测量　将活塞环推入气缸内，将活塞翻转后，用活塞推动活塞环进入气缸，使活塞环垂直于缸筒，如图5-19所示。如果中修或小修换环时，必须将活塞环推到环的下止点以下，因为此时气缸未经过镗磨，气缸直径上部大，下部小。如果气缸上部测量环的开口间隙合适，当环运行到下部时，间隙变小或无间隙，则会使活塞环折断，引起拉缸事故，故此时测量应在超过下止点处，并尽量取小间隙，以免在上部、中部时间隙过大，引起窜油。用塞尺插入活塞环开口，其开口间隙应符合标准值。

活塞环开口间隙大于规定，应另选活塞环；小于规定时，应对环口的一端加以锉修。锉修时应注意环口平整，锉后环外口应去掉毛刺，以防环口锋利而造成拉缸。

（3）活塞环侧隙的测量　该侧隙可用塞尺测量，如图5-20所示。侧隙过大影响活塞环的密封作用，过小会使其卡死在环槽内。如侧隙过小，可将活塞环放在下垫平板的细砂布上研磨，或用平板玻璃涂以500～800号金钢砂及润滑油，将活塞环放在玻璃上推磨。如果尺

图5-19 活塞环开口间隙的检测

图5-20 活塞环侧隙的检查

寸相差过大也可在车床上对环槽车削以加宽环槽，如在平面磨床上磨削活塞环，此时应注意退磁处理。不管用什么方法，其加工面必须是无记号的一面。活塞环的侧隙应符合表标准值。

（三）活塞销和连杆组的修配

1. 活塞销与活塞销座的修配

（1）活塞销的选配　活塞销的作用是连接活塞与连杆并在两者之间传递压力和推力。发动机工作时，活塞销受到气体压力和惯性力的作用，使其与销座孔以及连杆衬套相配合处产生磨损。间隙增大，严重时会产生敲击声，以往均以加大活塞销来恢复正常配合，近年均采用成对更换活塞、活塞销来解决。这种方法能保证活塞销与活塞具有较高装配精度。

活塞销与座孔在常温下应有微量过盈，一般为0.0025～0.0075mm。当活塞处于80℃左右时，有微量的间隙，活塞销能在座孔内转动。以往在修理中用绞削方法来保证配合间隙，近年来对座孔进行精加工，一般不再用绞削方法。

活塞销在选配时应注意选用同厂牌、标准尺寸的活塞销。销的圆柱度和圆度误差不大于0.0025mm。

（2）活塞与活塞销的装配方法　由于结构不同，装配方法也不相同。发动机常用的装配方法有热装法或压入法。

热装法是将活塞放在水中加热，当水沸腾后，将活塞迅速取出，并立即把活塞销压入活塞销座孔内。在装配前，应检查活塞销的配合情况。在80℃左右，用拇指能将活塞销推进活塞。如果在较低温度下活塞销也能装上，则应更换活塞或活塞销。

压入法及其夹具。当需将活塞销压出活塞时，把长棒装在上方，短棒放在夹具体内。反之则将短棒放在上方，长棒放在夹具体内。这样便于压入时导向。垫圈缺口一面应朝上放入夹具内，活塞置于垫圈上。用这个夹具可避免压装时损坏活塞和产生变形。

活塞销装入座孔时，必须在销环槽内装上销环。如果环槽过浅，则销环易脱落，造成“拉缸”事故。具体要求如下：

1）检查销环的强度。用钳夹住销环中央，用手扳销环两端，若扳不断即可使用。

2）钢丝销环的锁环槽深度应为钢丝直径的2/3～4/5，钢片锁环的槽深度应为0.6～0.7mm。锁环槽深度不够时应加工为合适深度。

3）锁环装入环槽内，应与环槽贴合牢靠。锁环与活塞销两端应留0.1mm以上的间隙，以防活塞销受热伸长顶出锁环，造成事故。如果间隙不够，可将活塞销磨短。

2. 活塞销和连杆衬套的修配

对于全浮式结构的活塞销，在发动机大修时，在更换活塞与活塞销的同时必须更换连杆衬套，以恢复其正常配合，否则在运转中会产生异响，引起冲击。

（1）连杆衬套的选配　新衬套的外径与座孔应有0.06～0.15mm的过盈量，以保证衬套在工作时不走外圆。过盈量过大会造成衬套压装困难，甚至压坏衬套。过盈量的测量如图5-21所示，其差值就是衬套的过盈量。通过测

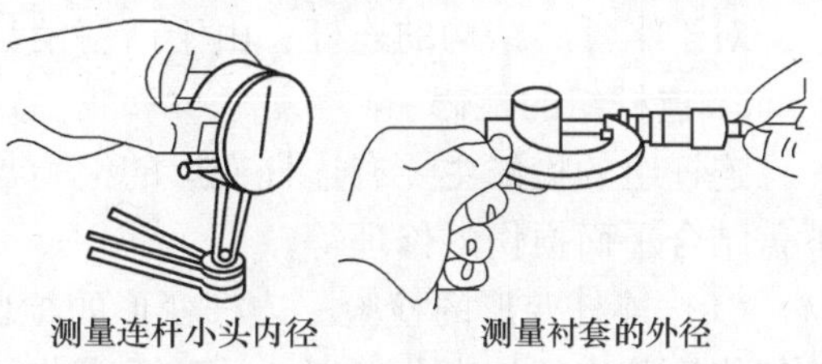

图5-21　连杆衬套过盈量的测量

量选配新衬套。

（2）更换衬套

1）压出旧衬套。用锤子和专用铳头将旧衬套敲出。

2）新衬套。将衬套的倒角一端对着连杆小端有倒角的一端，整体式衬套上的油孔应对正连杆小端油孔；再将衬套放正，垫上专用铳头，在压床或台钳上缓缓压入至与端面齐平。

（3）铰削衬套

1）选择铰刀。根据活塞销直径选择手动可调节铰刀，并将铰刀的刀把垂直装于台钳口并夹紧。

2）调整铰刀。把连杆小端套入铰刀，一手托住连杆大端，一手压下连杆小端，以刀刃露出衬套上面 3～5mm 为第一刀的铰削量，以后各刀可将调整螺母旋转 60°～90°作为吃刀量，最后一刀可小些。

3）铰削。操作时，应一手把持住连杆小端并向下略施压力，一手托住连杆大端并使之按顺时钟方向均匀用力扳转进行铰削，如图 5-22 所示。铰削时，应保持连杆杆身与铰刀轴线相垂直，以防铰偏。保持铰刀不变，再将连杆翻转重铰一次，以保证衬套内圆的圆柱度。

4）试配。为防止铰削过度，应边铰削边用活塞销试配。试配时，当用手掌力能将活塞销推入衬套 1/3～2/5 时，应停止铰削。将活塞销放正，用木锤敲入衬套内，然后用台钳夹紧活塞销的两端，来回转动连杆数次，如图 5-23 所示，再将销敲出，视衬套接触印痕及配合松紧程度进行刮削修正。

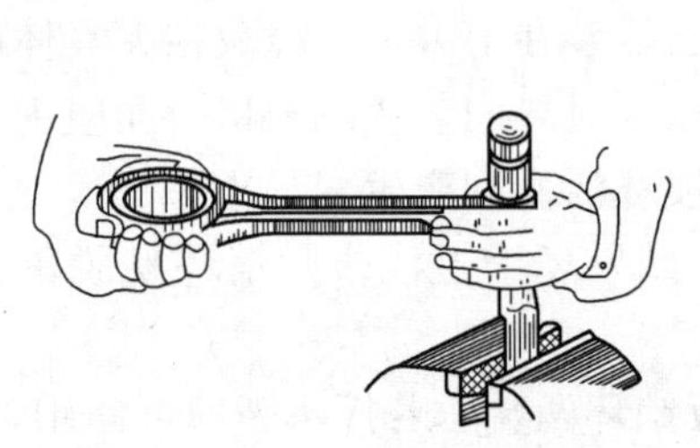

图 5-22　连杆衬套铰削

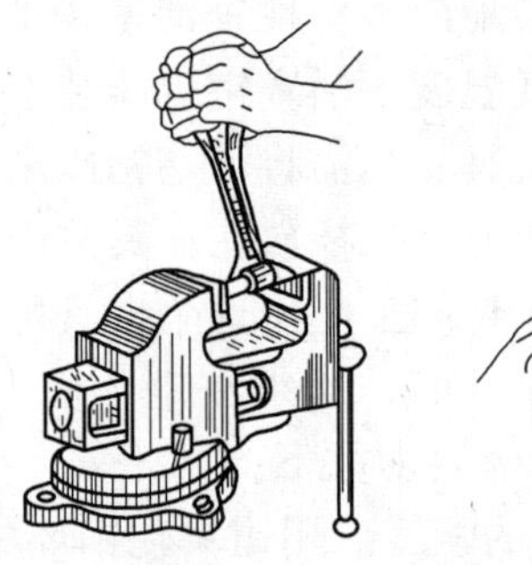

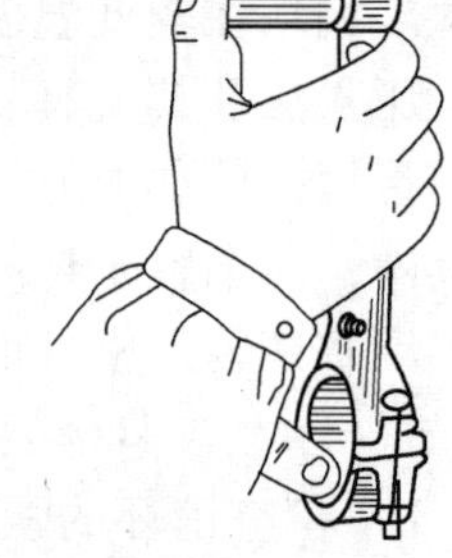

图 5-23　检验活塞销连杆衬套的配合

5）修刮。根据衬套接触印痕和松紧度，用刮刀修刮。刮削一般按刮重留轻、刮大留小的原则进行。衬套修刮后，与活塞销的松紧度应合适，即以拇指力能将涂有润滑油的活塞销推入衬套，如图 5-23 所示。接触印痕应呈点状均匀分布，轻重一致，接触面积应不小于 75%。

对于半浮式结构的连杆，由于活塞销与连杆小孔为紧配合，故无需修配。

3. 连杆组的检修

连杆组的检修主要有连杆变形的检验与校正、连杆小端衬套的压装与铰削和连杆大端与下盖结合平面损伤的修理等。

（1）连杆变形的检验　连杆变形的检验在连杆校验仪上进行，如图 5-24 所示。连杆校验仪能检验连杆的弯曲、扭曲、双重弯曲的程度及方位。校验仪上的棱形支撑轴，它能保证连杆大端承孔轴向与检验平板相垂直。

检验时，首先将连杆大端的轴承盖装好，不装连杆轴承，并按规定的拧紧力矩将连杆螺栓拧紧，同时将心轴装入小端衬套的承孔中。然后将连杆大端套装在支承轴上，通过测整定位螺钉使支承轴扩张，并将连杆同定在校验仪上。测量工具是一个带有 V 形槽的“三点规”。三点规上的三点构成的平面与 V 形槽的对称平面垂直，两下侧点的距离为 100mm，上侧点与两下侧点连线的距离也是 100mm。

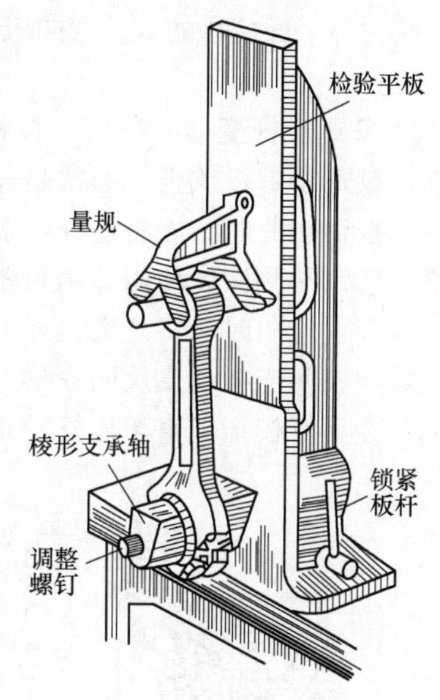

图 5-24　连杆校验仪

测量时，将三点规的 V 形槽靠在心轴上并推向检验平板。若三点规的三个侧点都与检验仪的平板接触，说明连杆没变形。若上侧点与平板接触，两下侧点不接触且与平板的间隙一致，或下两侧点与平板接触，两下侧点不接触，表明连杆弯曲。可用塞尺测出测点与平板之间的间隙，即为连杆 100mm 长度上的弯曲度。如图 5-25a 所示。若只有一个上侧点与平板接触，另一下侧点与平板不接触，且间隙为上测点与平板间隙的两倍，这时下测点与平板的间隙，即为连杆在长度 100mm 长度上的扭曲度。如图 5-25b 所示。

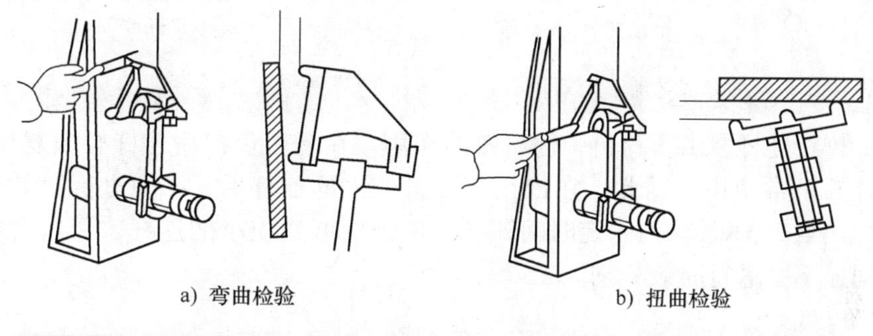

图 5-25　连杆弯曲检验

有时在测量连杆变形时，会遇到下两种情况：

一是连杆同时存在弯曲和扭曲，反映在一个下测点与平板接触，但另一个下测点的间隙不等于上测点间隙的两倍。这时，下测点与平板的间隙为连杆扭曲度，而上测点间隙与下测点间隙的一半的差值为连杆弯曲度。

二是连杆存在如图 5-26 所示的双重弯曲，检验时先测量出连杆小端端面与平板距离，再将连杆翻转 180°后，按同样方法测出此距离。若两次测出的距离数值不等，即说明连杆有双重弯曲，两次测量数值之差为连杆双重弯曲度。

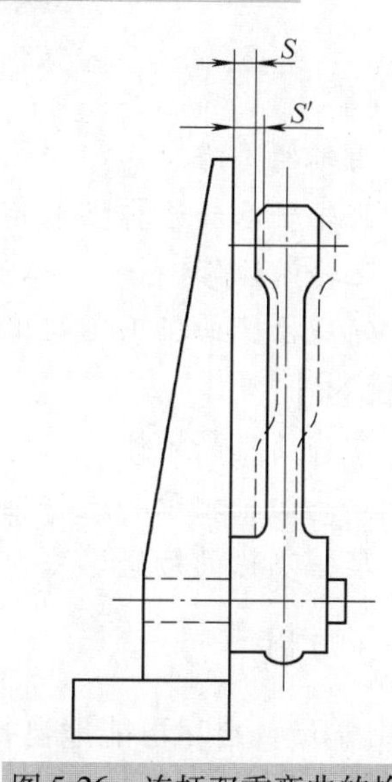

图 5-26　连杆双重弯曲的检验

在汽车维修技术标准中，对连杆的变形作了如下规定：连杆小端轴线与大端应在同一平面，在该平面上的平行度公差为 100∶0.03，该平面的法向平面上的平行度公差为 100∶0.06。若连杆的弯曲度和扭曲度超过公差值时，应进行校正。连杆的双重弯曲，通常不予校正，因为连杆大、小端对称平面偏移的双重弯曲极难校正，而双重弯曲对曲柄连杆机构的工作极为有害，因此更换连杆。

(2) 连杆变形的校正　在校正连杆时，首先要记下连杆弯曲与扭曲的方向和数值，用连杆校正器进行校正。通常是先校正扭曲，再校正弯曲。校正时，应避免反复的过校正。

校正扭曲时，先将连杆下盖按规定装配和拧紧，然后用台钳(钳口垫以软金属垫片)夹紧连杆大端侧面，使用专用扳钳在连杆杆身上、下部位，校正扭曲变形。如图5-27所示。

校正弯曲时，将弯曲的连杆置入专用的压器。如图5-28所示。弯曲的凸起部位朝上，扳转丝杠使连杆产生反向变形并停留一定时间，待金属组织稳定后再卸下，检查连杆的回位量，经反复校证，直至连杆校正至合格为止。

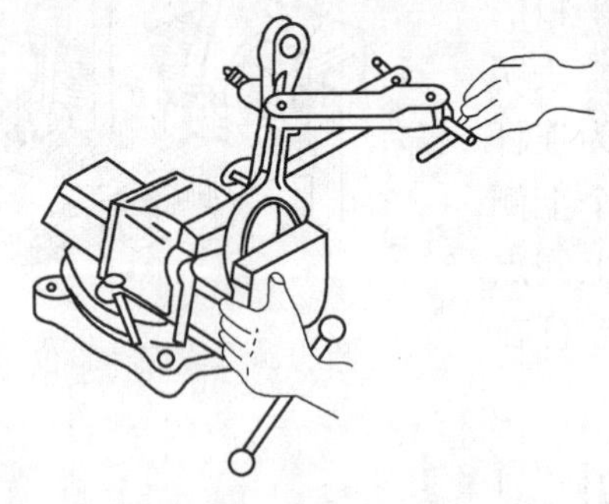
图5-27　连杆扭曲的校正

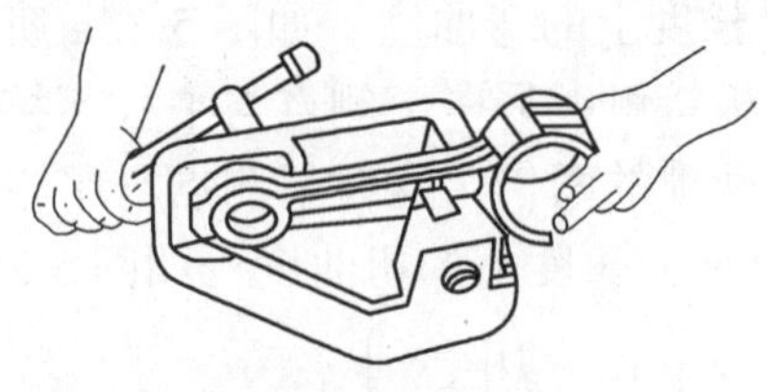
图5-28　连杆弯曲的校正

在常温下校正连杆，由于材料弹性后效的作用，在卸去负荷后连杆有恢复原状的趋势，从而影响连杆的正常使用。因此，在校正变形量较大的连杆后，必须进行时效处理。方法是：将连杆加热至573K，保温一定时间即可。校正变形量较小的连杆，只需在校正负荷下保持一定时间，不必进行时效处理。

任务三　检修曲轴飞轮组

【任务内容】

1）曲轴的检修。

2）曲轴轴承和连杆轴承的修理。

3）飞轮的检修。

4）完成检修曲轴飞轮组工作页。

【任务目标】

1）掌握曲轴的检修。

2）熟悉曲轴轴承和连杆轴承的修理。

3）掌握飞轮的检修。

一、实践

先由学员各自尽可能地自行完成如下工作页。然后，在教师的指导下完成本任务。

任务三　检修曲轴飞轮组工作页

根据你对曲轴飞轮组零件的检修，把你的检修内容记录在下表中：

零件名称	损伤情况	检验步骤	维修办法
曲轴			
飞轮			

二、相关知识

曲轴飞轮组是发动机的主要零件之一，是把往复运动转变为旋转运动的主要构件。它承受着周期性不断变化的气缸压力、往复运动的惯性力和旋转运动的离心力，同时它还承受着剧烈振动。损坏形式主要有以下几种：

1）各轴颈磨损。

2）曲轴弯曲和扭曲。

3）轴颈表面发生裂纹或曲轴断裂。

4）曲轴齿轮键槽及带轮键槽磨损。

5）飞轮后端面磨损。

6）齿圈松动。

7）齿圈轮齿断裂等。

（一）曲轴的检修

1. 曲轴的弯曲变形与检查

造成曲轴变形的原因是曲轴主轴颈与缸体上主轴承磨损的不均匀，各缸磨损的方位不同，使曲轴在工作过程中沿着曲线运转，受到额外的弯曲力。有时因主轴承间隙过大，工作中受到冲击，发动机爆燃或突然加大负荷使曲轴过分受振动，少数缸不工作或轴承松紧度不一致使曲轴受力不均匀等原因，都会造成曲轴的弯曲变形。曲轴弯曲变形后继续使用，将加速曲轴、活塞连杆组的磨损，严重时曲轴有折断的危险。

曲轴弯曲的检查如图 5-29 所示。曲轴应在平板上进行检查。将曲轴两端主轴颈支撑在平板上的 V 形架上。用百分表测量曲轴中间一道主轴颈在旋转一周时的径向圆跳动，其值的一半即为曲轴的弯曲度。主轴颈为偶数，应测中间两主轴颈的跳动量，以最大值为准。

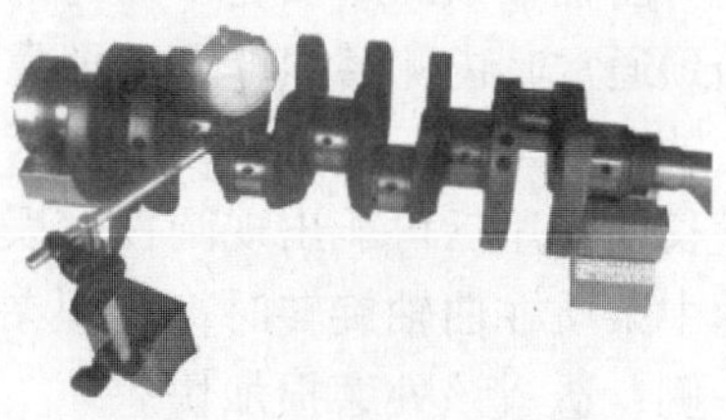

图 5-29　曲轴弯曲的检查

曲轴弯曲度不超过 0. 05mm 时可不加修整。弯曲度在 0. 05 ~ 0. 10mm 之间时，可以结合轴颈磨削给予修正。如超过 0. 1mm 时，应予校正。

曲轴的校正可在压力机上进行，如图5-30所示。在校正时，应在压力机的压杆与曲轴轴颈之间垫铜片，以免损伤轴颈表面。在校正过程中，要使校正量比原弯曲量稍大，以消除弹性变形的影响，校正量的大小与曲轴材料和弯曲强度有关，铸钢和中碳钢弯曲变形在0.1mm时，校正量为3～4mm，保压1～2min即可。对球墨铸铁的曲轴，校正量约为1～1.5mm左右。当曲轴变形较大时，校正必须反复多次进行，直至符合标准。校正后的曲轴，应垂直存放，并用锤子轻击轴颈两侧曲轴柄，以消除曲轴受压变形时产生的内应力。也可在300～500℃下保温0.5～1h后自然冷却，以消除内应力。

在无压床条件下，可在气缸体上检查和校正曲轴。将气缸体倒放在平台上，在前后两轴承孔内装上旧轴承(中间轴承不装)，在轴承上加少量润滑油，然后将曲轴放上。在缸体边缘装置百分表，用手轻轻转动曲轴，在中间轴颈测出弯曲的最大位置，将轴承盖用软铅或其他软材料垫实，卡住轴颈，扭紧轴承盖螺栓，使曲轴变形。其变形量较弯曲值大10～15倍，并保持1～3h，松螺栓后复检，不合格者继续校正，直至符合标准。

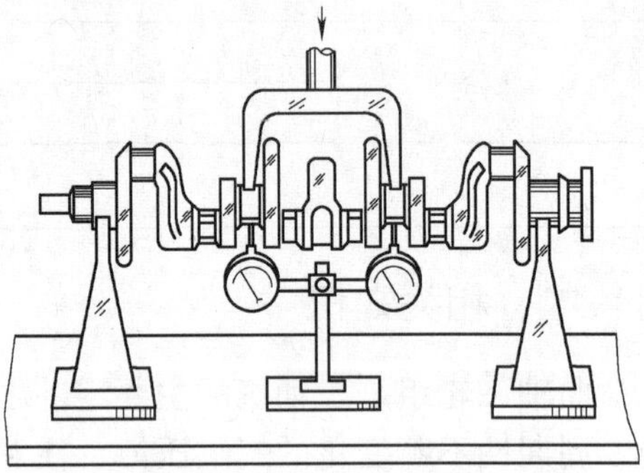

图5-30　曲轴弯曲的校正

2. 曲轴裂纹的检查和修理

曲轴在工作中由于承受交变应力的作用，会在应力集中部位产生一些细微的疲劳裂纹。裂纹在曲轴长期工作后会逐渐扩展，最后可能导致严重事故，因此在发动机大修时应检查曲轴是否出现疲劳裂纹。

曲轴裂纹多发生在主轴颈或连杆轴颈与曲柄相连接的过渡圆角处，以及轴颈中间油孔处。曲柄圆角处容易出现裂纹，是因为此处断面形状的变化，产生很大的应力集中。另外，轴颈表面经淬火时，圆角处多淬不硬，从而使圆角处疲劳强度降低。

曲轴的裂纹可以用磁力探伤、超声波探伤、着色探伤等方法检验。一般简易检验方法是将曲轴放入煤油中浸泡，取出擦净撒上白粉，用锤子分段敲击曲柄，裂缝内煤油受振动会从裂纹中渗出，使裂纹处的白粉上显出油迹。

曲轴的油孔四周有长度不超过5mm、浅花裂纹，或未延伸到轴颈圆角和油孔处的纵向裂纹且长度不超过10mm的，允许光磨修理后使用。

裂纹修理需进行焊接。一般无焊接技术的修理单位应更换新件。

3. 曲轴轴颈磨损的检验和修理

曲轴轴颈的磨损是不均匀的。其主要表现是轴颈的圆度与圆柱度偏差加大。曲轴的连杆轴颈通常其内侧磨损严重，即靠近主轴颈的一侧处，这是由于连杆大头离心惯性力的作用。主轴颈通常靠近连杆轴颈一侧磨损严重。这是由于连杆大头与连杆轴颈等离心力的作用。轴颈长期使用后可能出现圆柱度误差超出公差范围，这是因油道口与轴颈表面斜交，会使润滑油中杂质在曲轴旋转时，沉积在油道的上侧壁上，这些杂质在到达轴颈表面时会流向轴颈的一侧，造成该处磨损加快。

(1) 曲轴轴颈的检验　用内径千分尺按三段纵横测量其外径尺寸。在轴颈的同一横断面最大直径与最小直径之差(即圆度偏差)，超过0.01mm或0.03mm，就应进行修理，如图5-31所示。

在同一纵断面上最大直径与最小直径之差超过0.01mm也要进行修理。

标准要求修复后曲轴主轴颈与连杆轴颈的圆度、圆柱度误差应在0.005mm以下，表面粗糙度 R_a 不大于0.6μm。

（2）曲轴轴颈的修理　采用缩小直径的方法来恢复几何形状和配合间隙。直径缩小的尺寸，各车型均有分级标准。为了保证曲轴的强度，通常汽油机轴颈最大缩小量为1.5～2mm，柴油机为2～3mm。因此，曲轴轴颈磨损超过最大修理尺寸应更换新曲轴。如果多数轴颈磨损还在修理范围内，仅个别轴颈磨损严重，暂时又无新曲轴更换，则可对磨损严重的轴颈采取喷镀、涂镀或镀硬铬等方法修复。

如曲轴轴颈的圆度和圆柱度均未超过规定限度，仅有擦伤、起槽、毛糙、疤痕和烧蚀，则可用与轴颈宽度相同的细砂布缠绕在轴颈上，再用麻绳或布条在砂布上绕2～3周，然后用手往复拉动，进行光磨。轴颈伤痕磨去后，为提高轴颈光洁，应先将磨料清洗，涂上一层润滑油，再进行抛光处理，如图5-32所示。

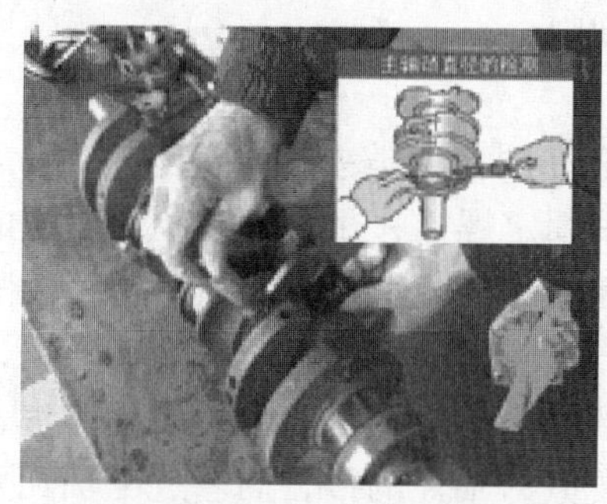

图5-31　曲轴主轴颈直径的检测

图5-32　曲轴轴颈的修理

此外，在曲轴轴颈的修理中应注意以下几点。

1）磨削曲轴应尽可能以曲轴两顶尖定位，顶尖在使用前应清洁、整理并研磨，尽量不用三爪卡盘来装夹。

2）磨削时应先磨削主轴颈、后磨削连杆轴颈，因为主轴颈中心线是确定和检查曲柄半径的基准。

3）应将主轴颈和连杆轴颈的修磨尺寸取在同一级别，以便选配统一级别的轴瓦。

4）轴颈两端圆角应具有规定的半径，并精加工。一般用特制抛光膏，涂在毛毡或尼龙线带上，用专用夹具压在圆角上，曲轴与尼龙带按每分钟10～12转相对速度进行抛光。

5）将所有油孔和油槽的边缘重新倒角和抛光。

6）去除平衡重上的所有毛刺。

7）磨削完后应探伤、清洗，彻底去除油道中杂质等。

8）磨削后应进行动平衡试验，如超标可在平衡块上加以修正。通常不平衡量控制在5g·cm以下。

9）磨削后曲轴应竖直堆放，并涂上防锈剂。

（二）曲轴轴承与连杆轴承的修理

轴瓦在工作中承受较大冲击载荷和高速的摩擦，工作时产生大量的热量，所以轴承在使用中的损坏，主要是磨损、疲劳、剥落和烧熔。尤其是小瓦的上半瓦和大瓦的下半瓦尤为突出。

1. 轴瓦厚度的测量

在修理中，由于轴瓦不再加工，曲轴轴颈与轴瓦之间的间隙通常由磨削曲轴轴颈来保证，因此控制轴瓦装入承孔后的尺寸是很重要的一个关键。

由于轴瓦在座孔中应不旋转，且无轴向窜动，与轴承座紧密贴合，应为过盈配合。这样轴瓦装入座孔后其分割面处将出现向内收缩的趋向。对旧轴瓦，因承受冲击力，也有使接口出现内收倾向。为了保证安装方便，避免擦伤轴颈，开口端也需放大尺寸。基于上述原因，生产中在开口端接合面的10°~20°处，削薄0.02~0.07mm。因此测量轴瓦装配后的内径，应垂直于分离面方向或左右60°方向上测量。当用测量轴瓦的厚度来保证间隙以确定加工尺寸时，则应测量垂直于分离面处的厚度为准。此时应使用带有钢球附件的千分尺。如无钢球座千分尺，则测量时可将一轴承的滚柱放到瓦面上，测量滚柱和轴瓦总尺寸，然后减去滚柱的直径，即得到轴瓦的厚度。

这样只要测量承孔的尺寸，减去两倍的厚度尺寸，再减去规定的间隙量就可得到曲轴修磨时应达到的尺寸与公差，如此加工的曲轴就可避免刮削。

2. 曲轴轴承的选配

在轴承选配前，首先应检查轴瓦承孔，要求其圆度和圆柱度偏差都不超过0.05mm。检查时，擦净轴瓦承孔，装上轴承盖，按规定的力矩拧紧固定螺栓，用量缸表测量座孔的圆度和圆柱度。如果超差，可用涂镀或上下盖同时在分割面处去掉微量金属，然后精密镗削，切不可扩大尺寸镶套，垫上铜片，甚至纸片。因为这种方法将影响传动精度与油道通畅，不利于轴瓦与盖的贴合，使散热条件变差，引起轴瓦早期磨损。有的轴承座上有调整垫片，应注意两端抽去同样厚度的垫片。装合时，要注意垫片不要嵌入轴瓦的接合面。选配轴瓦要根据曲轴轴颈光磨后的实际尺寸级别，选用同一级的轴瓦。

（1）轴瓦的弧度　新的轴瓦装入座孔内贴合后，两端应高出0.03~0.05mm，以保证轴瓦与座装配后紧密贴合，提高散热效果。

（2）检查轴瓦弧度长的方法　将轴瓦装好，装上轴瓦盖，按规定的力矩拧紧一端，在另一端座与盖的平面插入0.05mm的塞尺，当把该端螺栓拧紧到9.8~19.6N·m(1~2kgf·m)时，塞尺抽不出，则轴瓦弧度长合适，如果能抽出，则说明过长。此时应在无凸榫一端，将轴瓦锉低一些。如果未达上述力矩已抽不动，则说明轴瓦太短，应另选配。

（3）注意事项

1）轴瓦安装时，要检查背面光滑，座孔光滑，轴瓦装入时，切勿触摸工作表面和背面以及承孔表面，应用两手指握住瓦的侧面沿着承孔推入。

2）推入后在轴瓦工作表面涂敷足够的发动机机油。注意轴瓦背面机油应擦掉。

3）曲轴安装后，在装轴盖时，要小心，切勿划伤曲轴的轴颈，并注意瓦盖的方向(记号向前)。

4）按规定程序分2~3次拧紧紧固螺栓，使达到规定的力矩。

3. 间隙的检查

间隙测量可以用分厘卡和内径量缸表测量，但这个方法麻烦，通常用塑料条测量规来检查间隙，如图5-33、5-34所示。

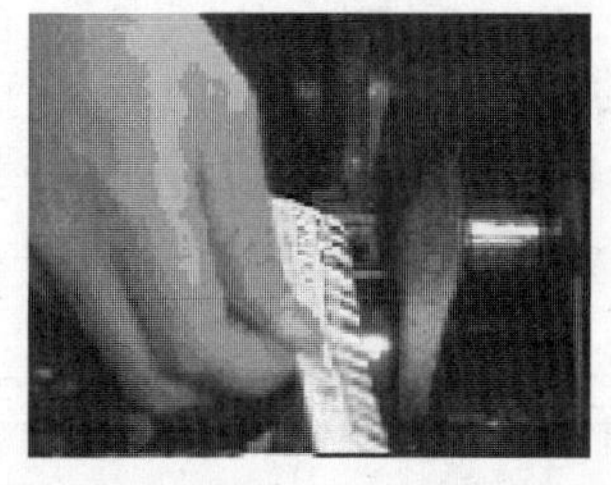

图 5-33　用塑料条检查曲轴轴向间隙

图 5-34　用百分表检查曲轴轴向间隙

测量间隙规宽度对应间隙值即为径向间隙。桑塔纳发动机测量规用颜色表示：绿色 0.025～0.076mm，红色 0.05～0.150mm，蓝色 0.100～0.230mm。如果超过标准值应更换轴瓦。如无塑料条测量规，生产中也常用 5A 的熔丝代替。将熔丝沿曲轴轴向放置在曲轴上，然后盖上轴瓦盖，按标准的力矩拧紧螺栓。再拆下，用分厘卡检查熔丝的厚度。

实践证明，在测量与安装中如不按标准力矩拧紧螺栓，则过紧将使发动机功率下降，过松将使发动机机件引起故障。

连杆大头的轴向间隙也同样是较重要的。间隙过大易引起机油压力下降，工作中噪声增大，曲轴连杆轴颈负荷不当。间隙过小，则增加运动的阻力，当曲轴受热伸长时，连杆适从性下降，可能卡死。

发动机在分解连杆轴承时，应注意检查连杆大头的轴向间隙，检查方法见图 5-35 所示。

（三）飞轮的检修

飞轮常见的损坏主要是齿圈磨损、打坏和离合器接触工作面磨损。在进行发动机大修时，应检查飞轮的磨损，并根据实际情况进行修理。

图 5-35　连杆轴向间隙检查

1. 飞轮齿圈的修理

齿圈与起动机齿轮在发动机起动时有冲击，产生碰撞，或因啮合不良，容易造成轮齿的磨损和损坏。发动机只能向一个方向旋转，所以齿圈的齿只有一个面会发生磨损。因此可将齿圈翻面继续使用。齿圈个别齿打坏，可继续使用，齿圈两面均严重磨损超过齿圈长的 30%，或齿连续损坏四个以上，应更换齿圈。

齿圈与飞轮的配合是过盈配合，其过盈量为 0.25～0.97mm，拆卸时，可用加热齿圈的方法使其脱下。装配时，将新齿圈在油中或烘箱内加热至 300～500℃时，趁热套在加工好的飞轮外圈的凸缘上。

若齿圈的齿磨损不严重，但齿圈松动，可以在齿圈与飞轮的接合圈上，互为 120°打三个孔，过盈压入三个钢销后，可继续使用。

2. 飞轮工作面的修理

由于离合器片铆钉头部露出，飞轮工作平面可能磨损成波浪形沟槽，其深度超过 0.5mm 时应光磨或在车床上精车后磨光。经修理后，飞轮厚度一般不得小于新飞轮的 1.2mm。波浪形沟槽深度不超过 0.5mm 时，允许有不多于两道的环形沟痕存在，但应消除毛刺，以免划伤离合器摩擦片。

3. 飞轮平面偏摆的检验与调整

飞轮装到曲轴上，在飞轮半径150mm处，飞轮平面的摆差不得大于0.15mm，以保证曲轴与飞轮的动平衡，减少离合器有关机件的损伤。如摆差超过允许值，应在飞轮与曲轴的接合面之间加金属垫片进行调整，该处不允许用机械加工的方法修复。

4. 曲轴飞轮组的动平衡

曲轴经修磨或飞轮修理，组装成一体后应进一步给予动平衡校验，不平衡量不得超过10g·cm。否则会使发动机工作时产生很大振动，使曲轴飞轮组和相连的总成产生损伤。

课题六　配气机构的维修

任务一　拆装配气机构

【任务内容】

1）配气机构的拆装方法。

2）气门间隙的调整。

3）配气相位的检查和调整。

4）完成拆装配气机构工作页。

【任务目标】

1）掌握配气机构的拆装方法。

2）掌握气门间隙的调整。

3）掌握配气相位的检查和调整。

一、实践

先由学员各自尽可能地自行完成如下工作页。然后，在教师的指导下完成本任务。

任务一　拆装配气机构工作页

1. 记录拆卸发动机配气机构步骤：

序号	零部件(总成)名称	所使用工具	拆卸要点和注意事项
1			
2			
3			
4			
5			
6			
7			
8			

2. 根据你检测的发动机配气相位，记录以下内容：

（1）该发动机的做功顺序：________________________________。

（2）该发动机的进气门间隙是：____________________，排气门的气门间隙是：______________。

（3）你调节气门间隙的方法是：＿＿＿＿＿＿＿＿＿＿，你认为该方法的要点是：＿＿＿＿＿＿＿＿＿＿＿＿＿＿＿＿＿。

（4）该发动机的配气相位是：

进气提前角	进气迟后角	排气提前角	排气迟后角	气门叠开角	进气门开启持续角	排气门开启持续角

二、相关知识

（一）发动机配气机构的拆装

1. 拆卸

发动机配气机构的解体应在专用的拆装架上进行。凸轮轴与气门分解如图6-1所示。解体时，应使用专用工具先拆除发动机各附件，然后按照由外到内的顺序进行分解。具体步骤如下：

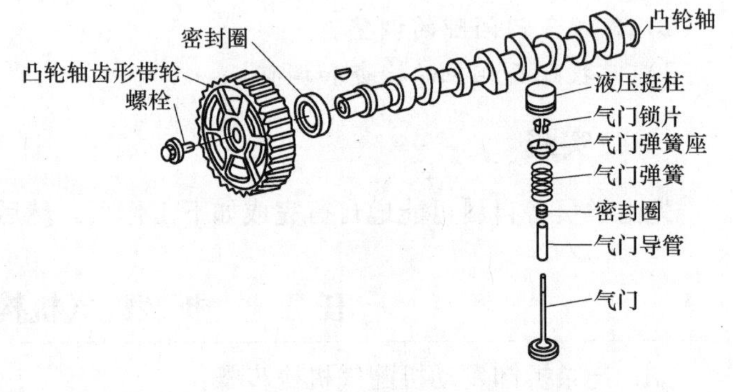

图6-1　发动机凸轮轴与气门分解图

1）从气缸盖上拆下凸轮轴各道轴承盖的紧固螺母（先松1、3、5道轴承盖螺母，再松2、4道轴承盖螺母），取下轴承盖及凸轮轴，并把轴承盖按顺序排列或打上装配标记，不得错乱。

2）取出液压挺柱。按顺序排列或在内壁上做上标记。

3）用气门弹簧拆装钳拆气门弹簧。取出气门锁片、气门弹簧座、气门弹簧、气门油封及气门，各组件按顺序摆放好，不得错乱。

气门弹簧拆装钳的结构及使用如下：气门弹簧拆装钳是一种专门拆装顶置气门弹簧的工具。使用时，将拆装架托架抵住气门，压环对正气门弹簧座，然后压下手柄，使得气门弹簧被压缩，这时可取下气门弹簧锁销（或锁片），慢慢地松抬手柄，即可取出气门弹簧座、气门弹簧和气门等零件。

2. 装配

配气机构的装配按拆卸时的相反顺序操作，并应注意下列事项：

1）装配前必须对零部件进行清洗、检验。

2）气门组件、液压挺柱、凸轮轴轴承盖等部件必须按原位装入，不得装错。

3）各紧固件必须按规定顺序和扭紧力矩拧紧。

4）安装齿形带时，必须使凸轮轴齿形带轮上的标记与气门罩盖平面平齐。

（二）气门间隙的检查与调整

1. 气门间隙的作用

气门头顶部平面直接位于燃烧室内，而排气门整个头部位于排气道内，因此气门会受热膨胀而伸长，由于气门传动组零件都是刚性体，若在冷态时不留间隙，受热膨胀就会使气门关闭不严而漏气，导致发动机功率下降，燃油消耗增加，发动机过热，甚至不能起动。

为防止上述情况的发生，补偿气门受热后的膨胀量，在发动机冷态装配时，常在气门杆端气门座与气门摇臂之间留有一定的间隙，这一间隙称为气门间隙。

在发动机使用过程中，气门间隙的大小会发生变化，因此在配气机构摇臂上设有气门间隙调整装置，以便对气门隙进行调整。但有些发动机采用了长度能自动变化的液力挺柱，可随时补偿气门的膨胀量，故不需要预留气门间隙，也没有气门间隙调整装置。

2. 气门间隙的调整

气门间隙的调整有二次调整法和逐缸调整法两种方法。不同发动机气门间隙也不一样，调整时应符合原厂规定，表 6-1 是几种发动机的气门间隙。

表 6-1　几种发动机的气门间隙　（单位：mm）

发动机型号	进气门		排气门	
	热车	冷车	热车	冷车
解放 CA6102		0.20～0.30		0.20～0.30
东风 EQ6100-1		0.20～0.25		0.20～0.25
奥迪 100	0.20～0.30	0.15～0.25	0.40～0.50	0.35～0.45
上海桑塔纳	0.25±0.05	0.20±0.05	0.45±0.05	0.45±0.05
南京依维柯		0.50		0.50
天津夏利 TJ7100	0.20		0.20	

（1）二次调整法　二次调整法就是只需要两次就可以把发动机全部气门间隙调整完毕，第一次是“双、排、不、进”，第二次是“不、进、双、排”。“双”是指该缸的进气门和排气门的气门间隙都可调，“排”指该缸的排气门间隙可调，“不”指两个气门间隙均不可调，“进”指该缸的进气门间隙可调。

二次调整法的操作方法如下。

1）从飞轮壳上的检视孔中顺时针拨动飞轮齿环，至飞轮上的“1～6 缸”标记与固定在飞轮壳内的指针对准，说明第一、六缸均处在上止点位置。

2）检查第一缸两气门摇臂能否绕轴颈微摆，若第一缸进、排气门摇臂均能摆动，则第一缸处于压缩行程上止点。否则，需再转动飞轮一圈。

3）按“双、排、不、进”原则检查、调整气门间隙。

4）将曲轴再转一圈，确认第六缸处于压缩行程上止点后的以“不、进、双、排”原则检查、调整剩余气门的气门间隙。

几种工作顺序不同的发动机可调气门的排列和做功顺序如表 6-2 所示：

表 6-2 几种工作顺序不同的发动机可调气门排列和做功顺序

调整顺序 / 缸数	双	排	不	进
	不	进	双	排
三缸	1	2		3
四缸	1	3	4	2
	1	2	4	3
五缸	1	2	4、5	3
六缸	1	5、3	6	2、4
	1	4、2	6	3、5
八缸	1	5、4、2	6	3、7、8

（2）逐缸调整法

1）从飞轮壳上的检视孔中顺时针拨动飞轮齿环，至飞轮上的标记与固定在飞轮壳内的指针对准。

2）打开气门室盖，检查第一缸进、排气门摇臂是否松动，若不能摇动，再转动一圈飞轮。

3）可检查与调整第一缸进、排气门的间隙。

4）依次把曲轴转动做功间隔角角度(720°/缸数)，按表 6-2 所示的作功顺序检查其余的各缸气门间隙。

（3）气门间隙的调整方法

1）拆下摇臂室罩盖，使用梅花扳手和一字旋具，松开气门调整螺钉的锁紧螺母，将塞尺插入气门杆与摇臂之间，拧动调整螺钉，使塞尺被轻轻压住，抽出时稍有压力即可。

2）调好后拧紧锁紧螺母，然后用塞尺复查一次。

（三）配气相位的检查与调整

1. 配气相位的变化原因

汽车在使用过程中，因配气相位失准，影响到发动机的动力性和经济性，其原因是：

1）维修质量的影响。由于制造和装配误差产生的累计误差，在极限状态下可能使配气相位偏差达到 ±3°，各缸的配气相位偏差达 +2°。若加上凸轮轴轮廓误差、配气机构传动间隙等影响，配气相位将会偏离标准值更大。

2）使用中配气相位的变化。发动机长时间使用，机件磨损，配合间隙增大(如正时齿轮、曲轴和凸轮轴轴向间隙等)，凸轮表面的不规则磨损等也是引起配气相位偏移的原因。

3）动态变形引起配气相位偏移。特别是顶置气门式发动机的配气机构的刚度较差，在工作过程中易产生弹性变形。据估测，其初始静态变形在 0.05mm 左右，相当于配气相位角偏移 5°。

4）使用条件的影响。由于各地气候温度的差异，原厂规定的配气相位与实际要求不能适应，不同的工况和不同的使用条件，对配气相位的要求也不尽一样。

2. 配气相位的检查

各种车型的维修手册上都提供了发动机的配气相位角度，但是要直接测量进、排气门的

开启和关闭角度却很难。通常我们都是测量进、排气门的开启升程来间接获得进、排气门的开闭的角度。两者之间的相互关系是可以通过一系列复杂计算得到的，但实际工作中，往往采用对新的发动机在排气上止点时进、排气门叠开的升程作为标准，将标准发动机的测量结果与之比较，来判断配气相位是否提前或迟后。

检查方法如下：

1）先将发动机各气门间隙按要求调整好。

2）转动发动机的曲轴，使第一缸活塞处于排气上止点位置；在第一缸火花塞处安装一个百分表，如图 6-2 所示；在排气行程接近上止点时，慢慢转动发动机至百分表被压缩到最大处，即为活塞上止点。

3）在该缸排气门弹簧座上安装百分表（注意百分表触针应与气门平行），并将表置于“0”位。

4）慢慢地顺时针转动曲轴，至排气门完全关闭。检查百分表指针，顺时针读数即为该排气门在排气上止点是尚未关闭的降程。

5）逆时针转动曲轴至该缸进气门全闭位置，在其弹簧座上安装一个百分表（注意百分表触针应与气门平行），并置于“0”位。

6）慢慢地顺时针转动曲轴至排气上止点，检查百分表逆时针读数，即为进气门在排气上止点的升程。

7）将该缸进、排气门的升、降程与标准值进行比较，如果气门升程太大，排气门降程太小，则配气相位提前；反之，如进气门升程太小，排气门升程太大，则配气相位迟后。

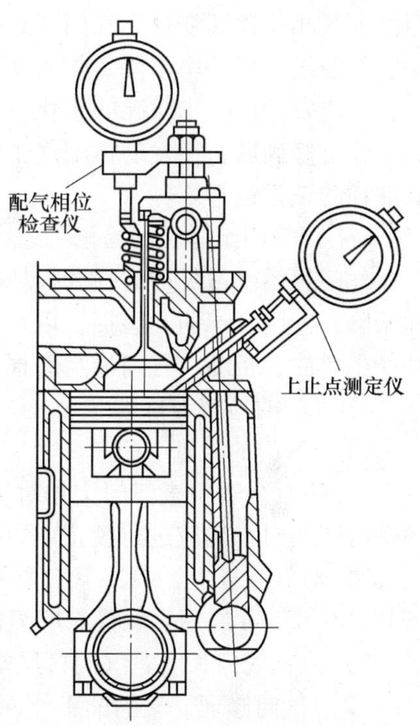

图 6-2　顶置气门式配气相位测量

3. 配气相位的调整

调整配气相位时，应根据不同情况采取不同的措施：

1）如个别气门配气相位偏早或偏迟不大时，可通过调整该气门间隙的方法予以解决。

2）若是进气门的微开量与排气门的微开量相比有大有小，且不符合规定值时，表明各缸迟早不一，通常是由于凸轮磨损严重，应修磨或更换凸轮轴。

3）如各缸进气门的微开量比排气们都大，表明进、排气门的配气相位均提前，应将其适当推迟。反之，表明配气相位均延迟，应将所有各缸进、排气门的配气相位均适当提前。

现代发动机维修时，如发现配气相位变化较大，一般以更换磨损零件来恢复配气相位。

任务二　检修配气机构

【任务内容】

1）气门组的检修。

2）气门传动组的检修。

3）完成检修配气机构工作页。

【任务目标】

1）掌握气门组的检修。

2）掌握气门传动组的检修。

一、实践

先由学员各自尽可能地自行完成如下工作页。然后，在教师的指导下完成本任务。

二、相关知识

发动机的动力性和经济性都与配气机构有关。配气机构在长期使用后，由于零件的磨损会使配气相位逐渐变化，气门开启持续时间缩短，气门最大开度减少，进气量不足，排气不彻底，使发动机功率下降、燃油消耗增加。由于零件磨损和变形，使气缸密封性下降和漏气，造成发动机技术状况的恶化，导致发动机的运转和起动不正常。

经过修理后，使发动机配气正时关气严密，工作平稳无响声，使发动机能够高功率、降低油耗的正常运行。

（一）气门组零件的检修

气门组零件常见的磨损和损坏有：气门和气门座工作面起槽、变宽、烧蚀氧化出现斑点和凹陷；气门杆弯曲和磨损，以及与气门导管配合松弛；气门弹簧自由长度缩短、弹性减弱并产生弯曲、折断；气门油封磨损、老化。

1. 气门的检查与修理

（1）气门的检查

1）用百分表检查气门头相对于气门杆的摆差，若超过 0.05mm 或将气门杆放在平板上滚动有弯曲时，均应进行校正或更换。

2）对气门杆上、中、下三个部位直径测量，如图 6-3 所示。可测出气门杆的磨损程度，若超过 0.05mm 或用手触摸有明显的阶梯形感觉时，应更换气门。

3）检查气门长度、气门杆尾端磨损不平时，应用砂轮修复端面。

（2）气门修理　气门的工作面磨损起槽、变宽或烧蚀出现斑点、凹陷时，应进行光磨。气门光磨，通常在气门光磨机上进行。光磨气门时，要求磨削量尽量小，以延长气门的使用寿命。

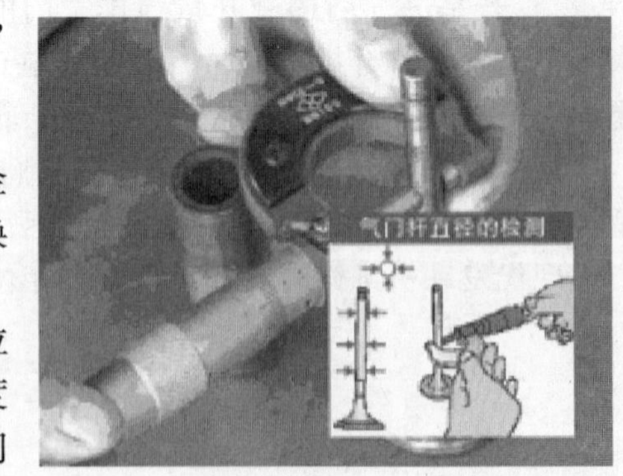

图 6-3　气门杆部直径的检测

气门的光磨工艺如下：

1）检查砂轮面情况。如砂轮不平整时，可用金钢钻修磨。如砂轮尺寸过小，则应更换砂轮，更换的砂轮应进行静平衡校正。

2）将气门夹于专用夹具内，调整气门夹具的位置，使气门和砂轮成一定角度，此角度较标准角度大 0′~30′，即气门锥角较气门座锥角大，而使气门与气门座之间的接触在理论上形成线接触，增加气门对气门座的压力，并使压力更均匀地分布，还可

减少配合面之间的积炭。否则在气门落座时形成喷口，高温高压气流会加速对配合面的侵蚀和磨损。修理上称0′~30′为干涉角，采用干涉角可提高气门的密封性，延长气门与座的使用寿命。各气门工作面角度如表6-3所示。

3）先开动夹架的电动机察看气门是否有摇摆现象，如无，则再开动砂轮电动机进行光磨。光磨时，一手转动横向手柄，使气门慢慢向砂轮接近，一手转动纵向手柄使砂轮渐渐移向气门工作面。并来回转动横向手柄，使气门工作面在砂轮工作面上左右慢慢移动，以保持砂轮均匀磨损，工作面平整。但应注意气门不能移出砂轮面，以防止打坏砂轮和气门。为降低气门工作面粗糙度值，在光磨时，应打开冷却液开关，同时适当转动纵向手柄，使磨削持续进行，直到把旧痕全部磨去为止。

4）退出砂轮，关闭电动机和冷却液开关。

气门光磨后，其边缘将逐渐变薄，减小了气门的热容量，气门在工作时容易变形和烧毁。气门头部最小边缘厚度如表6-3所示。

表6-3　气门工作面角度及气门头部厚度

车　型	桑塔纳	标致	夏利	切诺基	五十铃
排气门工作角度	45°	60°	45°	44°	45°
进气门工作角度	45°	45°	45°	44°	45°
排气门头部厚度	>1.1mm		>1.0mm		1.5~1.8mm
进气门头部厚度	>0.6mm		>0.8mm		

2. 气门导管的检查与修理

（1）气门杆与导管配合的检查　气门杆与导管的间隙，通常在发动机分解或气门盖分解清洗后进行检查，其检查的方法如下：

1）将气门提起至离气缸盖平面15mm左右，把百分表架固定于气缸盖上，百分表杆接触气门顶部边缘外，来回推动气门，如图6-4所示。百分表指针差值即为气门与导管的配合间隙。

2）也可通过测量气门导管的内径（如图6-5所示），将测得的内径减去气门杆的实际直径，所得差值即为气门与导管的配合间隙。

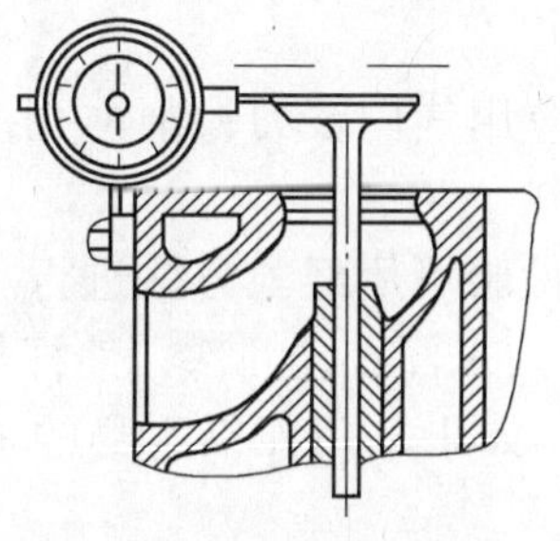

图6-4　检查气门杆与导管配合间隙

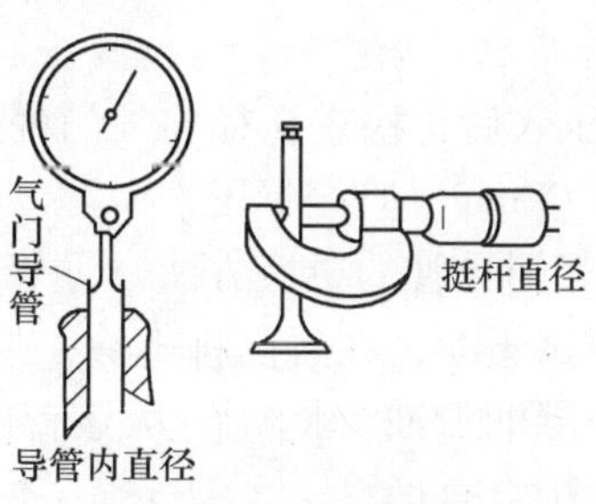

图6-5　测量气门导管内径

3）经验法。将气门提起至离气缸盖平面10mm，沿发动机轴向或垂直发动机轴方向摇摆气门，根据经验来判断气门与气门导管的间隙。如图6-6所示。

（2）气门导管的修理

1）气门导管的选择。新导管的选择，要求导管孔的内径与气门杆的尺寸相适应，其外径与导管的安装孔应有一定的过盈配合，过盈量一般为0.03～0.07mm。导管的过盈量大小可采用新旧对比方法进行测量。新导管要比压出的旧导管粗0.01～0.02mm为合适。

① 将气缸盖加热到80～100℃后，用带台阶的冲头，在压床上压出，或用锤子击出，如图6-7所示。带有台肩的导管，可从燃烧室方向压出。

图6-6　气门与气门导管配合间隙的检测

图6-7　冲出气门导管

② 仔细观察承孔内壁有无拉毛，气门座圈孔、火花塞螺孔与导管承孔之间是否有裂纹。如果裂纹长度不超过0.5mm，则气缸盖可以继续使用；如果裂纹长度超过0.5mm，则必须更换气缸盖。

③ 压导管前，用深度游标卡尺测出导管顶端面与气缸体（盖）平面之间的距离，或测出气门座圈平面至导管顶端面的距离。

④ 根据前面所述方法选择新导管后，将气门导管外表涂上润滑油，并把气缸盖放入烘箱加热到80～100℃，取出后，用专用带台阶冲头压入或徐徐击入。桑塔纳、夏利等车均从凸轮轴所在处压入。用压力机压入压力不得超过1000kg。应防止敲击不当，导致导管变形，甚至损坏。

⑤ 压入后，检查孔径与气门杆的配合，间隙过小，应用气门铰刀铰削内孔，每次铰削量小于0.02mm，直至标准。

2）气门导管的更换方法。导管和气门杆配合间隙的检验可用经验方法进行。将气门杆和导管擦拭干净，在气门杆上涂一层润滑油，放入导管孔内来回拉动几次，使杆与孔之间均匀粘上一层润滑油。将气门从导管中提出一段，放平后，如果气门能借本身的重量徐徐下降，则为配合合适。

在更换气门导管的过程中，应将气缸盖等放平。如无现成气门导管，则可用球墨铸铁、合金铸铁、粉末冶金等加工代替。

3. 气门座的修理

气门座的工作面磨损变宽超过2mm，工作面烧蚀出现斑点、凹陷时，造成气门关闭不

严而漏气，应进行铰削或修磨。通常在发动机中修、大修时均应对气门座修理。

（1）气门座的铰削　气门座有三个锥面，分别与气缸体或气缸盖平面成15°（或20°）、45°（或30°）、75°（或70°）角。其中45°（或30°）角锥面是主要工作面，而15°（或20°）及75°（或70°）锥面则用以调节工作锥面的宽度及气门锥面的接触位置。

气门座的铰削，通常用气门座铰刀进行，铰刀由许多不同尺寸直径的导杆与不同直径、不同锥角的铰刀组成。铰削工作面时，应选择铰刀导杆同导管的配合间隙为0.01mm，以便保证铰出的工作锥面与导管孔的同轴度。如图6-8所示。通常先用45°铰刀铰削工作锥面。由于气门座表面有硬化层，铰削时会使铰刀打滑。此时可用粗砂布垫在铰刀下面进行打磨，以除去硬化层。铰削时，两手要均匀用刀下压，转动时，不要忽快忽慢，以免起棱，直到将烧蚀、斑点等缺陷铰去为止。

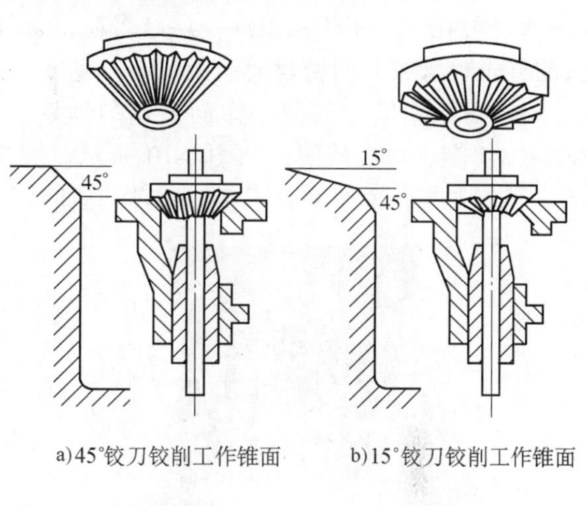

a）45°铰刀铰削工作锥面　　b）15°铰刀铰削工作锥面

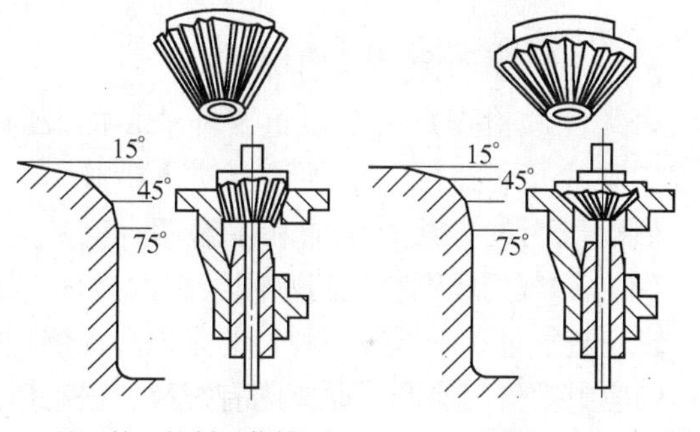

c）75°铰刀铰削工作锥面　　d）45°铰刀铰削工作锥面

图6-8　气门座的铰削

初铰后，将光磨过的气门与气门座试配。要求接触面在气门锥面的中部偏向下端。接触面宽度：进气门在1.2～2.2mm，排气门在1.5～2.5mm。排气门宽度稍比进气门宽，以增加导热性。

如果接触面偏上，可用75°（或70°）铰刀从上方缩小接触带；如接触面偏下，可用15°（或20°）铰刀从下方缩小接触带。初铰过程中尽量使接触面在中下部，以延长气门的使用寿命，当被接角面距气门下边缘1mm时，即可停止铰削。

（2）气门座的光磨　气门座除铰削外，还可用光磨机的砂轮进行修磨。在修磨前，砂轮应在砂轮修整器上，接工作面角度要求，修正砂轮工作面，然后进行磨削。必须注意光磨机的导杆上要注油，停止操作时，应先关电机，然后再取出。

（3）研磨气门　当气门、气门座与气门导管均按规定标准修理，气门与气门座的密封性符合要求时，气门与气门座就不一定需要研磨。但若因修理质量不够理想，气门与气门座的密封性还不符合要求时，应使用气门与气门座配对研磨的方法，使其工作面获得良好的贴合。

研磨时，用专用吸盘吸住气门，进行上下来回旋转10°～30°，不断变换气门与气门座的位置。研磨时不能过分用力，也不能上下敲打，否则会因互相撞击，密封面上出现凹形砂痕使密封带变宽。研磨时，先用粗研磨砂60～120#研出一条整齐无斑点痕迹的环带，然后洗去粗研磨砂，换用500～800#研磨砂继续研磨；当出现灰色的无光带，再洗去细砂，涂上机油继续研磨几分钟即可，如图6-9所示。

研磨的整个过程中，必须注意防止研磨砂落入导管中，研磨结束应严格清洗。

气门与气门座经过研磨后，要检查其密封性。方法如下：

1）用带有气压表的专门检验气门密封性的检验器来检查。检查时，先将空气容器筒紧密地压在气门座的缸体上，反复捏橡皮球，使空气容器内具有60～70kPa(0.6～0.7kgf/cm^2)的压力。如果在30s之内，压力表的读数不下降，则说明气门座与气门密封性良好。

2）可在气门工作面上涂一层红丹粉，将气门压在气门座上旋转1/4圈。如果气门被刮去的红丹粉满布气门密封面而无间断，宽度一致，即表明配合良好。

3）可用铅笔在气门工作面上均匀地划上线条，与相配的气门座接触以后，转动气门1/8～1/4圈，取出气门，如图6-10所示。如果所有铅笔线都被切断，即表示密封性良好。如有线条未断，说明密封不良，需继续研磨。

图6-9　研磨气门

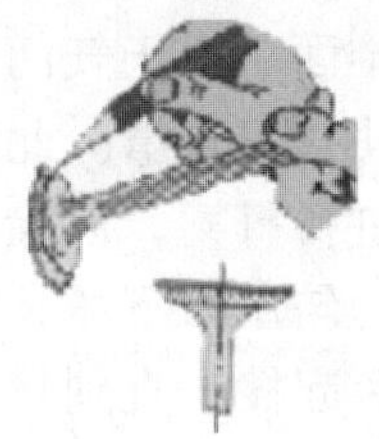

图6-10　气门与气门座密封性检查

密封性的检查是一个很重要环节，能及时发现问题，以免返工。有的企业用汽油倒入燃烧室中观察是否渗漏，必须注意防火措施。

研磨气门的方法有机磨和手磨两种。

(4) 镶气门座圈　气门座圈经多次修理，工作面逐渐下陷，会影响气门与气门座的正常配合，影响进气量和降低气门弹簧的张力。在修理时，检查工作面如低于气门座圈原平面1.5mm左右，则应更换气门座圈。原座圈有裂纹、松动以及严重烧蚀时，也应重新镶装气门座。

镶装座圈时，如缸体上没有座圈孔，应用铣刀或平面铰刀铰出座圈孔，如原有气门座圈，应用专用拉器拉出旧座圈。然后测量座圈孔直径，按直径的大小选择新座圈，新座圈与座孔应有0.075～0.125mm的过盈量。

在铣削气门座圈孔时，应以气门导管孔为中心，即可在导管孔中插入一定位杆，然后加工，以保证座圈安装后，座圈锥面对导管轴线的摆差不大于0.05mm。座圈孔的底面必须平整粗糙度R_a为1.6μm，圆度误差不大于0.0125mm。

将气门座圈镶入座孔时，应将气缸盖(体)加热或将座圈冷缩后装入。

1）加热法。用喷灯将座圈孔加热至100℃左右，或放入烘箱中在120℃温度下，保温30min。在座圈外壁涂以甘油和黄丹粉混合的密封剂，对准座圈孔，垫以软金属，迅速打入座圈孔内。

2）冷缩法。将气门座圈放入冰箱冷冻室内，或在固体二氧化碳(干冷)或在液态氮下冷冻10min，迅速放入座圈孔中，待温度正常后即能紧密配合。这种方法迅速方便，结合牢固。新镶入的座圈，必须经绞、研工作锥面，方能正常使用。

(二) 气门弹簧的检查

气门弹簧由于长期在较高温度下工作，并承受交变载荷，使弹性下降，气门弹簧自由长度缩短，影响气门的密封性能。交变应力作用还可能出现疲劳裂纹导致气门弹簧断裂而造成

事故。在修理时，应加以重视。

在修理中，气门弹簧的垂直度，在全长上允许偏差 ±1 ~ ±2mm，否则应当更换，如图 6-11 所示。弹簧的自由长度允许缩短 3% ~4%，如果超过应予以更换，如图 6-12 所示。

图 6-11 气门弹簧垂直度检测

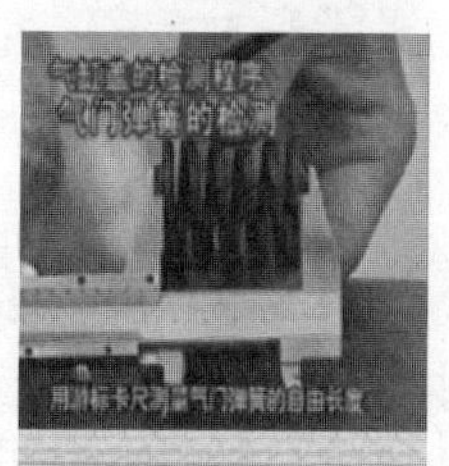

图 6-12 气门弹簧自由长度检测

气门弹簧的弹力可用专用的弹簧拉压试验器来检验，如图 6-13 所示，也可用新旧弹簧的对比检验，比较新旧弹簧的自由长度，并将新旧弹簧叠加后一起放在台虎钳上，压缩后比较长度。如旧弹簧长度远小于新弹簧，说明旧弹簧弹力太弱，应该更换。

图 6-13 气门弹簧弹力检测

为避免气门弹簧疲劳损坏，应注意弹簧外表不应存在锈蚀、氧化皮、黑点、刻痕、凹坑及裂纹等缺陷。拆装时应使用专用工具。安装完毕后，用木槌轻轻敲打一下气门，以检查气门销片是否就位。

（三）气门传动组零件的检修

1. 液压挺杆的检修

（1）液压挺杆与导孔配合间隙的检查 液压挺杆与导孔配合间隙的标准值为 0. 012 ~ 0. 056mm，使用限度为 0. 1mm。

（2）液压挺杆偶合件密封性检查

1）将液压挺杆浸泡在润滑油中，推拉柱塞若干时间，使腔内的空气排出。如内部空气没有排净，将影响工作状况，因此应重点清洗。由于柱塞与内塞的配合极为精密，在分解清洗过程中，切不可与硬物碰撞，以免损伤。

2）把排除空气后的挺杆，放在试验台上，如图 6-14 所示。在柱塞上施加 200N 的压力，在滑下 2mm 左右后，测量它的 1mm 的滑降时间。其标准在 20℃下，每毫米滑降时间为 1 ~65s。如果测得的值低于标准值，应当更换液压挺杆。有时单向阀损坏，需更换新的液压挺杆。

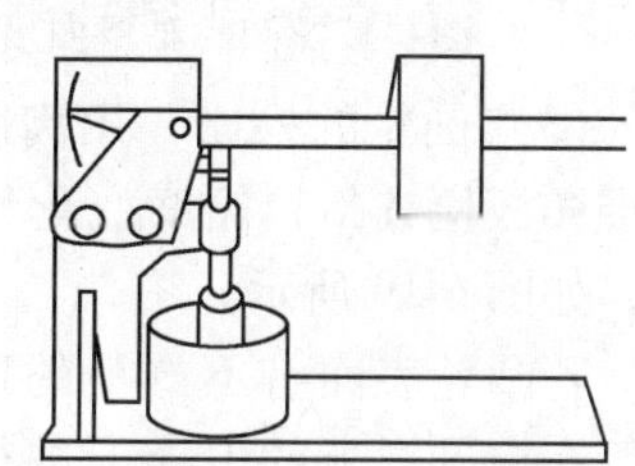

图 6-14 液压挺杆的泄漏测试

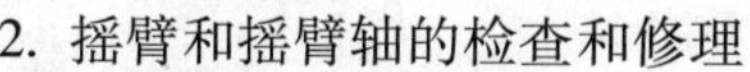

2. 摇臂和摇臂轴的检查和修理

（1）摇臂的检修 摇臂的损坏主要有：与凸轮工作面接触的圆柱面磨损及和摇臂轴配合孔的磨损。

1）检查摇臂与摇臂轴的配合情况。将摇臂沿摇臂轴径向推拉，如图 6-15 所示。如手感明显，说明磨损严重，配合间隙一般为 0. 013 ~0. 04mm，极限为 0. 06mm。若间隙超过允许范围，应予以更换或采用涂镀工艺修复。测量摇臂与摇臂轴配合间隙如图 6-16 所示，由每个摇臂的内径和摇臂轴上摇臂相应安装位置的外径，加以确定。

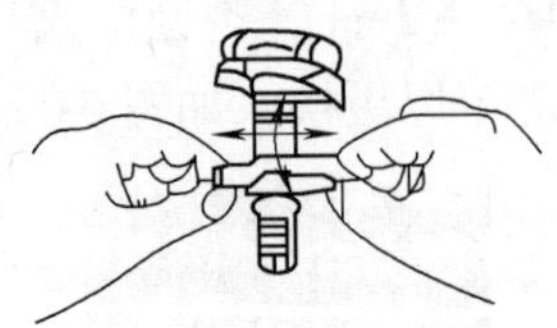

图 6-15　检查摇臂与摇臂轴的配合情况

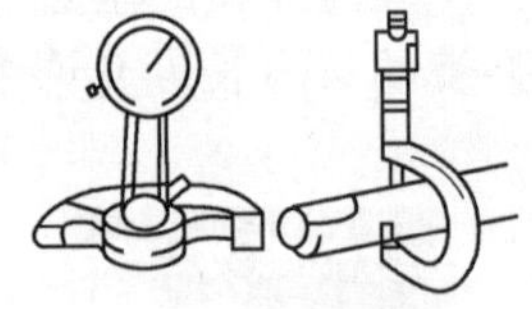

图 6-16　测量摇臂与摇臂轴间隙

2）检查摇臂与摇臂轴有无裂纹与损伤现象。

3）检查摇臂与凸轮接触面的磨损情况。若接触面有严重磨损，应进行修磨或金属粉末喷镀 Cr60 后修磨。必要时更换新的摇臂。

（2）摇臂轴的检修　摇臂轴的损坏主要是磨损与弯曲，通常磨损后予以更新。切诺基发动机无摇臂轴，设有框轴，拆开时，应注意对号入座。

3. 凸轮轴的修理

凸轮轴的损伤有：凸轮轴弯曲、轴颈磨损、凸轮磨损等。

（1）凸轮轴弯曲的检修　图 6-17 所示为检查凸轮轴弯曲的方法。通常摆差不大于 0. 05mm，可不修理。如超过规定应予校正。校正时先记住轴的弯曲方向，将凸面向上。在手动压床上进行校正，钢制凸轮轴为弯曲量的 10 倍（表针摆差的 5 倍），铸铁凸轮轴减半。校正后摆差应小于上述值。

（2）凸轮轴轴颈的检修　如图 6-18 所示。

图 6-17　凸轮轴弯曲度的检测

图 6-18　凸轮轴轴颈的检测

（3）凸轮的检修　用肉眼检查凸轮工作面，应无斑痕，用标准样板检查凸轮轮廓变化情况，用外径千分尺测量凸轮的高度，如图 6-19 所示。

图 6-19　凸轮高度的检测

若凸轮表面有不严重的斑痕及不均匀磨损，可用油石、砂布等在标准样板的引导下进行修整；若凸轮表面有较严重的斑痕或凸轮升程减小 0. 4mm 以上时，应在专用磨床上光磨；若凸轮表面累积磨耗量不超过 0. 8mm，则可直接修磨；若超过 0. 8mm，应表面覆加补偿修复层再磨削或更换新件。

4. 凸轮轴轴向间隙的检查与修理

不同车型凸轮轴的轴向定位的方式各不相同，如桑塔纳发

动机、夏利发动机采用凸轮轴轴承定位，标致发动机采用止推凸缘定位。由于定位方式不同，故检修方法也不同。

（1）桑塔纳发动机凸轮轴轴向间隙的检修　首先拆去筒形挺杆，然后再将凸轮轴装回轴承中，把百分表表头顶在凸轮轴轴端，推拉凸轮轴，百分表上的摆差即为凸轮轴轴向间隙，如图6-20所示。它的限位在第1和第5道轴承上，轴承翻边后成为止推片，其轴向间隙使用限度为0.15mm，如果间隙过大则应更换凸轮轴轴承。

（2）标致发动机凸轮轴轴向间隙的检修　如图6-21所示为用塞尺检查轴向间隙方法。标致发动机凸轮轴轴向间隙为0.05～0.14mm，最大不得超过0.30mm，若间隙过大，则可加厚止推凸缘；间隙过小，可减薄止推凸缘，也可在凸轮轴前端台肩上加上垫圈。

图6-20　凸轮轴轴向间隙的检测

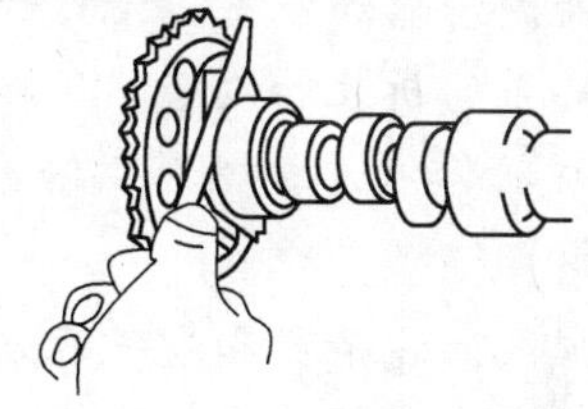

图6-21　用塞尺检查凸轮轴轴向间隙

（3）切诺基发动机轴向间隙的控制　切诺基发动机的轴向间隙靠润滑油控制，装配时间隙较大。工作时，润滑油进入凸轮轴端，能防止凸轮轴轴向移动，修理时不必检查轴向间隙。

课题七　汽油机燃料供给系统的维修

任务　检修汽油机燃料供给系统

【任务内容】

1）汽油滤清器和空气滤清器的维护。

2）汽油泵的拆装和检修。

3）完成检修汽油机燃料供给系统工作页。

【任务目标】

1）掌握汽油滤清器和空气滤清器的维护。

2）掌握汽油泵的拆装和检修。

一、实践

先由学员各自尽可能自行完成如下工作页。然后，在教师的指导下完成本任务。

检修汽油机燃料供给系统工作页

记录你对发动机汽油滤清器和空气滤清器做保养的步骤和注意事项。

二、相关知识

1. 汽油滤清器的维护

（1）拆式汽油滤清器的维护　可拆式汽油滤清器有的采用纸质滤芯，有的为双层尼龙布滤芯或新型聚合材料滤芯。在二级维护时，清洗滤清器内的沉积物。如滤芯破损，必须更换。由于汽油滤清器具有滤清和积水的作用，因此，在平时使用过程中，应注意放掉积水。

（2）不可拆式汽油滤清器的维护　这种汽油滤清器只能一次性使用，应按车辆使用说明书规定的周期更换。

2. 汽油泵的检修

汽油泵的性能变坏主要表现为供油压力不足或不供油、密封性差等方面。其主要原因是：摇臂磨损，进出油阀关闭不严，各接合面不平，膜片破损，膜片弹簧弹力减弱和油路堵塞等。

（1）汽油泵摇臂检修　汽油泵摇臂与凸轮接触部位，因长期工作使摇臂发生磨损，引起膜片工作行程缩短，泵油量减少。若磨损超过 0.20mm 时应进行堆焊，并加工至标准尺

寸。内摇臂的接触端发生磨损也应按规定的尺寸要求进行修复。

汽油泵内、外摇臂修复后，应作组装检查。当凸轮不处于顶动摇臂位置时，内、外摇臂之间应有一定的间隙，并注意内摇臂末端的运动行程。

（2）进、出油阀的检验　进、出油阀因磨损和汽油中酸性物质的腐蚀、胶质和其他污垢沉积等影响，使油阀火关闭不严，影响泵油量和泵油压力。单片式油阀可将其磨平或翻向使用；组合式油阀可用酒精清洗，除去胶质。经修磨或清洗无效时，应换用新件。

（3）泵膜及泵膜弹簧的检验　膜片破裂、硬化变质，应予更换。泵膜弹簧经长期使用后，弹力减弱，使泵油压力降低。汽油泵膜片弹簧自由长度应符合要求，弹力不足，应换用新件。

（4）汽油泵壳体的检修　汽油泵上、下壳体接合面的平面度应不大于 0.10mm。否则，会造成漏气、漏油。若平面度超过限度，则可用细砂纸放在平板上磨平。

汽油泵与气缸体接合平面的平面度偏差一般应不大于 0.20mm。超过时，应予修磨平整。否则，可能导致润滑油从曲轴箱内漏出。壳体的裂纹可进行焊补或粘接。

（5）汽油泵工作性能检验　汽油泵在规定的试验转速下的封闭压力和泵油量应符合原厂规定。如 CA6102 型发动机装配的 CAB604 型汽油泵，当发动机转速为 3000r/min 时，其泵油量应不少于 190L/h。

3. 空气滤清器维护

纸质空气滤清器应用最广泛，为延长纸质空气滤清器的使用寿命，保证供给发动机清洁空气，要求对空气滤清器进行维护，一般汽车行驶 12000km 维护一次，把滤芯取出，用压缩空气吹干净。切不可接触油质，以免加大滤清阻力。

课题八　润滑系统的维修

任务　检修润滑系统

【任务内容】

1）机油泵的检修。

2）机油滤清器的维护。

3）完成检修润滑系统工作页。

【任务目标】

1）掌握机油泵的检修。

2）掌握机油滤清器的维护。

一、实践

先由学员各自尽可能自行完成如下工作页。然后，在教师的指导下完成本任务。

检修润滑系统工作页

记录你对发动机润滑系统的保养和检修工作内容。

二、相关知识

1. 机油泵的检修

（1）机油泵外观的检查　检查机油泵壳体是否有裂纹、变形、漏油、机械损伤等缺陷。如有，应予以更换。

（2）机油泵泵油压力检查

1）准备检查机油压力前，应先加足机油，启动发动机空转，使冷却液温度升至75～85℃，然后停机。

2）泵油压力检查拆下机油压力传感器，在机油压力传感器位置上装上机油压力表。启动发动机使发动机转速为3000r/min时，读取压力表读数。此压力值应为300～450kPa，否则应检修机油泵。

（3）机油泵的检修方法

1）将机油泵从发动机上拆下，并进行分解。

2）检查泵盖、壳体、齿体、齿圈等零部件，如有损坏、严重磨损、变形等缺陷时，应

予以更换。

3）机油泵啮合间隙及安装面的检查。如图 8-1 所示为内啮合式齿轮机油泵啮合间隙的检查，图 8-2 所示为转子式机油泵啮合间隙的检查。用塞尺、刀口尺测量机油泵的间隙值，其值应符合规定，否则应更换相应零件。

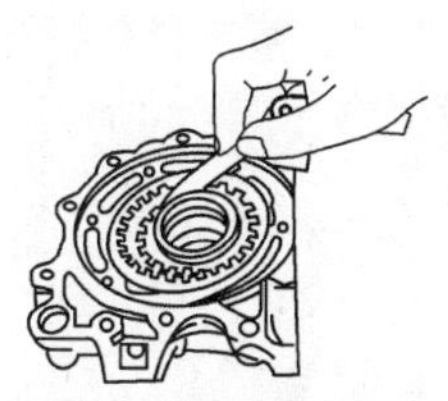

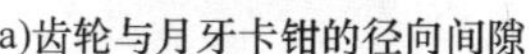

a)齿轮与月牙卡钳的径向间隙

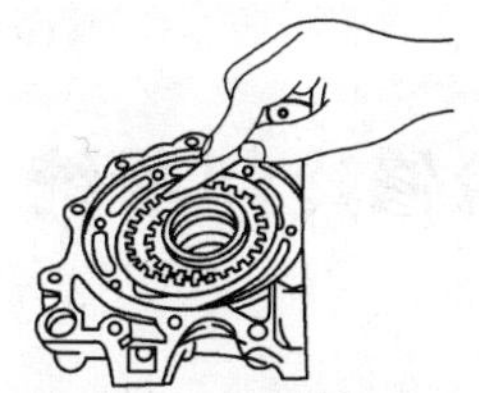

b)齿圈与月牙卡钳的径向间隙

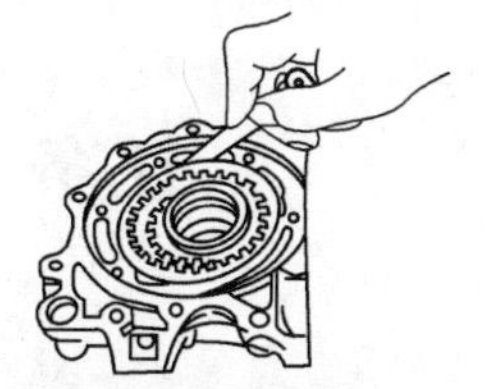

c)齿圈与泵体之间的间隙

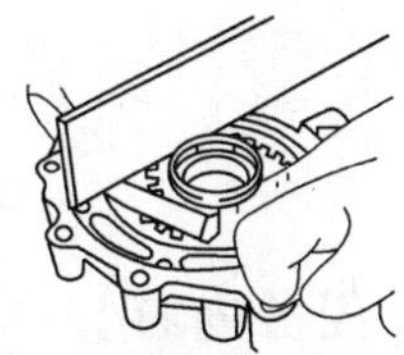

d)机油泵侧隙

图 8-1　内啮合式齿轮机油泵啮合间隙测量

a) 内外转子间隙的检查

b) 转子端面的检查

c) 外转子与泵壳间隙的检查

图 8-2　转子式机油泵啮合间隙测量

2. 机油滤清器的检修

（1）机油滤清器的检查　检查机油滤清器外壳是否有破损，滤清器与支座接合面是否漏油，滤心是否堵塞或损坏，旁通阀是否失效。如有不良，应更换滤清器。

（2）机油滤清器的更换　机油滤清器为一次性使用零件，新车或大修发动机后，车辆行驶 1000km 后应更换新机油滤清器，以后车辆每行驶 10000km 更换一次。

3. 机油集滤器的检修

（1）机油集滤器的检查　检查机油集滤器的滤网是否堵塞、损坏、脱落。若滤网堵塞，应用柴油或煤油清洗后用压缩空气吹干；若滤网损伤，应予更换。

检查机油集滤器与机油泵座的密封状况，若 O 形密封圈损坏或接合处漏油，应更换密封圈并紧固连接螺栓。

（2）油底壳的检查　检查油底壳与曲轴箱接合面有无漏油，如有漏油，应更换密封衬垫。

检查油底壳放油螺塞有无漏洞，油底壳有无裂纹、机械损坏或锈蚀破损，如有不良，应更换损坏件。

课题九　冷却系统的维修

任务　检修冷却系统

【任务内容】

1）散热器盖的检修。

2）水泵的检修。

3）风扇的检修。

4）硅油风扇离合器的检修。

5）节温器的检查。

6）完成检修冷却系统工作页。

【任务目标】

1）掌握散热器盖的检修。

2）掌握水泵的检修。

3）掌握风扇的检修。

4）掌握硅油风扇离合器的检修。

5）掌握节温器的检查。

一、实践

先由学员各自尽可能自行完成如下工作页。然后，在教师的指导下完成本任务。

检修冷却系统工作页

记录你对发动机冷却系统的保养和检修工作内容。

二、相关知识

1. 散热器盖密封性的检修

为检查散热器的密封性，可进行散热器盖压力试验：利用转接器，将散热器盖接到冷却系统压力试验仪(主要由打气筒和压力表组成)上，然后打气加压。观察压力表，散热器盖压力阀的卸载压力为83～110kPa，如果在规定压力范围内保持30s以上，则检验合格，否则应更换散热器盖。

2. 散热器的检修

散热器最常见的故障是渗漏。一般冷却液都带有颜色，如有泄漏很容易发现。也可进行

压力试验。

如果发现散热器有泄漏，可进行焊修。若渗漏处较小(0.3mm 以下的裂纹)还可用水箱堵漏剂直接放入冷却液中，便可自动堵住渗漏部位。

3. 节温器的检修

为检查节温器能否正常工作，可进行如下试验：将节温器悬挂在水中并加热，能正常工作的节温器，在水温升至90℃时，阀门开始打开；在水温达到100℃时，阀门完全打开。如不符合此要求应予更换。

4. 水泵的检修

其常见故障之一是水泵叶轮松动。检查时，先把冷却液放出，松开风扇传动带，拆下水泵上散热器软管。

将一焊条或铁丝弯成如图 9-1 所示的形状，并按图示位置装入水泵中，然后转动水泵轴。当水泵轴转动时，如果水泵叶轮松动并能被焊条顶住，说明叶轮松动严重，需要换水泵；如果叶轮能随着轴转动，则叶轮未松动。

水泵轴松动也是常见故障。若发动机工作时可听到异响，此时应及时更换水泵。

水泵前部有一小渗水孔，如冷却液从小孔流出，说明水泵密封不良，应及时更换水泵密封圈。

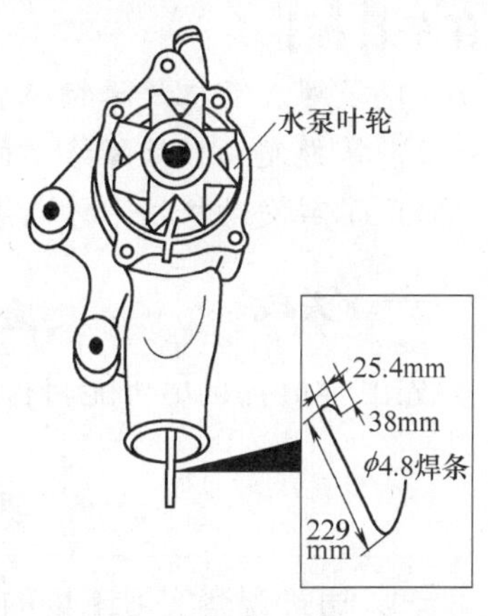

图 9-1　水泵叶轮的检修

5. 风扇及其离合器的检修

(1) 风扇传动带的检修　传动带过松，将使水泵、发电机等转速过低，导致发动机过热及蓄电池电压下降；传动带过紧，将使风扇传动带及水泵寿命缩短甚至损坏。

传动带的松紧度可用以下方法进行检查：在动力转向泵与空调压缩机之间的带中部用力向下按，松紧度合适的带，其偏移量为 6 ~ 13mm。如松紧度不合适，可通过移动发电机或动力转向泵来调整。

(2) 硅油风扇离合器的检修　为检查硅油风扇离合器是否正常工作，可进行如下试验。

1) 静态试验。静态试验是在发动机过热下熄火，通过检查双金属螺旋弹簧和阀片轴的运动情况来判断硅油风扇离合器能否正常工作。试验时，把双金属螺旋弹簧的末端从固定槽中撬出，然后逆时针转动双金属弹簧，直到转不动为止(不可用强力)。如其阀片轴能随之转动(即阀片能打开从动板上的进油孔)，且双金属螺旋弹簧的末端距固定槽 13mm，则说明硅油风扇离合器静态试验合格。如不符合上述要求，应更换硅油风扇离合器总成。

2) 动态试验。动态试验是在发动机工作状态下进行的。目的是检验硅油风扇离合器能否在空气温度为 88℃时接合，在空气温度为 77℃时分离。其试验方法如下：在风扇护风罩顶站钻一小孔，将温度计(量程为 0 ~ 100℃)从孔中插入，并与双金属螺旋弹簧中心对正(温度与风扇间应有一定的间隙)。起动发动机并稳定 2400r/min，为使工作温度迅速上升，可用硬纸板挡在散热器前面。用一交电式转速表检测风扇及水泵带轮的转速。当温度计显示温度在 78 ~ 88℃时，风扇转速应与水泵带轮转速接近；去掉挡在散热器前的硬纸板，工作温度下降，当温度计温度显示为 77℃时，风扇的转速应比水泵带轮的转速低得多。风扇转速如不符合以上要求，应更换硅油风扇离合器总成。

课题十　发动机故障诊断与排除基础

任务　观察发动机常见故障现象

【任务内容】

1）观察发动机常见故障现象。

2）学习发动机故障诊断与排除基础知识。

3）完成观察发动机常见故障现象工作页。

【任务目标】

1）了解发动机故障特征和成因。

2）掌握发动机故障诊断的方法。

3）了解发动机技术诊断参数。

一、实践

先由学员各自尽可能自行完成如下工作页。然后，在教师的指导下完成本任务。

观察发动机常见故障现象工作页

1. 通过观察实习工场的发动机不能启动故障现象，找出故障原因并排除它，请记录下你做过的内容，填写下列图框，指出关键步骤。

故障现象 ⇨ 故障原因 ⇨ 故障诊断结果 ⇨ 故障排除

2. 利用气缸压力表，检测实习工场发动机第________缸压缩行程，气缸压缩压力为________kPa。该发动机气缸压缩压力标准为______~______kPa，测量结果________（高于/低于）标准。加注润滑油后，气缸压缩压力________（升高/降低），从而故障原因是____________（气门密封不严/气缸垫漏气/活塞与气缸壁密封不严）。

3. 利用真空表，检测实习工场发动机第________缸进气行程，气缸真空度为________mmHg。该发动机气缸进气行程真空度标准为______~______mmHg，测量结果与下图中哪个相同，并在图中写出故障原因。

4. 对实习工场发动机做以下常规项目检查，在正常项目后框内打“√”，在不正常项目后框内打“×”，并作出调整。

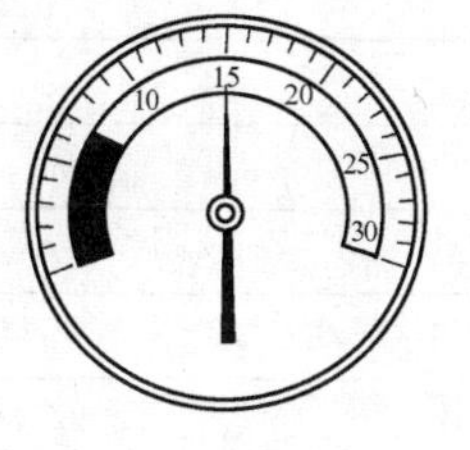
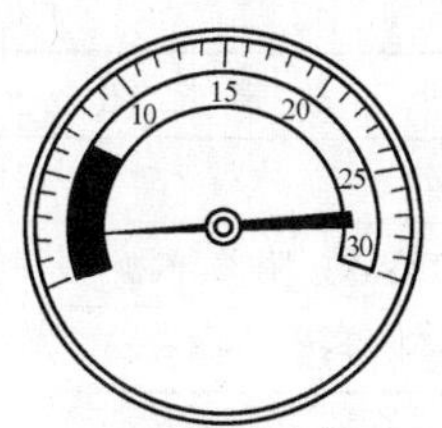
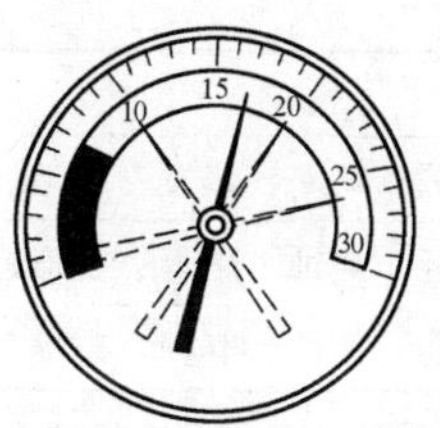
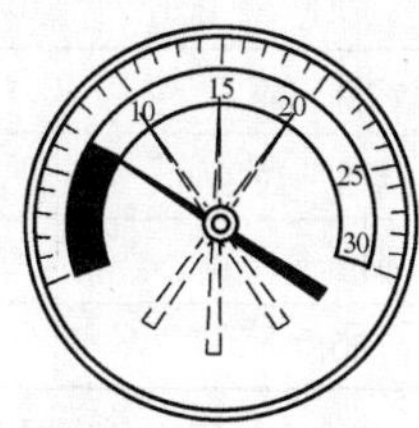

图 10-1　在横线上写出与图中真空表显示状态的故障原因

冷却液高度□　机油油量□　风扇传动带松紧度□　分电器触点间隙□
火花塞间隙□　点火正时□　空气滤清器堵塞□　发动机怠速□
畜电池电解液液面高度□　仪表和报警装置□　气门间隙□

二、相关知识

（一）发动机故障特征和现象

汽车故障是指汽车部分或完全丧失工作能力的现象，是汽车零件本身或零件之间相互连接或配合状态发生异常变化的结果。

1. 汽车故障的特征

汽车的各组成部分按性能和部位可分为转动配合部分、滑动配合部分、密封部分、导电部分和啮合部分等。各部分发生的故障现象，具有不同的特征，如表 10-1 所示。

表 10-1　汽车故障的特征

故障部位	故障特征
转动配合部位	磨损、不平衡、发热、变形、振动、异响
滑动配合部位	松动、磨损、发热、熔焊
密封部位	泄漏、分离、漏气
导电部位	接触不良、断线、脱落、电压下降、短路、发热
啮合传动部位	磨损、破损、发热、异响、位移
摩擦力配合部位	磨耗、打滑、发热、衰损、振动、异响
弹簧推顶部位	衰损、老化、打滑、磨槽、弯曲、多个弹簧间弹力不均
弹簧拉吸部位	衰损、老化、多个弹簧间拉力不均
弹簧支撑部位	衰损、老化、破损、冲击、变形

（续）

故 障 部 位	故 障 特 征
液体流通部位	泄漏、堵塞、蒸发、气阻、渗漏
高温部位	磨耗、烧蚀、熔焊、变形、硬度变软、附着异物
大负荷部位	弯曲、扭曲、磨损、破损、断裂、发热、异响

注：有许多故障现象同时具有多种特征，在诊断时应进行具体研究和区分。

有许多故障现象同时具有多种特征，在诊断时应进行具体研究和区分。

2. 发动机常见故障现象

（1）声响异常　异响是发动机不正常的响声，据资料表明70%的发动机故障有异响的表现。异响故障症状明显，一般可以及时发现。

（2）过热现象　发动机正常工作时，应保持一定的工作温度范围，若发动机温度超过工作温度，会导致发动机功率不足，加速性能恶化、爆燃，甚至出现拉缸、烧瓦等现象。

（3）渗漏现象　渗漏是汽车的燃油、机油、冷却液、电解液等渗透漏出，这是一种明显的故障症状。渗漏会造成发动机油耗增加、过热、烧损等现象，应及时排除。

（4）排烟颜色不正常　发动机在工作过程中，正常的燃烧生成物，其主要成分应当是二氧化碳和少量的水蒸气。如果发动机燃烧不正常，废气中会有未燃烧完全的碳粒、碳化氢、一氧化碳及氮氧化物等，表现为冒黑烟、白烟和蓝烟现象。烟色不正常是诊断发动机故障的重要依据。

（5）消耗异常　消耗异常也是一种故障症状。如燃油、机油和冷却液异常消耗，油底壳油面不降反升等。消耗异常有时不易觉察，不可掉以轻心。

3. 汽车故障诊断原则

查找汽车故障一般应遵循由表及里、由简到繁、由浅入深、先易后难、先小后大的顺序，按系统、部位分段检查，逐步缩小范围的原则进行。

（二）发动机故障诊断方法

汽车长期使用后，随着行驶里程的增加，技术状况将逐渐变坏，出现动力性下降、经济性变差、可靠性降低和故障率增加等现象。汽车故障诊断就是通过检查、测试、分析和判断直至对故障确诊的一系列活动过程。基本方法有：人工经验诊断法和现代仪器设备诊断法两种。

1. 人工经验诊断法

人工经验诊断法，是诊断人员凭实践经验和一定的理论知识，在汽车不解体或局部解体的情况下，借助简单工具，用眼看、耳听、手摸、脚踏等方法，边检查、边试验、边分析，进而对汽车技术状况作出判断的一种方法。

人工经验诊断汽车故障诊断的方法大致为问、看、听、嗅、触、试。

1）问，就是了解汽车使用、维护情况。除去驾驶员诊断自己驾驶的车辆之外，其他人在诊断前，必须先了解情况。包括车辆已行驶里程，使用条件，近期维护情况，故障的预兆，是渐变还是突变等，车辆的技术档案是一个重要的调查资料和依据。

2）看，就是观察。首先要观察汽车日常维护情况。比如：有无油、水泄漏，有无连接

松动，排气颜色是否正常，空气滤清器有无堵塞，车轮有无吃胎等。

3）听，就是凭听觉判断汽车、总成工作时有无异响，并确定其部位和原因。

4）嗅，就是凭汽车或总成在运转中所发出的某些特殊气味来判断故障之所在。这对于诊断电系线路、离合器、制动器等摩擦部位的故障，是简便有效的。

5）触，就是用手触试可能产生故障的部位，判断其是否工作正常。

6）试，就是试验验证。如用单缸断火(油)法判定发动机某些异响的部位；突然加速查听异响的变化；用试换零件法，找出故障的部位；道路试验中，根据加速性能、滑行距离判断发动机的动力性和底盘调整润滑情况。

2. 仪器设备诊断法

仪器设备诊断法，是在人工经验诊断法的基础上发展起来的一种诊断方法。这种方法可在不解体的情况下，利用检验设备仪器，测量汽车性能参数，并与正常技术参数比较，从而发现故障。

目前可供利用的仪器设备有：万用表、点火正时灯、气缸压力表、真空表、油压表、声级计、流量计、油耗仪、示波器、气缸漏气量检测仪、曲轴箱窜气量检测仪、气体分析仪、烟度计以及功能比较齐全的测功机、发动机综合检测仪等等。

（1）检测气缸压缩压力　发动机依靠压缩空气与燃油的混合气燃烧产生功率。在压缩行程，活塞向上运动将空气与燃油的混合气压缩到燃烧室内，随着混合气压缩程度的提高，混合气的温度也越来越高。高温混合气更容易被点燃，而且，混合气在高温下点燃后所产生的功率也比在低温下点燃时要大。

如果燃烧室不密封，混合气在压缩过程中就会有一部分被压出，导致功率下降和燃油浪费。气门烧蚀、气缸垫破裂、活塞环磨损、正时带或正时链条打滑、气门座磨损、气缸盖裂缝等都可能造成燃烧室泄漏。压缩不良(由于气缸泄漏造成压缩压力较低)的发动机不能正常运转，而且也不能调整到制造商规定的技术规范。如果压缩不良可能是导致故障的原因，就需要对气缸的压缩压力进行检测，气缸压力表用于检测气缸的压缩程度，缸压表度盘一般用 kPa 为指示单位，大多数缸压表都设有能够保持最大压力读数的通风阀，检测完毕后，打开通风阀可以释放缸压表内的压力。气缸压缩压力的检测步骤如图 10-2 所示。

P1 检测压缩压力之前，停止点火系统和燃油喷射系统工作(如果发动机有这些系统)

P2 将节气门保持在全开位置，允许在测试期间不会限制空气进入气缸

P3 拆除所有气缸的火花塞

图 10-2　气缸压缩压力检测步骤

P4 将远程启动按钮连接到起动系统

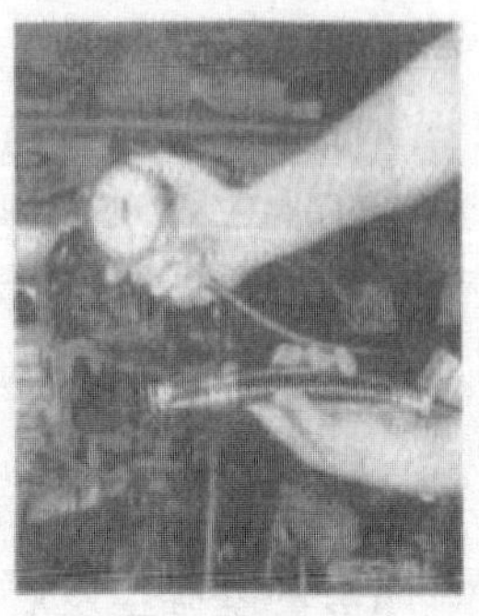

P5 可以采用许多种缸压表。旋入式缸压表最精确，使用起来也最方便

P6 仔细地把缸压表安装在第一缸的火花塞安装孔中

P7 将蓄电池充电器连接到汽车上，使发动机可以达到获得精确检测结果所需的持续正常的转速

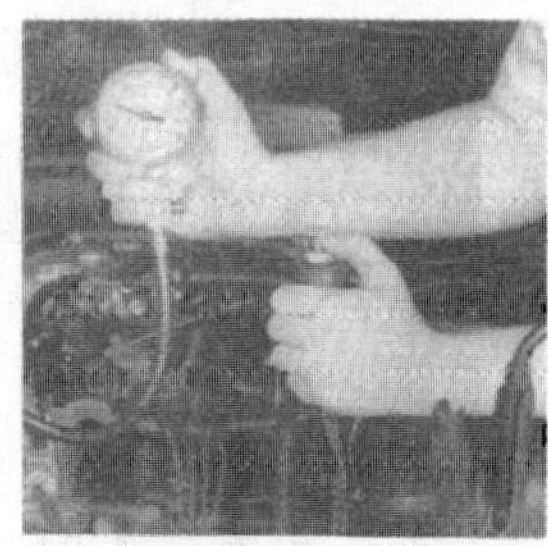

P8 按下远程启动按钮，并观察缸压表在发动机旋转第一圈后的读数

P9 使发动机旋转四圈，并观察第四圈后的缸压表读数。该读数应随着发动机转数增加而增大

P10 记录缸压表读数。检测完所有气缸之后，比较各缸的缸压读数

P11 从气缸上在拆卸缸压表之前，先通过缸压表上的卸压阀释放缸压表中的压力

P12 每个气缸必须用同样的方法进行检测

图 10-2 气缸压缩压力检测步骤(续)

P13　对所有气缸完成检测之后，比较检测结果。如果一个或多个气缸的压缩压力比其他气缸的低，继续对这些气缸进行湿式检测

P14　向压缩压力低的气缸喷射少量润滑油

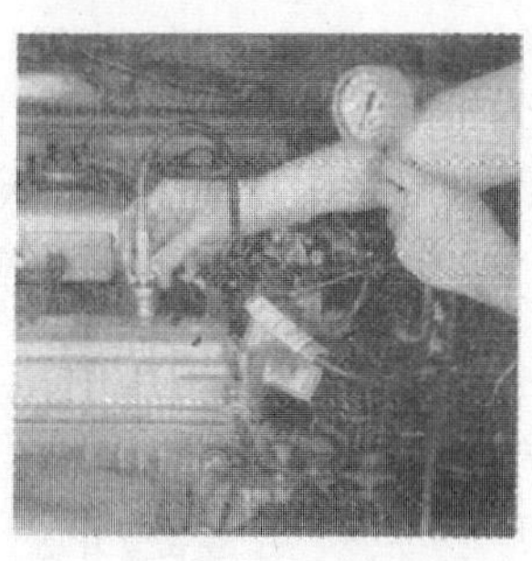

P15　将缸压表再次安装在该气缸上，并进行压缩压力检测

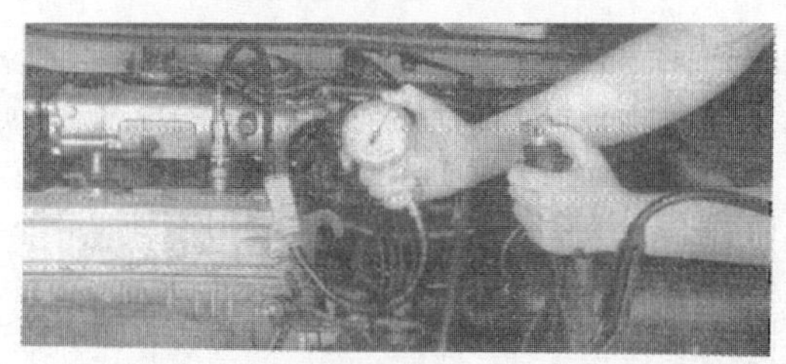

P16　如果缸压表在气缸加入润滑油后的读数增大，导致最初气缸压力读数较低的原因很可能是活塞环的密封性较差。向气缸内喷入润滑油后再对气缸压力进行的检测一般称为湿式检测

图 10-2　气缸压缩压力检测步骤（续）

（2）检测气缸泄漏　如果压缩压力检测表明有气缸存在泄漏，可以进行气缸泄漏检测，检测漏气率有助于确定泄漏源。气缸泄漏测试仪从火花塞孔向气缸供入一定压力的压缩空气，在压缩空气进入气缸之前，该气缸的活塞必须处于压缩行程上止点位置，以保证该气缸的进、排气门都处于关闭状态。

将供气压力管末端的螺纹管接头旋入火花塞安装孔，压缩空气一般来源于修理车间的压缩空气系统，测试仪的压力调节器可以控制供入气缸的空气压力。当向气缸供入压缩空气时，压力表将指示空气压力损失的百分比，压力表的量程一般为 0～100%。读数为零意味着气缸没有泄漏，读数为 100% 表明气缸内没有任何压力。只要读数大于零，都表明气缸存在部分泄漏。通过在发动机不同的零部件周围进行听辨和感觉，可以找到压缩空气的泄漏部位。如果感觉到或听到空气从节气门总成处流出，表明进气门发生泄漏。如果是排气门损坏造成泄漏，在检测期间就可以从排气系统感觉到空气泄漏。如果感觉到或听到空气来自于被测气缸旁边气缸的火花塞孔，表明气缸垫已经损坏或气缸盖有问题。如果空气从散热器流出，表明气缸垫损坏或气缸体、气缸盖有裂缝。如果活塞环损坏，可听到空气从气门罩通气孔或机油加注管流出。对于大多数发功机，甚至有些新发动机，都会从活塞环周围泄漏一些压缩空气。进行泄漏检测时，漏气率低于 20% 都是可以接受的。

当发动机运转时，活塞环的密封效果会变好，使实际漏气率有所降低。但是，在气门或气缸垫周围不能有泄漏存在。

（3）检测真空度　测量进气歧管的真空度是另一种诊断发动机状况的方法，进气歧管

的真空度用真空表检测。在活塞进气行程期间，活塞向下运动会产生一定的真空度。如果气缸是密封的，将形成最大的真空度。高真空度提高了充气效率。

真空表读数可以反映发动机的许多状况，如气缸密封性、气门开启和关闭时刻、点火正时等。如图 10-3 所示。

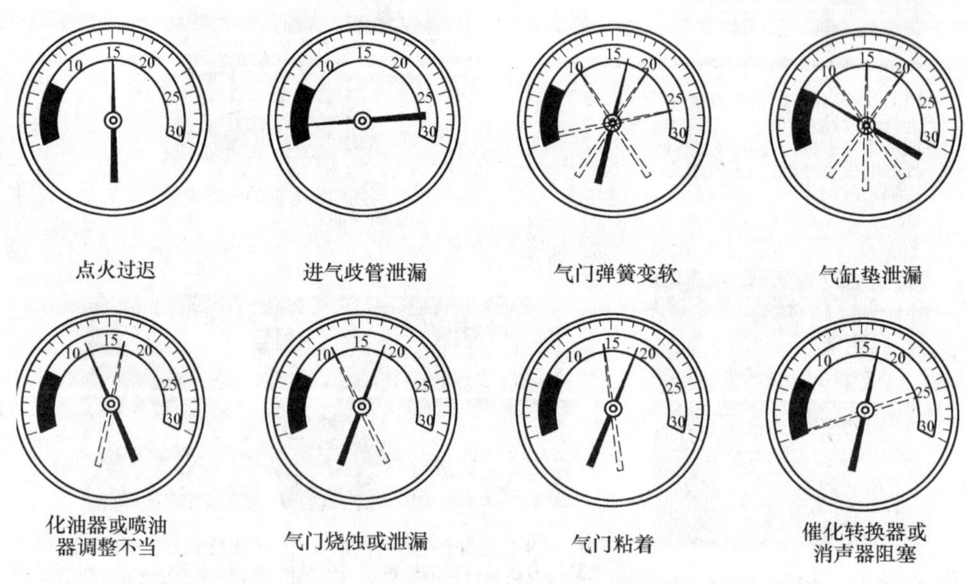

图 10-3　真空表读数及其反映的发动机状况

理想的情况是发动机每个气缸所产生的真空度都相同，因此，真空表读数应该是稳定的，并且不低于 432mmHg。

如果一个或多个气缸产生的真空度比其他气缸的更大或更小，真空表指针将会摆动。指针摆动的强度反映了问题的严重程度。例如，如果真空表的读数在 254mmHg 和 432mmHg 之间摆动，那就应该查看指针的摆动节奏。

如果指针大多数时间停留在 432mmHg 处，但在降至 254mmHg 后急剧上升，那就表明可能是一气缸有问题造成的。

指针摆动或读数较低可以反映许多不同的问题，例如，如果真空表的读数较低但稳定，可能是点火正时过迟或配气正时不正确。如果每隔一定间隔就出现真空度急剧下降的情况，可能是某个进气门发生了烧蚀。

由真空度读数可以反映的其他状况有：气门粘结或烧蚀、配气正时或点火正时不正确、气门弹簧弹性降低、曲轴箱强制通风（PCV）故障、废气再循环（EGR）或其他排放相关系统故障、压缩压力不一致、活塞环或气缸壁磨损、气缸垫泄漏、真空度泄漏、排气系统阻塞及点火故障等。

（4）初步评价发动机状况　进行过气缸压缩压力、气缸泄漏、真空度以后，就可以对发动机的状况进行初步评价。例如，发动机的压缩相对较好，但通过活塞环的泄漏量较大，表明发动机经过较长行驶里程活塞环发生了磨损，该发动机将具有窜气过多、功率不足、动力性较差和油耗过高等症状。

对于行驶里程相对较短的发动机，如果压缩压力和泄漏检测具有同样结果，可能是由于活塞

环粘着失去弹性导致。如果确实是这样的原因，应清理发动机燃烧室、更换机油或冲洗发动机。

如果气缸的压缩压力较低，但泄漏量很小，表明配气机构存在问题。出现这种情形，可能是气门不能在正确时刻开启，气门不能完全开启或者气门根本不能开启。对于采用推杆式配气机构的发动机，可以打开气门罩，在发动机运转时，通过观察气门运动来确认问题原因，如果有一个或多个气门不运动，可能是因为挺杆损坏或凸轮凸起磨损过度。如果所有气缸的压缩压力都较低而泄漏量较小，最可能的原因是配气正时不正确。

如果压缩性能和泄漏都是好的，但是某缸功率较小，其原因应在燃烧室以外。假设没有点火或燃油方面的问题，应检查配气机构零部件是否发生破裂、弯曲或磨损、挺杆损坏、进气歧管漏气、气门导管漏气过多。如果怀疑气门导管有漏气，往导管中喷入一些机油，如果气门导管泄漏，可以看到排气冒蓝烟。

（三）发动机诊断参数

发动机性能的好坏会引起相应参数的变化，为了更清楚的了解发动机的工作情况，有时需要检测发动机的一些参数。常见诊断参数如表 10-2 所示。

表 10-2　发动机诊断参数

诊断对象	诊断参数	诊断对象	诊断参数
发动机总成	功率/kW 曲轴角加速度/rad/s^2 单缸断火功率下降率/% 油耗/L/h 最高转速/r/min 废气成分和浓度/% 或 10^{-6}	曲柄连杆机构	曲轴箱窜气量/L/min 气缸与活塞间隙/mm 气缸压力/MPa 气缸漏气率/% 异响 轴承间隙/mm
配气机构	气门间隙/mm 配气相位/(°) 气门升程/mm	冷却系统	冷却液温度/℃ 风扇传动带张力/N/mm 散热器出入口水温差/℃
润滑系统	机油压力/MPa 机油温度/℃ 机油含金属量/% 或 10^{-6} 机油漏光度/%	点火系统	初级电路电压/V 次级电路电压/V 点火电压/V 点火提前角/(°) 断电器触点闭合角及重叠角/(°) 发电机电压、电流/V、A
起动系统	起动电压、电流/V、A 蓄电池带负荷时电压/V		

（四）发动机基本检查和调整

对发动机的性能要求是怠速运转平稳、加速性能好、输出功率高、燃油消耗率低等。为了达到这些性能要求，就要有高的压缩压力、合适的点火时刻及火花、适当的混合气三个要素。除此之外，排气净化装置的正常工作也是必要的。

一般来说对于发动机的故障，一种故障同时有两种以上原因的情况较多。这样，在对故障进行诊断时，故障的状况及发动机的四项性能要求的关系是非常重要的。为了确定故障原因，必须对相关点进行检查。

1. 检查冷却液

在清洗冷却系统时，如果发动机是热的状态，千万不要直接打开散热器盖，以防热水喷出烫伤。须待发动机冷却后，再用抹面裹着打开散热器盖，如果散热器内还有残余压力，打开时会听到排气的声音，在此应注意保护自己。

如果冷却液不足，应补充冷却液到溢出为止，尽量避免加生水(添加生水会产生水垢)。

如果冷却液变得污浊或充满水垢，应将冷却液全部放掉，并清洗冷却系统，如图10-4所示。

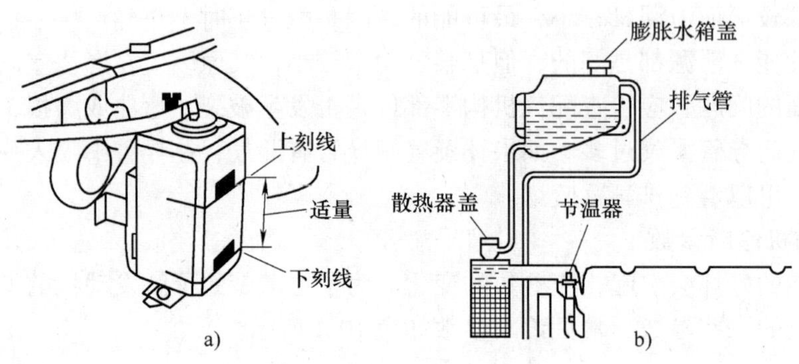

图 10-4　冷却液的检查

对于装有膨胀水箱的冷却系统，膨胀水箱的冷却液量应在规定刻线(H－L)之间，如图10-4a 所示。

没有膨胀水箱的冷却系统，可打开散热器盖进行检视，要求冷却液面不低于排气孔10mm。使用冷却液时，为防止冷却液因温度升高溢出，要求液面高度低于排气孔50～70mm。

检查冷却液量，应在冷车状态下进行，检查后应扣紧散热器盖。补充冷却液时，应尽量使用软水或同种冷却液。添加前要检查冷却系是否有渗漏现象。

2. 检查发动机机油

起动发动机之前或停机 30min 后，打开发动机盖，抽出机油尺，将机油尺用抹布擦净油迹后，插入机油尺导孔，抽出查看，油位在上下刻线之间，即为合适，如图 10-5a 所示。

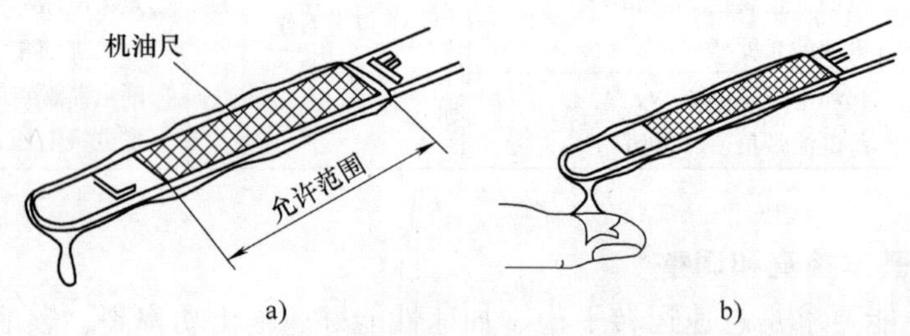

图 10-5　发动机机油的检查

检查机油尺上的机油，不应有变色(机油变黑除外)的现象，并注意检查机油的污染程度。当机油达到使用换油指标时，应及时更换机油，如图 10-5b 所示。

3. 发动机带

检查时，用手按压 V 形带中央，以 90～100N 的力按压带中间位置时，带下降应为 10～15mm，表示带紧度正常，如果不符合要求，超过 15mm 或低于 10mm，则为不正常，如图

10-6a所示。

检查V形带有无损伤、剥落。V形带在断裂之前，将会出现滑磨声，带表面会出现龟裂的裂纹、磨损和剥落等前兆现象。因此，应仔细观察，如出现这些现象，应及时更换，如图10-6b所示。

图10-6　发动机传动带的检查

4. 检查分电器触点间隙

无触点点火系统使用磁脉冲装置取代了传统的触点。在使用中没有维护工作，在检查分电器时，可对磁极间隙进行检查调整。磁极间隙为0.35～0.45mm，调整方法与调整触点间隙相同，如图10-7所示。

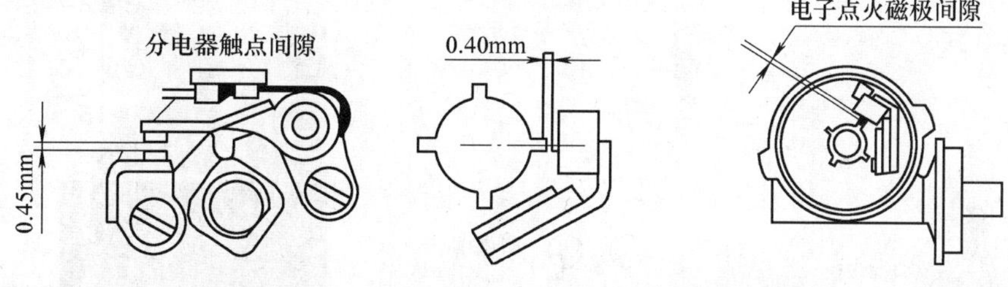

图10-7　发动机分电器触点间隙的检查

5. 检查火花塞

将火花塞放置在缸体上(使火花塞能与缸体导通)，用从点火线圈出来的中央高压线触到火花塞的接线柱上(不能有间隙)。打开点火开关使高压线跳火，让高压电通过火花塞。如果从火花塞间隙处跳火，说明火花塞是好的；如果不从间隙跳火，说明火花塞的内部磁体的绝缘已被击穿，必须更换这只火花塞。如图10-8a所示。

观察火花塞烧蚀情况，若火花塞电极的放电部分烧蚀成圆形，必须更换，如图10-8b所示。

检查火花塞的绝缘体，如有油污和积炭应清洗干净，瓷芯如有损坏、破裂，应予更换，清除积炭时，不要用火焰烧烤。如图10-8c所示。

用塞尺测量火花塞电极间隙，其标准值为0.7～0.9mm，如图10-8d所示。

6. 检查蓄电池电解液液面

如果蓄电池壳为半透明状，可在壳壁上观察，液面高度应在外壳的上下刻线之间，如图10-9a所示。

如果蓄电池壳不透明，可拧开蓄电池盖检查，液面应高出极板10～15mm。如果液面较

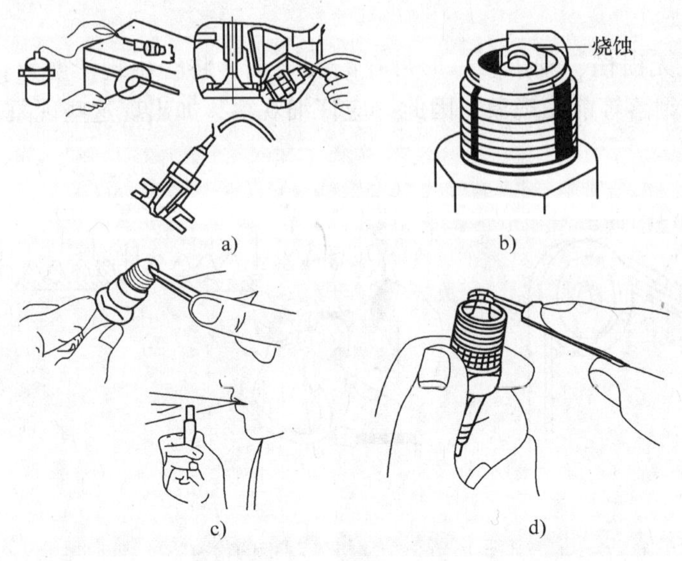

图 10-8 发动机火花塞的检查

低，应加注蒸馏水到规定高度处。在拧开蓄电池盖时应注意清洁。如图 10-9b 所示。

7. 检查调节点火正时

如图 10-10 所示。

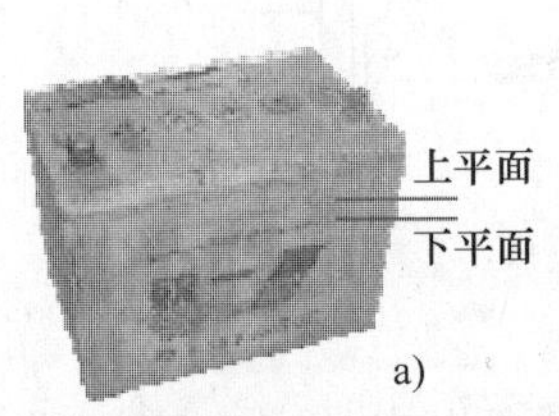

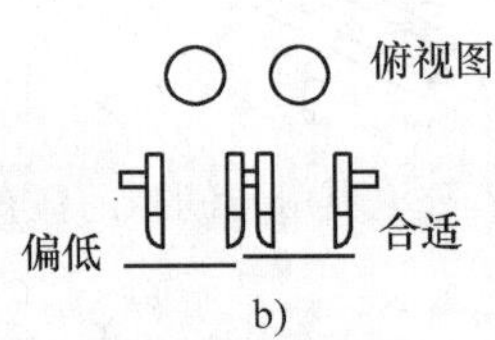

图 10-9 蓄电池电解液液面的检查

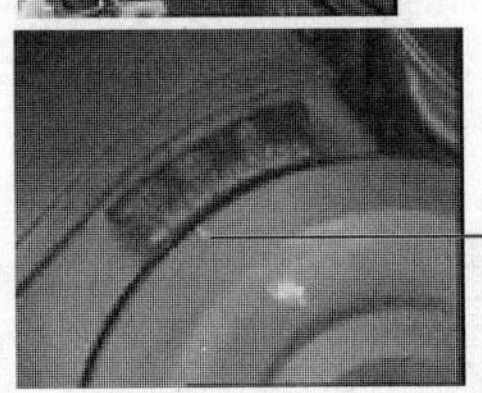

图 10-10 调节点火正时

1）转动曲轴使第一缸处于压缩行程上止点，这时飞轮和飞轮壳正时标记对齐。打开分电器盖，检查分火头是否指向一缸线头上，如果不是，则要调整。

2）检查点火触点，如触点刚好打开或接近完全打开，为正常；否则，要调整。拧松分电器夹，逆时针调整分火头提前点火，顺时针调整分火头推迟点火。

8. 检查气门间隙

气门间隙有冷车和热车值之分。应在该车的规定状态下，选出符合规格的塞尺插入气门杆与气门摇臂(或凸轮)之间，稍微拉动塞尺，如有轻微的阻力，表示间隙正确，如图10-11所示。

检查和调整气门间隙有二次调整法和逐缸调整法。

9. 检查空气滤清器

拆下空气滤清器的滤芯，检查滤芯有无被灰尘堵塞、破损等现象，若有应更换。如图 10-12 所示。

图 10-11　气门间隙的检查

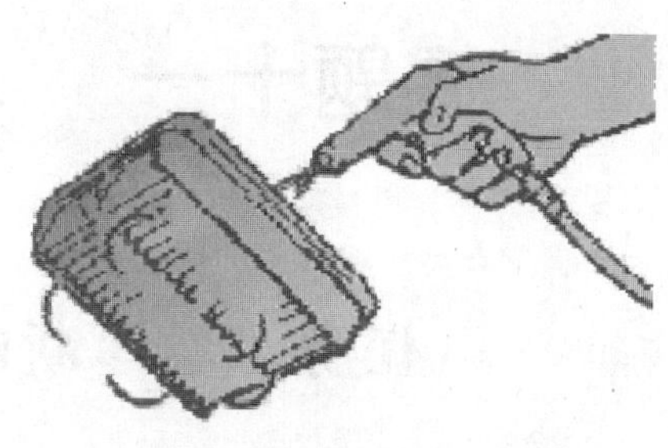

图 10-12　空气滤清器的检查

10. 检查发动机怠速

检查发动机怠速如图 10-13 所示。

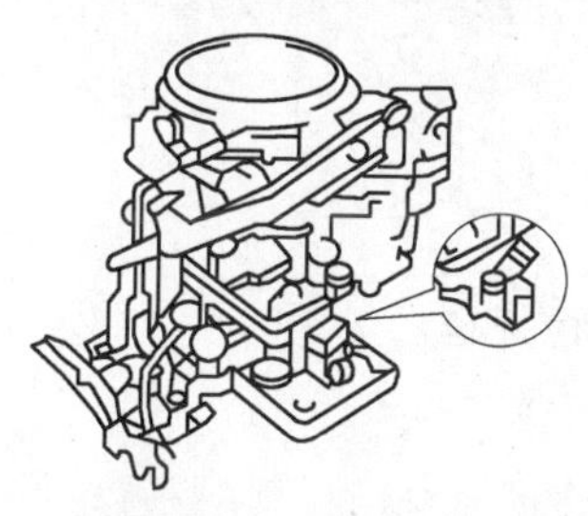

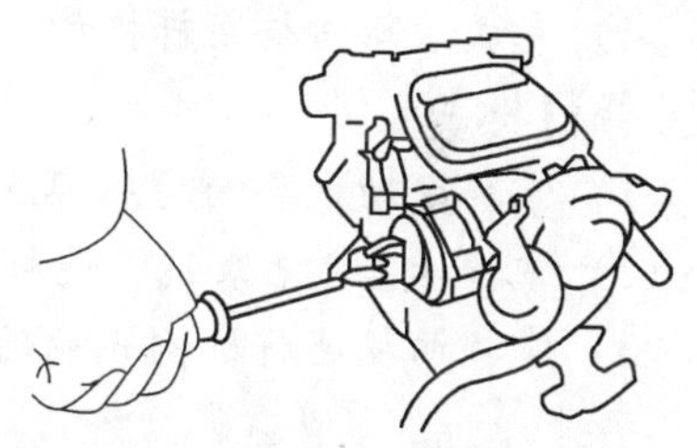

图 10-13　发动机怠速的检查

1）起动发动机，将阻风门全开。

2）再将节气门限位螺钉慢慢旋出，使节气门开度减小，发动机转速降至最低稳定转速。

3）调整怠速调整螺钉，使发动机转速尽可能提高一些。再将节气门限位螺钉慢慢旋出，使发动机转速重新降至规定的最低稳定转速（约 600 ~ 900r/min）。

4）如此反复调整，可将节气门的开度调到最小。当节气门迅速开启时转速能迅速升高，节气门迅速关闭时，发动机不致熄火为好。

11. 检查发动机仪表、报警装置

如图 10-14 所示。

图 10-14　发动机仪表、报警装置的检查

课题十一　发动机异响的诊断

任务一　诊断曲柄连杆机构异响故障

【任务内容】

1）诊断曲柄连杆机构异响故障。

2）学习发动机异响的原因及特征和诊断方法。

3）学习活塞、活塞销、连杆轴承和曲轴轴承产生异响的现象、特征和诊断方法。

4）完成诊断曲柄连杆机构异响故障工作页。

【任务目标】

1）掌握发动机异响的原因及特征和诊断方法。

2）掌握活塞、活塞销、连杆轴承和曲轴轴承产生异响的现象和特征。

3）掌握曲柄连杆机构异响的诊断方法。

一、实践

先由学员各自尽可能自行完成如下工作页。然后，在教师的指导下完成本任务。

诊断曲柄连杆机构异响故障工作页

1. 由指导老师设置好气门间隙过大/连杆轴承松旷/活塞环漏气故障，学生听诊：该故障振动区域是________（*A*—*A* 区域/*B*—*B* 区域/*C*—*C* 区域/*D*—*D* 区域），该故障产生的可能原因是___________（气门间隙过大/连杆轴承松旷/活塞环漏气等），转速越高，该异响越________（大/小/不变），温度越高，该异响越________（大/小/不变），发动机一个工作循环内，该异响响___________（1 次/2 次/不确定）。

2. 由指导老师设置活塞敲缸响，学生听诊：该故障异响规律是_________________，故障原因是_____________________，排除方法是_________________。

二、相关知识

（一）发动机异响的原因、特性和诊断程序

技术状况良好的发动机，在以不同的转速运转时，虽然发出声响的频率、波长、声级和衰减系数不同，但都有一定的规律和范围。如果发动机在运转过程中，伴随有其他声响，如

发出间歇或连续的金属敲击声、连续的金属干摩擦声等，即为发动机异响。

发动机出现异响故障后，若不及时排除，将会造成机件的加速磨损，甚至发生事故性的损坏。因此必须及时判断，采取必要的维修措施排除故障。

1. 发动机异响的原因

发动机各系统和机构中的某些故障，均可导致异响的出现。如发动机过热、气门间隙过大、曲轴或连杆轴承松旷、点火时间过早、机油严重不足、气缸垫烧穿等，均可引起不同声响。引起发动机异响的原因归纳如下。

1）爆燃或早燃。

2）机件磨损。

3）机件装配、调整不当，配合间隙过大或过小。

4）紧固件松脱。

5）机件损坏、断裂、变形和碰擦。

6）机件工作温度过高或由此而熔化卡滞。

7）润滑不良。

8）回转件平衡遭破坏。

9）使用材料、油料和配件的材质、型号、规格和品质不符要求。

2. 发动机异响的特性

发动机异响常与发动机的转速、温度、负荷、缸位和工作循环等有关。

（1）异响与发动机转速的关系　大多数异响的出现，取决于发动机的转速状态。通常有三种类型，如表11-1所示。

表11-1　与发动机转速有关的异响

异响与发动机转速的关系	发响原因
异响在发动机急加速时出现，维持高速运转声响仍存在	1）连杆轴承松旷，轴瓦烧熔，尺寸不符而松动 2）曲轴轴承松旷，轴瓦烧熔 3）活塞销折断
维持某转速时，声响紊乱，急加速时，相继发出短暂声响	1）凸轮轴正时齿轮破裂，其固定螺母松动 2）活塞销衬套松旷 3）凸轮轴轴向间隙过大或其衬套松旷
异响仅在怠速或低速时存在	1）活塞与气缸壁间隙过大 2）活塞销装配过紧或连杆轴承装配过紧 3）挺柱与其导孔间隙过大 4）凸轮磨损 5）起动爪松动影响带轮响（在转速改变时明显）

（2）异响与负荷的关系　发动机不少异响与负荷有明显的关系。诊断时可采取逐缸解除负荷的方法进行试验。通常采用单缸或双缸断火法解除一或两缸位的负荷，以鉴别异响与负荷的关系，如表11-2所示。

表 11-2 与发动机负荷有关的异响

异响与缸位的关系	发响原因
某缸断火，异响消失或减轻	1）活塞敲缸 2）连杆轴承松旷 3）活塞环漏气 4）活塞销折断
某缸断火，声响加重或原来无响，反而出现声响	1）活塞销铜套松旷 2）活塞裙部锥度过大 3）活塞销窜出 4）连杆轴承盖固定螺栓松动过甚或轴瓦合金烧熔脱净 5）飞轮固定螺栓松动过甚
相邻两缸断火异响减轻或消失	曲轴轴承松旷

（3）异响与温度的关系　发动机的某些异响，与发动机的温度有关，如表 11-3 所示。

表 11-3 与发动机温度有关的异响

异响与温度的关系	发响原因
低温发响，温度升高后声响减轻甚至消失	1）活塞与缸壁间隙过大 2）活塞因主轴承机油槽深度、宽度失准或机油压力低而润滑不良
温度升高后有声响，温度降低后声响减轻或消失	1）过热引起的早燃 2）活塞反椭圆形 3）活塞椭圆度过小 4）活塞与缸壁间隙过小 5）活塞变形 6）活塞环各间隙过小

（4）异响与发动机工作循环的关系　发动机的异响，与发动机的工作循环也有较明显的关系，尤其是曲柄连杆机构和配气机构的异响都与工作循环有关，如表 11-4 所示。

表 11-4 与发动机工作循环有关的异响

发响次数与曲轴转角的关系	发响原因	发响次数与曲轴转角的关系	发响原因
曲轴每转一圈发响一次（火花塞跳火一次发响两次）	1）活塞敲击缸壁 2）活塞销敲击声 3）活塞顶碰气缸凸肩 4）连杆轴承松旷过甚 5）活塞环漏气	曲轴每转两圈发响一次（火花塞跳火一次发响一次）	1）气门间隙过大 2）推杆与挺柱孔间隙过大 3）凸轮线形磨损 4）气门杆与其导管间隙过大 5）气门弹簧折断 6）凸轮轴正时齿轮径向破裂 7）气门座圈松脱 8）气门卡滞不能关闭

（5）异响与其他故障现象的关系　发动机异响除了与发动机转速、负荷、温度和工作循环有关外，往往还与其他呈现出来的故障现象有着内在的关系。这些伴同出现的故障现象可作为故障诊断的重要依据，如表 11-5 所示。

表 11-5　常伴同出现其他故障现象的异响

异 响 原 因	伴同故障现象
曲轴轴承径向间隙过大或轴瓦合金烧毁脱落	机油压力下降，机体振抖
连杆轴承松旷过甚	机油压力下降
进排气门卡滞不能关闭	个别缸不工作，功率下降，机体抖动。若排气门卡滞，排气管会出现“喘气”声
活塞与缸壁间隙过大，活塞环对口或抱死	机油加注口脉动冒烟，排气管冒浓蓝烟，机油消耗多，机油品质恶化，燃油消耗多而功率下降
排气门弹簧折断	个别缸不工作，发动机振抖，怠速不稳，不易加速
点火正时不准	燃油消耗多，化油器回火，爆燃，排气管放炮，功率下降

3. 异响的区域

发动机常见异响所引起的振动，可分为 4 个区域，如图 11-1 所示。

（1）*A—A* 区域　该区域为缸盖部位。可用旋具或金属棒触听气缸盖各燃烧室部位，能辅助诊断活塞顶碰缸盖、气缸上部凸肩、气门座圈脱出等故障。

（2）*B—B* 区域　该区域为挺杆室及其对面部位。在挺杆室一侧，可听察气门组合件及挺杆等发响；在其对面，能辅助诊断活塞敲缸一类故障。

（3）*C—C* 区域　该区域为凸轮轴部位。可用旋具或金属棒触听凸轮轴的前、后衬套部位或正时齿轮室盖部位，可辅助诊断凸轮轴正时齿轮破裂或其固定螺母松动、凸轮轴衬套松旷等故障。

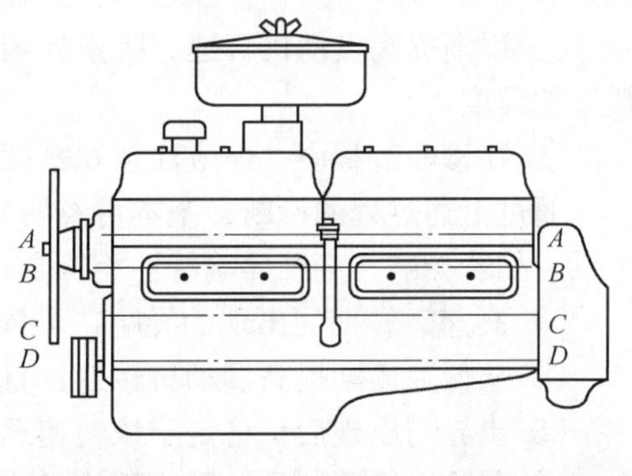

图 11-1　异响振动区域

（4）*D—D* 区域　该区域为曲轴部位。用旋具或金属棒触听气缸体与油底壳结合面的附近，可辅助诊断曲轴轴承发响或曲轴裂纹等故障。

4. 异响的诊断程序

（1）异响的确定　所谓异响的确定，是指从声响中找出异响。

在众多混杂的发动机运转声响中，应确定哪些是正常的声响，哪些是异响。异响中哪些是允许存在的，哪些则是不允许继续存在，必须予以排除的，这是异响诊断过程中首先应明确的。

1）异响的确定原则。

① 若声响在低速运转时显得轻微、单纯，在高速运转时虽显得轰鸣但却平稳均匀，在加速和减速时声响显得过渡圆滑，则为正常声响。

② 若声响中伴随着沉闷的“镗、镗”声，清脆的“铛、铛”声，短促的“嗒、嗒”

声，细微的“唰、唰”声，尖锐的“喋、喋”声和强烈的“嘎、嘎”声等声响，即表明发动机存在不正常的异响。

2）至于异响是否允许存在，可依据以下情况决断。

① 声响仅在怠速运转时存在，转速提高后即自行消失，在整个使用过程中声响又无明显变化的，则属于危害不大的异响，允许暂时存在，待适当时机再行修理。

② 声响在突然加速或突然减速时出现，而且在中、高速运转期并不消失，同时又引起机体振抖，则属于不允许继续存在的异响，应立即查明原因，予以排除。

③ 如果声响是在运转中突然出现的，且又较猛烈，则不应继续运转或试听诊断，而应立即停机拆检。一般拆检顺序是先拆油底壳，次拆缸盖，再拆气门室盖。

（2）异响的确诊　所谓异响的确诊是指对异响进行特性分析，进而认定异响的部位、原因和程度。

就异响出现的时期和连续存在的时间而言，异响一般都分别存在于怠速或低速运转期间、高速运转期间和整个运行期间等几种时期。

1）怠速或低速运转期间出现的异响，可依以下顺序诊断。

① 用单缸断火法检查异响与缸位是否有关联。若某缸断火后异响有明显的变化，说明故障即在该缸；若某缸断火后异响并无明显的变化，说明异响与该缸并无关系。继而逐缸检查异响与工作循环是否有关联，判定出故障所在部位。

② 逐渐提高发动机转速，听察异响有无变化，根据异响随转速的变化，判断运动机件耗损的程度。

③ 在诊断过程中，还应注意观察发动机温度的变化对异响的影响。

通过上述过程的诊断，基本可查明异响与发动机的负荷、工作循环、转速和温度之间的关系。如若异响与某种异响特性相符合，则可作出确诊结论。

2）高速运转期间出现的异响，可依以下顺序诊断。

① 从低速逐渐提高发动机转速，直至高速运转。在此过程中，注意异响出现的时机。

② 当异响出现后，稳定于该转速运转，仔细听察异响，利用单缸断火法查明缸位。

③ 若难以查明缸位，则应用旋具或金属棒听察法找到异响分布的区域。

④ 若在从低速逐渐提高转速的过程中，并不出现异响，而在急加速或急减速时出现异响，则可用单缸断火法，配以速度的急剧变化，判明异响所在缸位。

⑤ 在诊断过程中，同时还应注意机油压力、机油加注口、排气管等处的现象变化，综合分析，从而得出确诊结论。

运行期间出现的发动机异响，一般都能在停车后使发动机处于同速度运转中得到重现，从而推断出异响故障的确诊结论。但有时也有例外，运行中的异响，停车后使发动机同速度运转，却不再出现这种异响。遇到这种情况则应调节节气门开度或急剧改变转速，一般都能使异响再现。然后再确诊其缸位和原因，得出确诊的结论。

有时运行中出现的异响，不一定是发动机产生的，也可能是其他机构产生的异响，为此应踩下离合器踏板或脱开变速器档位，再做急加速试验。若异响消失，表明异响不在发动机而在底盘或车身部位。

（二）曲柄连杆机构异响

曲柄连杆机构常见的异响有曲轴轴承响、连杆轴承响、活塞敲缸响、活塞销响和活塞环

响等。此类异响都严重地影响发动机的正常工作，加剧发动机的损坏，缩短使用寿命，必须认真诊断排除。

1. 曲轴轴承响

诊断曲轴轴承响，可在发动机 *D—D* 区域辅助听诊。如图 11-1 所示。

（1）故障现象

1）发动机稳定运转时，一般没有声响。当发动机转速突然变化时，发出沉闷连续的“镗、镗”敲击声，同时伴有发动机振动的现象。

2）发动机负荷变化时，声响明显。

3）发动机转速越高，声响越大。

4）单缸断火时，声响无变化，而相邻两缸断火时，声响明显减弱。

（2）故障原因

1）曲轴轴承与轴颈间隙过大。

2）曲轴轴向间隙过大。

3）曲轴轴承盖螺栓松动。

4）曲轴轴承与轴颈润滑不良，使轴承合金烧蚀脱落。

5）曲轴弯曲。

（3）故障诊断与排除

1）若在低、中速状态下抖动节气门，发动机发出明显而沉闷的连续敲击声，同时伴有发动机振抖现象，则可诊断为曲轴轴承响。

2）如果进行单缸断火试验，声响变化不大，而相邻两缸断火时，声响明显减弱或消失，则可诊断为两缸之间的曲轴轴承发响。

3）高速运转发动机，若机体振动较大，同时伴有机油压力显著下降，可诊断为曲轴轴承与轴颈间隙过大或轴承合金烧蚀脱落。

4）发动机转速不高，机体却振动较大，甚至有摆动摇晃现象，同时发出沉重、粗闷而较大的“嘣、嘣”敲击声，可诊断为曲轴断裂。

5）声响随温度升高而增大，高速时声响变得杂乱，可能是曲轴弯曲。

（4）故障案例

1）案例 1：一辆奥拓微型汽车在行驶中，在发动机下部发出一种有节奏的连续异响，声响沉重，听起来是“镗、镗”的金属撞击声，严重时机身抖动。

故障分析与排除。试车发现，此故障异响的发响部位在发动机的下部，在发动机急加速或急减速时，异响明显，并且不随发动机的温度变化而变化，似乎是曲轴轴承处有异响。一般情况下，后边的轴承发响声音发闷钝重，而前边的轴承声响则偏向于轻、脆。

如果是由于轴向止推垫片磨损过甚，造成轴向间隙过大而使曲轴在轴向窜动所发出的异响，是一种无节奏异响。

对于其他原因所造成的主轴承异响，在发动机冷起动后温度较低时，异响尤为显著。在异响发生时，故障缸的缸盖部位有与异响相吻合的振动感。如果对发动机进行单缸断火，则异响无明显变化，而把相邻两缸同时断火时，则可能出现异响消失或减弱，则表明此两缸之间的主轴承发出异响。

拆下曲轴，发现轴向止推垫片磨损过甚，更换一新件后，复装试车，故障排除。

2）案例2：一辆正常行驶的天津夏利7131型轿车，发动机怠速运转时一切正常，但在怠速稍高时，发动机有异响传出，类似于轴承干摩擦，且随发动机转速的升高而增大；中速时异响声达到最大，高速时，异响声减弱，听起来不明显，发动机仍正常工作。

① 故障检查与排除。首先观察机油压力表，机油压力正常。根据曲轴轴承和连杆轴承异响的特点，该异响不大可能是大、小瓦响，经过断火抖节气门用导声杆判听，基本上肯定了上述判断：仔细查听，该异响似乎来自发动机前端的配气正时传动机构，判断有可能是正时齿轮带张紧轮的滚子轴承缺油干摩擦而发响。于是先拆下电动机带，发动后异响未消除；接着拆下水泵风扇、拆下正时室盖、松开张紧轮、取下正时带，尽可能以较快的转速转动张紧轮，发现张紧轮轴承无干摩擦现象；检查配气机构传动系统也未出现异常，再次按要求装复试验，异响依然存在。

后来驾驶员提醒说最近更换了新的离合器片，会不会是离合器片安装不当引起的呢？将车吊起，观察油底壳，一眼便发现集滤器与油底壳振动相碰的痕迹，将油底壳整形装复后，异响消除。于是分析可能是在更换离合器片的过程中，用千斤顶顶起汽车时不慎使油底壳变形而产生异响。

② 故障分析。由于机油集滤器距离油底壳较近，当油底壳变形后易与集滤器相碰，致使发动机工作时产生异响。由于此车油底壳与集滤器之间还存有一定的距离，发动机怠速运转时集滤器振动幅度不大，发出很轻的异响；到达中速时，油底壳与集滤器间产生共振，异响最大；而到高速时，振动频率加快，发动机工作声响增大，所以此时异响听起来不明显。

2. 连杆轴承响

（1）故障现象

1）发动机怠速运转时无明显声响，而高速时有“咯、咯”敲击声，急加速时声响尤为明显。

2）进行断火试验，声响明显减弱或消失。

3）当发动机负荷增加时，声响随之增大。

4）连杆轴承声响较曲轴轴承声响轻缓而短促。

5）当发动机温度变化时，声响并无变化。

（2）故障原因

1）连杆轴承与轴颈磨损过量，径向间隙过大。

2）连杆轴承盖紧固螺栓松动。

3）连杆轴承合金烧蚀、脱落。

4）连杆轴颈失圆。

5）连杆轴承润滑不良。

（3）故障诊断与排除

1）发动机转速由怠速向中速过渡，声响越加清晰。随着转速的增高，敲击声更为突出，可诊断为连杆轴承响。

2）对某缸进行断火试验，声响减弱或消失，说明该缸连杆轴承响。

3）发动机不论转速和温度的高低，都发出严重而无节奏的“铛、铛”声响，且伴有振动，进行断火试验声响不改变，可诊断为连杆轴承合金烧蚀。

（4）故障案例

案例：一奥迪 1.8T 发动机有“铛、铛”敲击声，异响发生在发动后部，及加速时声响变大。行驶里程 11.3 万 km。

故障分析与排除。听诊发现异响来自发动机后部，缸体中部声音最大，发动机以稍高转速运转或急踩加速踏板时异响更大，三缸断火后异响减轻，但不能完全消失，说明异响在三缸内部。

拆下三缸火花塞，用内窥镜检查，看不到有拉缸迹象。向三缸内倒入少许机油，再起动发动机，异响无变化，不消失，由此确定是三缸连杆严重烧瓦。

解体发动机，故障确如以上所述，更换三缸连杆轴承，故障排除。

（三）活塞敲缸响

活塞敲缸是指工作行程开始的瞬间或当活塞上行时，活塞在气缸内摆动或窜动，其头部或裙部与缸壁、缸盖相碰撞。活塞敲缸时的声响，称为活塞敲缸响。

诊断活塞敲缸响时，可在发动机 *B*—*B* 区域辅助听诊，如图 11-1 所示。

1. 冷态敲缸

（1）故障现象

1）低温时有敲击声，温度正常后声响减弱或消失。

2）怠速时发出有节奏的“嗒、嗒”敲击声，转速提高后声响消失。

3）火花塞每跳火一次，发响两次。

4）某单缸断火试验，声响减弱或消失。

（2）故障原因

1）活塞与缸壁的间隙超过极限值。

2）缸壁润滑不良。

3）机油压力过低。

（3）故障诊断与排除

1）冷车运转时将发动机转速控制在声响明显处，察看机油加注口是否冒烟，排气管是否冒蓝烟，并用旋具抵触机油加注口处一侧的缸壁，将耳朵贴在旋具的木柄上，倾听是否有振动的敲击声。若有以上状况，则为活塞敲缸响。

2）进行逐缸断火试验。若某缸断火后声响减弱或消失，复火时声响明显增大 1 ~ 2 声后，又恢复原来声响，当发动机温度升高后声响减弱或消失，可诊断为活塞裙部与缸壁敲击。

3）将有敲击声响气缸的火花塞拆下，注入少量机油，装上火花塞，摇转曲轴数圈后，起动发动机再进行试验。若声响消失或明显减弱，但不久又复出，可确诊为该缸活塞敲缸。

4）发动机仅冷车时敲缸，热车后声响消失，发动机可继续使用，等待机会再修。

2. 热态敲缸(拉缸)

（1）故障现象

1）怠速时发出“嗒、嗒”声，高速时发出“嘎、嘎”的连续金属敲击声，且机体伴有抖动现象。

2）温度升高，声响加大。

3）火花塞每跳火一次，发响两次。

4）某单缸断火试验，声响加大。

（2）故障原因

1）活塞与缸壁的间隙过小。

2）活塞与活塞销装配过紧而致活塞变形。

3）连杆轴颈与曲轴轴颈不平行。

4）连杆弯曲、扭曲或连杆衬套轴向偏斜。

5）活塞环背隙、端隙过小。

（3）故障诊断与排除

1）发动机低温时不响，而温度升高后在怠速时出现“嗒、嗒”声，并伴有机体振动现象，且温度越高，声响越大，可诊断为活塞变形或活塞环过紧，导致活塞与缸壁配合间隙过小而润滑不良。

2）发动机低温时不响，温度升高后在中、高速时发出急剧而有节奏的“嘎、嘎”声，进行断火试验时，声响变化不大，可诊断为连杆变形或连杆装配位置不准。

3）进行某缸断火试验，声响反而加大，可诊断为该缸敲缸。

4）发动机在热起动后敲缸，且单缸断火后声响加大，遇此情况应停机检修，以免拉缸或使故障恶化。

（4）故障案例

案例：夏利 TJ7136U—夏利 2000 世纪广场轿车中修后发动机有噪声，动力不足，提速和爬坡均困难的检修。

1）故障现象。发动机进行中修后，车主反映发动机有杂音，动力不足，提速和爬坡均困难，原修理厂说磨合一段时间后噪声会消除，但发动机的噪声却越来越大，因此要求返修。

2）故障诊断与排除。发动机中修后产生噪声和行驶无力的故障，大都为装配不当造成的。

通过断火诊断，四个缸都在做功，且高压火都正常，基本可排除电路方面故障。发动机怠速时极不稳定，似有熄火，噪声发生在中低速阶段，呈杂乱无序状态，不像活塞销、连杆或曲轴轴瓦响声那样有节奏感，响声特征极像拉缸声响，于是决定用内窥镜观察缸壁状况。

拆除火花塞，将内窥镜头伸入火花塞孔内观察，果然观察到缸壁拉痕。抽出一缸活塞后发现，相对于活塞销 90°方向的裙部有拉伤纵向痕迹，缸壁相对应方向也有纵向拉痕，对其他缸壁进行检查都有拉缸现象。

如果缸壁和活塞拉痕不严重，用零号砂布（沾油）打磨活塞裙部和缸壁拉痕处即可，也可重新研磨缸壁消除拉痕（活塞用砂布打磨），然后重新装配。如果拉痕呈沟槽状（有手感），则要对气缸进行加大一级镗磨，并换用相应加大级活塞及活塞环，从而彻底消除拉缸故障，否则发动机一直带病运行，使用寿命将变短。按上述方法对本车进行相应处理，试车，故障排除。

3）维修小结。这是一起车主和修理人员均有责任的机件修理事故。车主在原车修理时，要求不镗磨气缸，只换活塞环。修理人员检查此缸体后，发现圆柱度已近 0.05mm，圆度已近 0.03mm，按规定应进行加大一级的镗磨修理，但按照车主要求只换装了一组加大一级的活塞环，仅凭经验对活塞环的开口进行锉口处理便装配试车了。修理人员忽视了这样一个情况，圆度和圆柱度指的是最大磨损部位，配装加大环以后，虽进行锉口处理，但不标

准，势必在缸壁磨损较小部位发生卡滞，严重时甚至造成活塞环折断。轿车发动机均是高压缩比、高速运转的发动机，此类在老旧货车上的修理经验千万不要在轿车上尝试。

4）拉缸的简易判断法有两个。

① 怠速易熄火。

② 冷车时转动曲轴困难，甚至转不动(不起动)。

3. 冷热态均敲缸

（1）故障现象

1）发动机低速时有“嗒、嗒”敲击声，转速提高后声响消失，或低速时发出有节奏的且强弱分明的“杠、杠”声响，有时会短暂消失，但很快又复出，转速提高后声响消失。

2）进行某缸断火试验，声响减弱或者反而加大，并由节奏声响变为连续声响。

3）火花塞每跳火一次，发响两次。

（2）故障原因

1）活塞销与连杆小头装配过紧。

2）连杆轴承装配过紧。

3）活塞裙部圆柱度误差过大。

（3）故障诊断与排除

1）逐缸进行断火试验，若某缸声响减小但不消失，可诊断为该缸连杆与曲轴或活塞销装配过紧。

2）断火试验时该缸声响加重，且由间断声响变为连续声响，可诊断为活塞磨损变形。

3）低速时有“嗒、嗒”敲击声，当转速提高后声响消失，可诊断为活塞裙部圆柱度误差过大。

4）发动机在冷热态均敲缸，一般是活塞连杆组技术状况恶化所致，应及时恢复技术性能。

（4）故障案例

案例：SX2150 型柴油车发动机异响故障

1）故障现象。一辆 SX2150 型柴油车，发动机起动后出现类似活塞敲缸声，且怠速时较明显，急加速则有好转。

2）故障检查。由于该车的熄火装置采用强制制动排气熄火法，所以此故障有可能是制动阀门发卡或熄火按钮短路所致，但经检查制动阀门和熄火按钮一切正常，逐缸断油也无好转。进而把发动机配气机构、缸盖拆下，也未发现异常。重新装车试验，故障如初。经仔细辨听，异响的部位似在飞轮一侧。于是将发动机熄火，用起子撬转飞轮，似有间隙，遂将变速器、离合器压盘拆下，发现飞轮固定螺钉松动。

3）故障排除。将该螺钉按规定力矩拧紧后，故障排除。

4）故障分析。由于飞轮固定螺钉松动。飞轮转动时就与飞轮壳发生刮碰而产生响声。由于飞轮与曲轴处在同一中心线上，故响声会传向发动机。经分析认为，此故障是由于上次装飞轮时未将固定螺钉按规定力矩拧紧，这样，经过一段时间的工作后，该螺钉便在旋转、振动作用下逐步松动而出现响声。

（四）活塞销响

1. 故障现象

1）发动机怠速时发出有节奏而又清脆的“嗒、嗒”声响，突然加大节气门时，声响也随之加大。高速时，声响混浊不清。

2）进行断火试验时，声响减弱或消失。

3）火花塞每跳火一次，发响两次。

2. 故障原因

1）活塞销与连杆衬套磨损过甚而松旷。

2）活塞销与活塞销座孔松旷。

3）机油压力过低，润滑不良。

4）活塞销严重烧蚀。

5）活塞销折断。

6）活塞销锁环脱落致使活塞销窜动。

3. 故障诊断与排除

1）使发动机处于怠速位置，抖动节气门到中速位置，如声响能灵活地随之变化，并且每抖动一次节气门，都能听到明显、清晰、尖脆而连续的“嗒、嗒”声响，可诊断为活塞销响。

2）将发动机转速控制在声响最明显处，然后逐缸进行断火试验。若断火后，声响减弱或消失，复火时发出“嗒”的敲击声，且气缸上、中部比下部声响大，可诊断为活塞销响。

3）若声响较严重，且发动机转速越高，声响越大，而在声响最大的转速下进行断火试验，声响变得更加杂乱，可诊断为活塞销与衬套配合松旷。

4）当发动机怠速运转时，出现有节奏而较沉重的“吭、吭”碰击声；转速提高后，声响不消失，同时伴随机体抖动现象；断火试验时，声响反而增大，可诊断为该缸的活塞销自由窜动。

5）发动机急加速时，声响剧烈而尖锐，进行断火试验时，声响减弱或消失，可诊断为该缸的活塞销折断。

4. 故障案例

案例：夏利TJ7131u发动机工作时有金属敲击声，怠速和低速行驶时声音最为明显的检修。

（1）故障现象　该车发动机工作时，有一种清脆而尖锐的金属敲击声，怠速和低速行驶时声音最为明显。

（2）故障诊断与排除　根据上述现象，确认为发动机活塞销响。

1）活塞销的响声有如下几个特点。

① 是一种清脆而尖锐的金属敲击声，且为上下连响。

② 在怠速和低速时声音更为明显，随发动机转速提高声响节奏变快，高速时响声变得密集。

③ 发动机温度升高时，声响并不减弱，甚至会更加明显。

④ 用旋具断火时，声响明显。

2）活塞销响声产生的原因。

① 活塞销与销孔配合松旷，间隙超过规定值（标准值为0.005~0.001mm）。

② 活塞销与连杆衬套磨损间隙过大。

③ 两端卡环折断或弹力减弱，致使活塞销窜动。

3）活塞销响的判断方法。用旋具逐缸断火。当某缸断火后响声加剧，即说明该缸活塞销响。通过试车诊断，确认为二缸活塞销响。进一步检查，发现活塞销与连杆间隙过大。更换活塞销后试车，故障排除。

（五）活塞环响

1. 故障现象

1）活塞环敲击声响是钝哑的“啪、啪”声，发动机转速提高，声响随着增大，并且变成较嘈杂的声音。

2）活塞环漏气响，类似敲缸响，在机油加注口处倾听和观察较为明显，单缸断火时，声响较小，但不消失。

2. 故障原因

1）活塞环折断。

2）活塞环和环槽磨损，造成背隙和端隙过大，密封性降低。

3）缸壁磨损后，顶部出现凸肩，重新调整连杆轴承后，使活塞环与缸壁凸肩相碰。

4）活塞环端口间隙过大或各环的端口重合对口。

5）活塞环弹性过弱或缸壁有沟槽。

6）活塞环粘在活塞环槽上。

3. 故障诊断与排除

1）作单缸断火试验，声响减小，但不消失，把旋具放在火花塞上细听，发出“啪、啪”声响，可诊断为活塞环折断。

2）出现“噗、噗”的声响，断火后没有变化，用旋具抵触缸盖有明显的振动，可诊断为活塞环碰击气缸凸肩。

3）发动机冷车起动时，发出“嘣、嘣”的声响，在机油加注口处可见脉动地冒蓝烟，频率与声频吻合。进行断火试验时，声响消失，但仍有漏气声，机油加注口处冒烟减轻，甚至消失，可诊断为活塞环漏气响。

4）发动机温度升高，仍有明显的窜气响，进行断火试验，窜气虽有减弱，但机油加注口处仍有明显漏气现象，可诊断为活塞环与缸壁密封不严。

5）进一步确诊，可在缸内注入少量机油，起动后较短时间内若声响减弱或消失，可确诊为活塞环与缸壁密封不良。若注油后，仍冒烟或更甚，可诊断为活塞环对口或活塞环弹力不足或活塞环卡死。

4. 故障案例

案例：羚羊世纪星 SC7101CDC 型轿车气缸压力过低，功率明显下降的检修。

(1) 故障现象　近来该车发动机气缸压力偏低，发动机功率明显下降，油耗上升，而且易窜机油。

(2) 故障诊断与排除　在发动机气缸和燃烧室中进行的各个工作过程是否正常，在很大程度上决定于气缸和燃烧室的密封性，如果密封不良而漏气，必然使压缩压力降低，导致发动机功率下降，油耗上升，而且易窜机油。

羚羊世纪星 SC7101CDC 型轿车采用日本铃木公司的 G108B-1CAV 型发动机，气缸压力标准值为 1323kPa (300r/min)，最低允许值为 1176kPa (300r/min)，气缸间差值应小于 98kPa。

导致发动机气缸压力过低的原因有：

1）由于活塞、活塞环及气缸的磨损而使配合间隙增大。

2）活塞环因疲劳而失去弹性或折断，粘死在环槽中，不起密封作用。

3）气门间隙过小使气门关闭不严或因气门与气门座工作面烧蚀而不密封，造成漏气。

4）气缸垫被冲损而漏气。

5）活塞不密封。

通过对该车的系统检查发现，造成该车发动机气缸压力过低的主要原因是活塞环因疲劳而失去弹性，且第一道气环被折磨，粘死在环槽中，不起密封作用。

更换活塞环，试车，故障排除。

任务二　诊断配气机构异响故障

【任务内容】

1）诊断配气机构异响故障。

2）学习气门、凸轮轴、正时齿轮和点火产生异响的现象、特征和诊断方法。

3）完成诊断配气机构异响故障工作页。

【任务目标】

1）掌握气门、凸轮轴、正时齿轮和点火产生异响的现象和特征。

2）掌握配气机构异响和其他异响的诊断方法。

一、实践

先由学员各自尽可能自行完成如下工作页。然后，在教师的指导下完成本任务。

诊断配气机构异响故障工作页

1. 由指导老师设置配气机构异响，学生听诊：该故障异响规律是____________，故障原因是____________，排除方法是____________。

2. 由指导老师设置另一配气机构异响，学生听诊：该故障异响规律是____________，故障原因是____________，排除方法是____________。

二、相关知识

配气机构常见异响有气门响、气门座圈响、凸轮轴响、正时齿轮响等。异响的产生，表明各机件耗损或调整不当，影响发动机的性能，应及时调整或更换新件。

（一）气门响

1. 故障现象

1）发动机怠速时，在气门室处发出有节奏的“嗒、嗒”声响。

2）发动机转速增高，声响也随之增大，中速以上时，声响模糊嘈杂。

3）发动机温度变化或进行断火试验，声响不变。

2. 故障原因

1）气门杆端和摇臂之间磨损或调整不当，气门间隙过大产生碰击。

2）气门间隙调整螺钉磨损偏斜。

3）气门弹簧座脱落。

4）气门杆与气门导管间隙过大。

5）凸轮磨损过量，运转中挺柱产生跳动。

3. 故障诊断与排除

1）在气门室罩倾听和观察，声响频率随发动机转速高低而增减。当发动机温度变化或进行断火试验时，声响不随之变化，可诊断为气门响。

2）拆下气门室罩逐个检查气门间隙，一般是间隙过大的气门发响。

3）调整气门间隙至规定值后仍发出咆哮般的声音，可诊断为气门杆与气门导管磨损过量或气门弹簧座脱落。

4. 故障案例

案例：奥迪 100 1. 8L 轿车大修后发动机有严重的气门响声。

（1）故障现象　大修后发动机有严重的气门响声。

（2）故障诊断与排除

1）造成气门响的主要原因。

① 机油压力低。

② 气门液压挺柱自身损坏。

③ 液压挺柱轴承孔扩大。

在气缸盖端低压报警开关处接上机油压力测试仪，测量机油压力。起动发动机，冷车时测得最低机油压力为 460kPa，等发动机冷却液温度上升后，散热器风扇正常运转时，测得其最低压力为 240kPa，正常。

据车主反映此车在大修时没有更换液压挺柱。在大修之前，气门并不响。怀疑是由于脏东西将液压挺柱进油口堵住，润滑油不能进入到液压挺柱腔内，使其有间隙，造成有气门响声。

将液压挺柱拆下来，清洗干净，装复后重新试车，仍然有气门响。更换液压挺柱，气门还是有响声。最后怀疑液压挺柱座孔圆度误差超出公差范围，但据车主反映此缸盖是新更换的。最后还是决定将气缸盖分解作进一步检查。将气门压下来后发现气门杆有划伤的痕迹，进气门导管也被划伤。

2）更换气门和气门导管，故障排除。此故障原因是由于气门导管加工精度达不到要求，在发动机正常运转后将气门杆划伤。

（二）气门座圈响

1. 故障现象

1）发动机冷车初起动时，声响易出现。

2）声响与转速没有必然的关系，在运转期间偶尔发出清脆的气门声响，且很快就消失。严重时，此声响将频繁出现。

3）声响出现时，伴随出现个别缸不工作。声响消失，气缸工作恢复正常。

4）火花塞每跳火1次，发响1次。

2. 故障原因

1）选用座圈材料的热膨胀系数过小。

2）气门座圈与缸体镶配过盈量过小。

3. 故障诊断与排除

1）当声响出现时，伴有个别缸不工作；声响消失，发动机恢复正常，则可诊断为不工作缸的气门座圈松脱。

2）利用气缸压力表逐缸测量气缸压力，压力低的缸为异响缸。

4. 故障案例

案例：奇瑞轿车排气管“放炮”的检修。

(1) 故障现象　该车低、中速行驶时，排气管有规律地“放炮”。

(2) 故障诊断与排除　排气管“放炮”是指在发动机工作过程中，未燃烧的混合气从缸内排出，在排气管内燃烧产生的爆炸性的声音。

1）排气管“放炮”的主要原因。

① 电路故障：点火时间过晚，断电器触点严重烧蚀，分缸高压线错乱，分电器盖、分火头破裂、漏电等。

② 油路故障：化油器浮子室油面过高、混合气调整不当等造成混合气过浓。

③ 机械故障：气门烧蚀、气门弹簧性能衰退等。

2）本着由简到难的原则进行的检查。先对点火系统、供油系统进行检查，没发现异常，于是判断故障可能出在机械部分。取下凸轮轴，拆下缸盖，检查气门的密封情况，发现三缸的排气门严重烧蚀，取下后发现气门座也有轻微烧蚀。用气门铰刀将气门座铰削后，换上新的气门，研磨后装复。经检查密封情况良好，试车，排气管“放炮”声消失。

(3) 维修小结　该故障是由气门、气门座烧蚀引起的。正常情况下，当活塞推动压缩气体向上止点运动时，进、排气门处于关闭状态，但该车由于排气门烧蚀，部分可燃混合气从排气门漏出进入排气管，当火花塞在压缩行程上止点前点火时，这部分混合气在排气管内被引燃，发出爆炸声。由于其他缸工作正常，只有三缸有这种情况，因此，“放炮”声很有规律，即三缸每经过一次压缩行程，排气管放一次炮。

（三）凸轮轴响

1. 故障现象

1）发动机中速运转时声响明显，从缸体凸轮轴一侧发出钝重的“嗒、嗒”声响，高速时声响模糊不清。

2）进行单缸断火试验，声响不变。

3）凸轮轴轴承附近伴有振动。

2. 故障原因

1）凸轮轴轴承与轴颈配合间隙过大，造成松旷。

2）凸轮轴轴承合金烧蚀、剥落或磨损过甚。

3）凸轮轴轴向间隙过大。

4）凸轮轴弯曲。

5）凸轮轴轴承松旷转动。

3. 故障诊断与排除

1）使发动机在声响最强的转速下运转，用旋具触及气缸体凸轮轴各轴承附近的部位进行听诊。若某处声响较强并伴有振动，可诊断为该处轴承发响。

2）进行断火试验，声响无变化。在缓慢加大节气门开度的过程中，若怠速时声响清晰，中速时声响明显，高速时声响由杂乱变得减弱，可诊断为凸轮轴轴向间隙过大或轴承松旷转动。

4. 故障案例

案例：桑塔纳轿车大修后怠速异常。

（1）故障症状　一辆桑塔纳2000GLi轿车，行驶里程为17万km，因油道堵塞导致凸轮轴瓦严重烧蚀，更换缸盖、凸轮轴和气门，对油道进行彻底清洗，并根据车主要求按大修标准对发动机进行检修，更换了活塞环。装复后试车，发动机严重抖动，经断火检测，发现一缸不能正常工作。一缸在发动机工作时有油、有火，很可能是缸压不足引起一缸工作失常。

（2）检修方法　用缸压表对一缸进行测试，发现缸压只有600kPa，而其他三个缸则完全在标准范围内。大修时已更换了活塞环，装配气门之前对气门密封性作了检测，密封性能良好，气门油封为新换的，应该不会有问题。看来该车凸轮轴相关机构存在问题。将凸轮轴拆下来之后，将其与另一根新凸轮轴进行对比，发现一缸进气门凸轮角度偏离标准位置，这样就会使一缸进气提前角增大，气缸不能充分吸入足量空气，充气效率降低，缸压减小，一缸无法正常工作。

更换一根原厂凸轮轴之后试车，发动机怠速平稳，故障完全排除。

注：更换配件时，维修人员一定要认真仔细地对配件进行检测，只有性能绝对可靠的配件才能装配，免除后顾之忧，否则极有可能返工，给自己和客户带来麻烦。

（四）正时齿轮响

1. 故障现象

1）发动机怠速运转或转速改变时，在正时齿轮室盖处发出杂乱而轻微的“嘎啦”声，转速提高后声响消失，急减速时，声响尾随出现。

2）单缸断火试验时，声响无变化。

3）声响有时受温度影响，高温时声响明显。

4）有时伴随声响出现正时齿轮室盖振动。

2. 故障原因

1）正时齿轮磨损或装配不当，啮合间隙过大或过小。

2）曲轴和凸轮轴中心线不平行。

3）齿轮润滑不良。

4）凸轮轴正时齿轮松动。

5）凸轮轴正时齿轮轮齿折断，或齿轮径向破裂。

3. 故障诊断与排除

1）若发动机怠速运转时发出有节奏的“嘎啦、嘎啦”声，中速时突出，高速时杂乱，用旋具触及正时齿轮室盖部听诊，声响更明显，则可诊断为正时齿轮啮合间隙过大。

2）发动机转速变化，声响随之变化，且声响类似于呼啸声，可诊断为正时齿轮啮合不良。

3）若发动机怠速运转时，发出有节奏的“哽、哽”声响，随发动机转速提高，声响随之加大，可诊断为正时齿轮啮合不均匀。

4）将发动机转速逐渐提高到某一较高转速，若突然发出强烈而杂乱的声响，而急减速时同样会发出一声“嘎”的声响（正时齿轮室盖有振动感），然后消失，可诊断为凸轮轴正时齿轮松动。

5）新车或更换正时齿轮后出现连续不断的“呜、呜”声，转速越高越明显，可诊断为齿轮啮合间隙过小。

4. 故障案例

案例：捷达王轿车正时带张紧器响的检修。

（1）故障现象　急加速时发动机前部有清脆的“嗒、嗒”声。加速越快，“嗒、嗒”声频率也越快，声音也越大。发动机怠速运转时，有轻微异响但不明显。行驶里程为14.35万km。

（2）故障诊断与排除　仔细用耳朵听，感觉异响来自发动机前端，用听诊器对缸盖、缸体进行检查，缸内、缸盖都听不到异响。初步断定异响源自发动机前部正时带传动轮系。捷达王轿车发动机的发电机、压缩机、转向助力泵由一条双多楔带驱动。

为确诊故障部位，拆下此传动带，起动发动机，声音依旧，说明故障在正时带传动轮系。关闭发动机，拆下正时带外罩，发现有张紧器一侧的正时带松弛，而另一侧则绷得很紧，而且在张紧器附近的缸盖上有一层油污。起动发动机，观察后发现张紧器侧的正时带一松一紧地跳动，张紧力很不均匀，由此怀疑张紧器失效。张紧器的拆装如图11-2所示。用M5×55的螺栓拧到张紧器上以压缩张紧器的高压活塞，直到安全销可以通过张紧器壳体穿入活塞为止，然后拆下螺栓及张紧器。用台虎钳压住张紧器活塞，取下安全销，用手推压活塞杆，发现能轻易压动。并且从活塞杆卡簧处有液压油冒出。张紧器内部的液压油泄漏后，仅靠其内的弹簧保持一定的张力，但失去了缓冲和阻尼，在正时带的带动下，张紧器发出“嗒、嗒”的碰撞声。

捷达王轿车行驶至十几万公里时，正时带突然断裂，气门也被顶弯的故障时有发生。检修这些故障时，发现正时带张紧器都不同程度地有失效、漏油现象，也有的发现水泵有轻微漏冷却液现象。正时带断裂不一定是正时带本身有质量问题，可能与其他因素有关系。

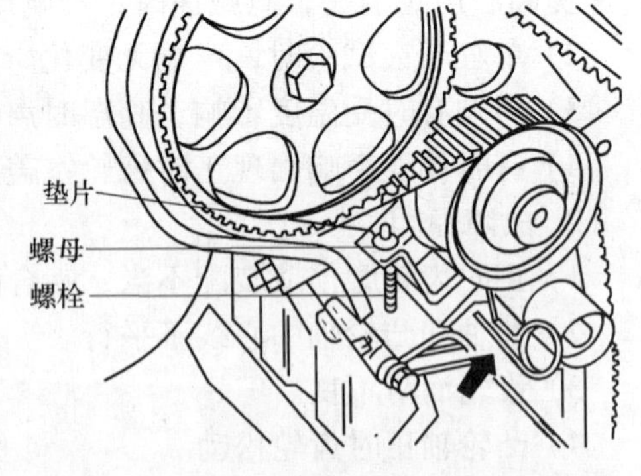

图11-2　捷达王正时带张紧器的拆装

（五）点火异响

1. 故障现象

1）发动机负荷（如爬坡、陷入泥坑、在高速档踏下加速踏板）增大时，可听到尖锐、清脆的“嘎、嘎”声，有些像气门间隙过大的响声，但响声坚实得多。

2）在发动机空转急加油时，听到“嘎啦啦”的尖锐响声，好像几个钢球相碰的声音，

此响声随着发动机转速的升高逐渐消失。

2. 故障原因

1）点火时间过早。

2）发动机温度过高。

3）燃烧室积炭过多。

4）压缩比过大。

5）使用了低辛烷值的汽油等。

3. 故障检查与判断

1）车辆行驶中听到上述响声，一般是在加大节气门开度、发动机负荷较大时出现的。此时可减小节气门开度，如声音消失，而且每次加大节气门开度，响声又都出现，则可判断为点火敲击声。可首先调整点火正时。

2）如调整点火正时无效，响声又较严重，应查找其他原因。如温度过高，使用了低辛烷值汽油、燃烧室积炭等。

4. 故障案例

案例：佳美 2. 2L 轿车起动时发动机有异响。

根据故障现象首先观察、测量机油的油位、粘度都正常。打开气门室盖，检查也没有发现异常情况，装车试车故障又现。这时突然想到佳美车的进气凸轮轴和排气凸轮轴之间是靠齿轮啮合驱动的。

相互啮合的这对齿轮各自又分别由两个齿轮构成(一个是固定的,另一个是内部用强力弹簧驱动的步进齿轮,这是为了保证齿轮的充分啮合)，如图 11-3 所示。拆装两个凸轮轴时，千万注意要把原始位置保持好，要把每个凸轮轴上的两个齿轮用固定螺钉固定起来然后再拆卸。拆下进排气凸轮轴，用螺钉装配好每对齿轮，再装上两凸轮轴，调好位置，然后拆下螺钉，装复起动，异响消失，故障排除。

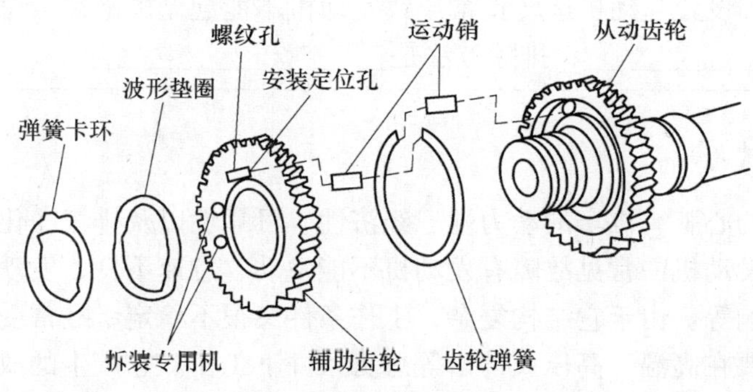

图 11-3　进气凸轮轴前端剪式齿轮机构的组成

课题十二　发动机综合故障诊断与排除

任务一　诊断发动机不能起动故障

【任务内容】

1）诊断发动机不能起动的故障。

2）电路、油路、机械故障引起发动机不能起动的诊断与排除方法。

3）诊断发动机不能起动故障工作页。

【任务目标】

1）掌握发动机不能起动的故障的诊断与排除方法。

2）掌握电路、油路、机械故障引起发动机不能起动的诊断与排除。

一、实践

先由学员各自尽可能自行完成如下工作页。然后，在教师的指导下完成本任务。

诊断发动机不能起动故障工作页

1. 由指导老师设置起动机运转不正常导致发动机不能起动的故障，学生查找正确故障原因是____________________，排除方法是____________________。 2. 由指导老师设置起动机运转正常导致发动机不能起动的故障，学生查找正确故障原因是____________________，排除方法是____________________。

二、相关知识

发动机是汽车的心脏，汽车的动力性、经济性、可靠性以及排气净化性等性能都直接和发动机有关。汽油发动机的常见故障有发动机不能发动、怠速不良、发动机无力、过热、润滑不良以及产生异响等。由于它结构复杂，工作条件又很不稳定，经常受转速与负载的交变影响，某些零件还要在高温、高压及冲击等恶劣条件下工作。它产生的故障占全车的比率最高，因此必须及时诊断、检测和排除发动机故障，才能保证汽车的动力性、经济性和可靠性。

发动机不能发动的主要表现为：起动机不能带动发动机运转，起动机能带动发动机运转但转动无力，起动机能带动发动机运转但不能发动等。前两者主要是起动系统故障或与发动机内部机械故障有关，而第三者则常与点火系统、供给系统和机械内部故障（即常说的油路、电路和机械综合故障）有关，在进行故障诊断时，一般先检查起动系统、点火系统，再检查供给系统，最后检查发动机机械内部故障。

（一）起动系统故障

汽车起动系统一般包括蓄电池、起动机、起动继电器、点火开关和导线等，其电路图如图 12-1 所示。

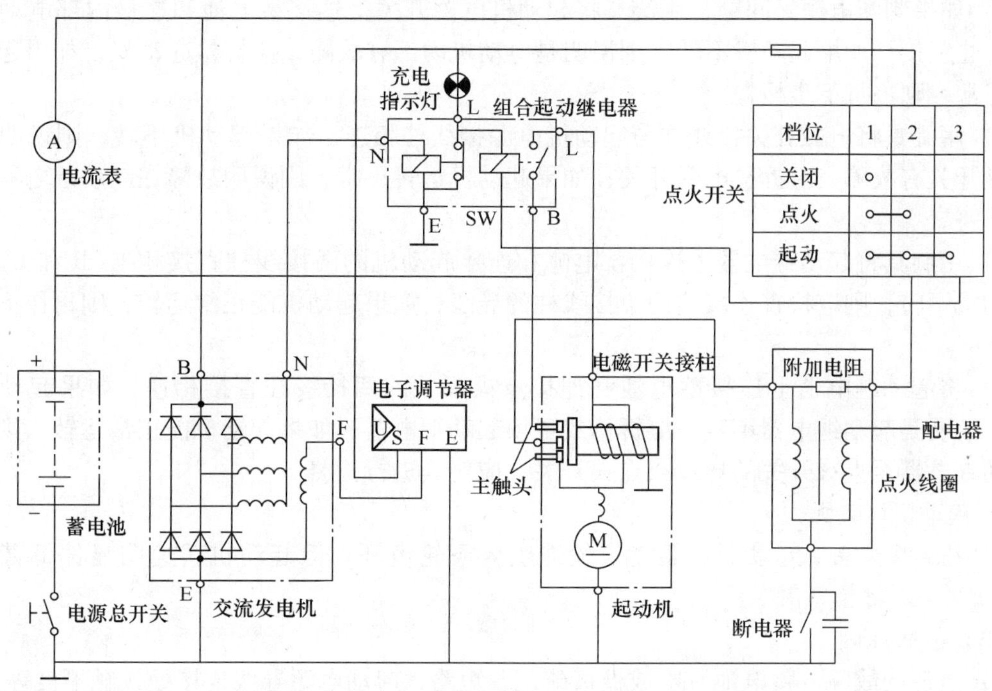

图 12-1　汽车起动系统电路图

有防盗系统的汽车还装备有起动防盗系统。起动系统一旦发生故障，就会导致起动机不能带动发动机运转，常见故障有起动机不转或运转无力、起动机空转以及起动机异响等。

1. 起动机不转的故障诊断

（1）故障现象　起动时，接通起动开关，起动机不转动，无动作迹象。

（2）故障原因

1）电源故障。蓄电池严重亏电或极板硫化、短路等，蓄电池极桩与线夹接触不良，起动电路导线连接处松动而接触不良等。

2）起动机故障。换向器与电刷接触不良，磁场绕组或电枢绕组有断路或短路，绝缘电刷搭铁，电磁开关线圈断路、短路、搭铁或其触点烧蚀而接触不良等。

3）起动机电磁开关故障。电磁开关中吸拉线圈、保位线圈断路、短路或搭铁。

4）起动组合继电器故障。起动继电器线圈断路、短路、搭铁或其触点接触点不良。

5）点火开关故障。点火开关接线松动或内部接触不良。

6）起动系控制线路故障。线路有断路，导线接触不良或松脱，熔丝烧断等。

7）防盗系统故障。

（3）故障诊断与排除　对于有防盗系统的汽车，将点火开关转到“ON”，观察防盗系统指示灯是否异常，若有异常应先排除防盗系统的故障，否则按下述故障诊断流程进行诊断。

1）按喇叭或开前照灯，如果喇叭声音小嘶哑或不响，灯光比平时暗淡，说明电源有问题，应先检查蓄电池极桩与线夹、起动电路导线接头处是否有松动，触摸导线连接处是否发热。若某连接处松动或发热则说明该处接触不良，若线路连接无问题，则应对蓄电池进行检查。

2）如果判断电源无问题，用旋具将起动机电磁开关上连接蓄电池和连接内部电动机的两接线柱短接；如果起动机不转，则说明是电动机内部有故障，应拆检起动机；如果起动机空转正常，则进行下步检查。

3）用旋具将电磁开关接线柱与起动机电源接线柱相连，如果起动机不转，则说明起动机电磁开关有故障，应拆检电磁开关；如果起动机运转正常，则说明故障在起动继电器或有关的线路。

4）用旋具将起动继电器上连接蓄电池和连接起动机的两接线柱直接相连（B 和 L），如果起动机不转，则应检查连接这两个接线柱的导线；如果起动机能正常运转，则再作下一步检查。

5）将起动继电器上连接蓄电池和连接点火开关的两接线柱直接相连，如果起动机不转，则说明是起动继电器不良，应拆修或更换起动继电器；如果起动机能正常运转，则故障在起动继电器至点火开关的导线或点火开关，应对其进行检修。

2. 起动机运转无力

（1）故障现象　起动时，驱动齿轮能啮入飞轮齿环，但起动机转速明显偏低甚至于停转。

（2）故障原因

1）电源的故障。蓄电池亏电或极板硫化、短路，起动电源导线连接处接触不良等。

2）起动机故障。换向器与电刷接触不良，电磁开关接触盘和触点接触不良，电动机磁场绕组或电枢绕组有局部短路等。

（3）故障诊断与排除　诊断程序基本与起动机不转时相同。因为这两种故障的产生因素基本一样，只是程度不同。

1）接通起动开关，起动开关处只是“咔哒”一声，转动无力的故障常发生在电磁控制式和电枢移动式起动机。

2）对于电磁控制式起动机，接通电磁开关，有“咔哒”声，但起动机不转动，说明电磁开关线圈短路或接触不良，产生的磁力太小，不足以进一步压缩回位弹簧，致使主回路接触盘接触不良。

如电磁开关线圈正常，可能是在起动时起动机小齿轮刚好顶在飞轮端面不能啮入。这时，若将发动机曲轴摇转一个角度，往往又可使小齿轮啮入飞轮齿间而显示工作正常。若在这种情况下还不能使小齿轮啮入发动，表明回位弹簧过硬。

3）对于电枢移动式起动机，接通电磁开关时，动触点的上触点先闭合，辅助线圈接通，电枢缓慢旋转并移动，圆盘顶起扣爪块，使动触点的下触点也闭合，将主回路接通，起动机有力地转动。若扣爪块与圆盘接触的凸肩磨损，不能顶起扣爪块释放限止板，动触点的下触点不能闭合，主回路不通，起动机只能缓慢无力地转动。另外如果辅助线圈断路或短路，起动机起动时不能缓慢旋转，往往产生起动机小齿轮顶住发动机飞轮轮齿端面而不易啮入的情况。

3. 起动机空转

（1）故障现象　接通起动开关，起动机空转，小齿轮不能啮入飞轮齿圈带动发动机转动。

（2）故障原因

1）机械强制式起动机的拨叉脱槽，不能推动驱动小齿轮，不能进入啮合。

2）电磁控制式起动机的电磁开关的铁心行程太短。

3）电枢移动式起动机辅助线圈短路或断路，不能将电枢带到工作位置。

4）起动机单向啮合器打滑。

5）飞轮齿严重磨损或损坏。

（3）故障诊断与排除　起动机空转实际有两种情况：一种是起动机驱动小齿轮不能与飞轮齿圈啮合的空转，故障主要在起动机的操纵和控制部分；另一种是起动机驱动小齿轮已和飞轮齿圈啮合，由于单向啮合器打滑而空转，故障主要在起动机单向啮合器。

1）驱动小齿轮不能与飞轮齿圈啮合，则应进行如下检查与诊断。

① 对于机械强制式起动机，应先检查传动叉行程是否调整适当。若调整不当，在未驱使驱动小齿轮与飞轮齿圈啮合时，主接触盘已与触点接通而导致起动机空转。如调整适当，则可能是传动叉脱出嵌槽。

② 对于电磁控制式起动机，则应检查主回路接触盘的行程是否过小。如过小会使主回路提前接通，造成电枢提前高速旋转。

③ 对于电枢移动式起动机，主要是扣爪块上阻挡限止板的凸肩磨损，不能阻挡限制板的移动，致使活动触点的下触点提前闭合，并使电枢高速旋转。若活动触点与固定触点上、下两触点间隙调整不当，即下触点间隙太小时，也同样会引起电枢提前高速旋转。

2）若单向啮合器打滑空转，应分解起动机进行检修或更换起动机。

4. 起动机有异响

（1）故障现象　接通起动开关，起动机运转时有撞击声，且不能带动发动机运转。

（2）故障原因

1）起动开关或电磁开关行程调整不当。

2）电枢移动式固定触点和活动触点间隙调整不当。

3）起动机驱动小齿轮或飞轮轮齿磨损过甚或打滑。

4）起动机固定螺栓松动或离合器壳松动。

5）起动机内部故障。

（3）故障诊断与排除　此现象表明起动机驱动小齿轮啮入困难。首先将曲轴摇转一个角度，再接通起动开关试验。

1）如撞击声消失且能啮入起动发动机，则说明飞轮齿圈部分轮齿啮入端打坏，应予以更换。

2）如曲轴转到任何角度都不能消除撞击声，驱动小齿轮始终不能啮入，则表明起动机拨叉行程或电磁开关行程过短，导致驱动小齿轮尚未啮入即高速旋转。

3）当接通起动开关时，起动机壳体明显抖动，说明起动机固定螺栓或离合器壳固定螺钉松动，应立即紧固，否则可能造成起动机驱动端盖折断。

4）此外，根据撞击声响特征也可大致判明原因。一般行程调整不当或带有空转的撞击声是连续的，而起动机固定螺栓或离合器壳松动或飞轮齿损坏引起的撞击声是断续的，且有时可以啮入起动。空转带有撞击声的诊断方法与起动机空转故障相同。

（二）点火系统故障

目前汽车使用的点火系统主要有传统点火系统、电子点火系统和微机控制点火系统。下面分别阐述化油器式发动机常用的传统点火系统和电子点火系统故障诊断方法。

1. 传统点火系统故障诊断

传统点火系统组成如图 12-2 所示。它由蓄电池、点火线圈、分电器(断电器和配电器)、点火开关和火花塞等组成。

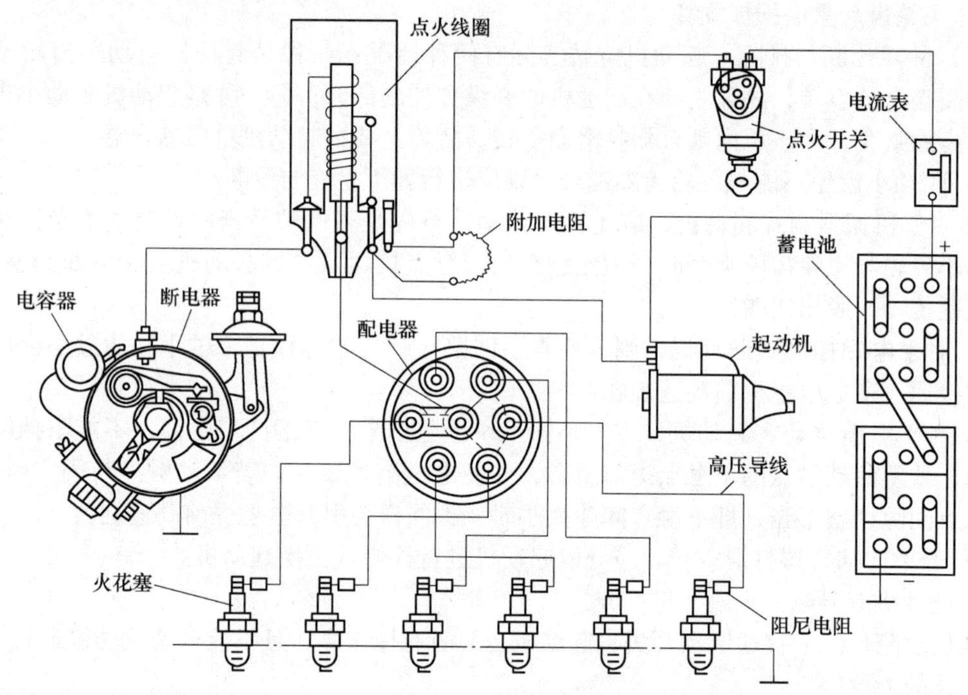

图 12-2　传统点火系统组成

其工作原理是：接通点火开关，当发动机旋转时，分电器内的断电器的凸轮轴也随之转动，断电器触点交替地闭合和打开。触点闭合时，点火线圈初级绕组中有电流通过，且逐渐增大。当触点打开时，次级绕组中产生 15 ~ 25kV 的高压电，经配电器按发动机点火顺序将高压电分配给各缸火花塞，产生电火花。解放 CA10D、东风 EQ1090 车采用传统点火系。

当传统点火系发生故障时，首先应判断故障在低压电路还是在高压电路，其方法是：接通点火开关，起动发动机，观察电流表，如电流表指针指示放电 3 ~ 5A 并间歇地摆回零位，表示低压电路良好，故障在高压电路。如电流表指示为零或指示放电 3 ~ 5A 且不摆回零位，或者指示大电流放电，表示初级电路有故障。

（1）低压电路断路

1）故障现象。电流表指针指为零且不动，不做间歇摆动，发动机不能起动。

2）故障原因。

① 蓄电池存电量严重不足或其内部断路。

② 蓄电池接线柱与导线夹头、搭铁线松脱或接触不良。

③ 点火开关断路。

④ 附加电阻断路。

⑤ 点火线圈的低压线圈断路（或接线处松脱）。

⑥ 断电器触点间隙过大或严重烧蚀、脏污。

⑦ 低压电路连接导线断路，接头松脱或接触不良。

3）故障诊断与排除。低压电路断路的故障原因和部位较多，贯穿于整个低压电路之中。因此排除断路故障，可采用逐点检查电压的方法进行。或采用分段短路（又称分段搭铁）试火的方法进行判断检查。低压电路断路故障诊断流程如图 12-3 所示。

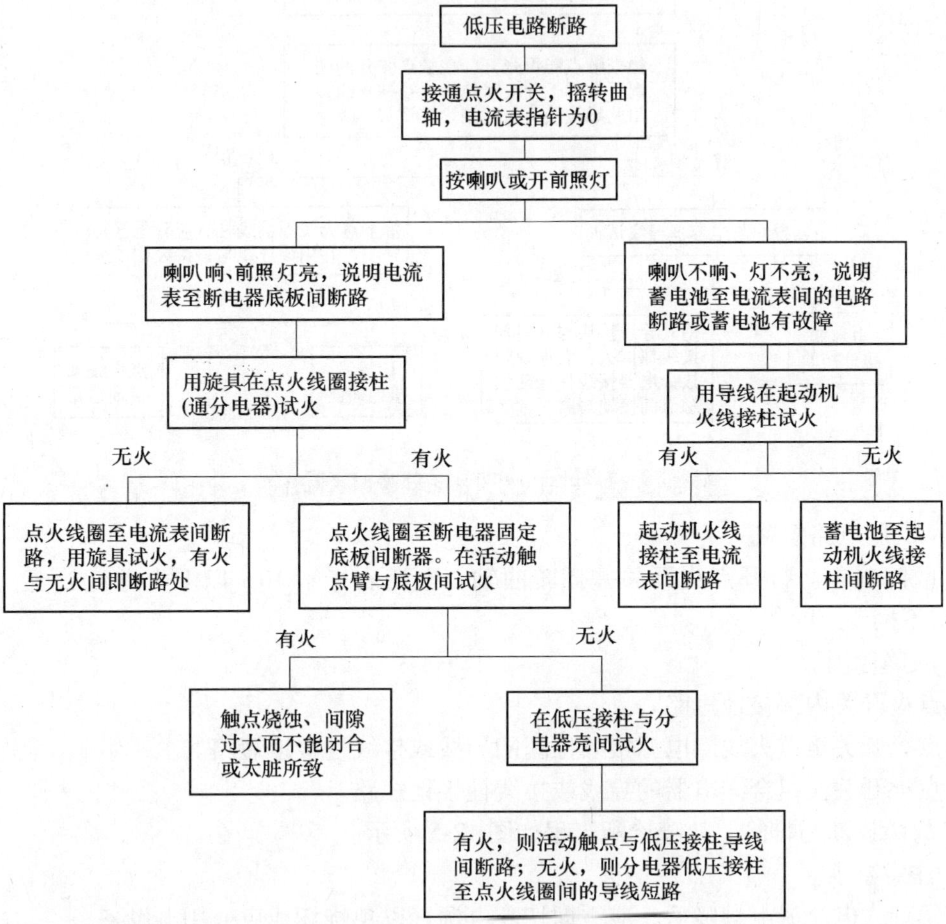

低压电路断路

接通点火开关，摇转曲轴，电流表指针为0

按喇叭或开前照灯

喇叭响、前照灯亮，说明电流表至断电器底板间断路

喇叭不响、灯不亮，说明蓄电池至电流表间的电路断路或蓄电池有故障

用旋具在点火线圈接柱(通分电器)试火

用导线在起动机火线接柱试火

无火

有火

有火

无火

点火线圈至电流表间断路，用旋具试火，有火与无火间即断路处

点火线圈至断电器固定底板间断器。在活动触点臂与底板间试火

起动机火线接柱至电流表间断路

蓄电池至起动机火线接柱间断路

有火

无火

触点烧蚀、间隙过大而不能闭合或太脏所致

在低压接柱与分电器壳间试火

有火，则活动触点与低压接柱导线间断路；无火，则分电器低压接柱至点火线圈间的导线短路

图 12-3　低压电路断路故障诊断流程

4）注意事项。

① 提倡采用试灯法或仪表（万用表、电压表）检测法诊断故障。

② 采用搭铁试火法诊断故障时，应注意安全。

（2）低压电路对地短路

1）故障现象。打开点火开关，电流表指针指示放电 3～5A 的位置不动；用起动机起动发动机时，电流表放电略有增加，发动机不能起动。

2）故障原因。

① 点火线圈的初级线圈至断电器触点间接地短路。

② 电容器接地短路。

③ 触点不能张开。

3）故障诊断与排除。低压电路对地短路故障诊断流程如图 12-4 所示。

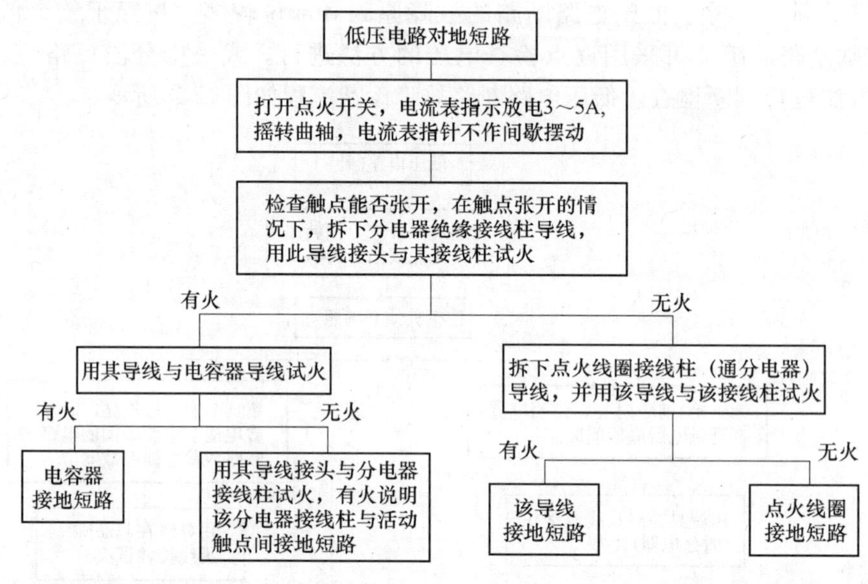

图 12-4　低压电路对地短路故障诊断流程

（3）低压电路短路

1）故障现象。打开点火开关并摇转曲轴，电流表指示 10A 以上大电流放电，指针在 10A 左右不摆动。

2）故障原因。

① 点火开关内部接地短路。

② 点火开关至点火线圈电源接线柱间的导线或接线柱接地短路。

③ 点火开关至组合继电器的导线或接线柱接地短路。

3）故障诊断与排除。故障诊断流程如图 12-5 所示。

4）注意事项。

① 发现大电流放电故障后，应立即切断电源，以免烧坏线束或用电设备。

② 排除此故障时应灵活运用。往往发生故障处的电源线会有焦臭或过热的现象，一般可触摸到故障部位，不必再反复接通电源。

（4）高压电路故障

1）故障现象。打开点火开关，起动发动机，电流表指示 3 ~ 5A 间做间歇摆动，但发动机无着火征兆，不能起动。

2）故障原因。

① 分火头被击穿。

② 点火线圈中央高压线插孔漏电。

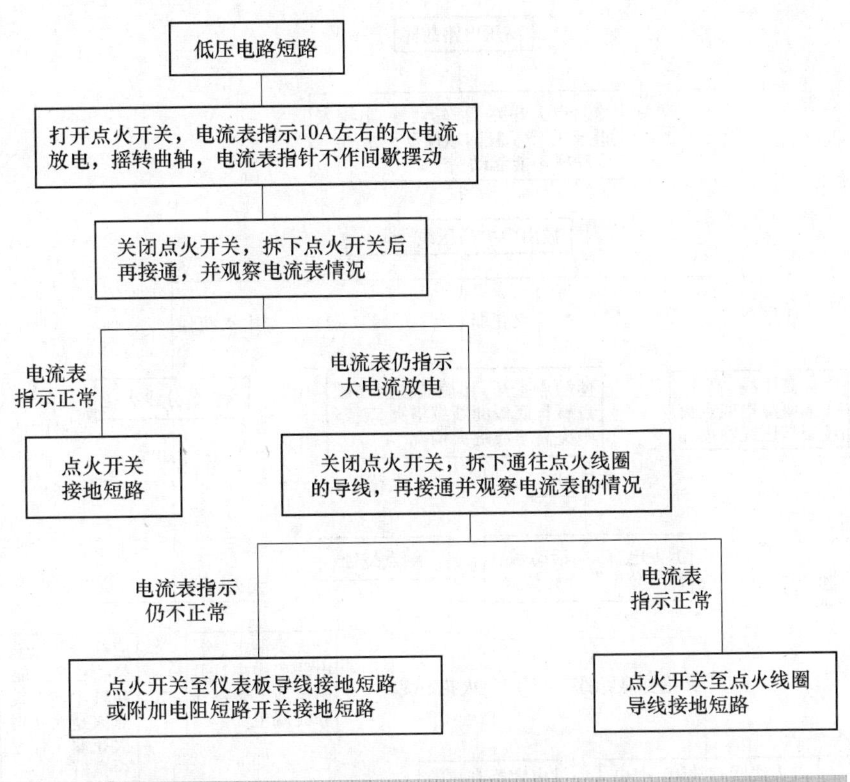

图 12-5　低压电路短路故障诊断流程

③ 中央高压线脱落或漏电。

④ 高压线圈接地短路或断路。

⑤ 分电器盖破裂或中央插孔有绝缘物。

3）故障诊断与排除。高压电路故障诊断流程如图 12-6 所示。

2. 电子点火系统故障诊断

电子点火系统包括半导体辅助点火系统和电子点火系统。

半导体辅助点火系统的初级电流由断电器的触点控制半导体晶体管的导通和截止而产生的。由于触点对污染较敏感，特别是分电器高速转动时，由于机械惯性的作用，触点会跳振，使次级电压降低；同时，凸轮和触点臂胶木块的磨损会影响点火系统的正常工作。所以，它已在现代轿车中较少被采用。

电子点火系统由内含信号发生器和点火提前装置的分电器，点火控制器、点火线圈和火花塞等组成，如图 12-7 所示。

电子点火系统基本工作原理是：信号发生器转动时，其周围磁场发生变化，在传感器中产生电压信号，该信号经点火控制器的放大、整形来控制末级大功率晶体管的导通与截止，使点火线圈中初级电流发生变化，并在次级绕组中感应出高压电。点火控制器中的闭合角(指末级大功率晶体管导通期间分电器转过的角度。该角度越大,晶体管导通时间越长,初级电流越大)控制、恒流控制(高能点火线圈是利用减小初级绕组的电阻值来增加初级电流的,该电流较大,易烧坏末级大功率晶体管,必须限制)性能使初级绕组的电流不论在发动机高速或低速时，都为一个定值，次级电压也为一个定值，从而提高了点火性能。采用电子点火系

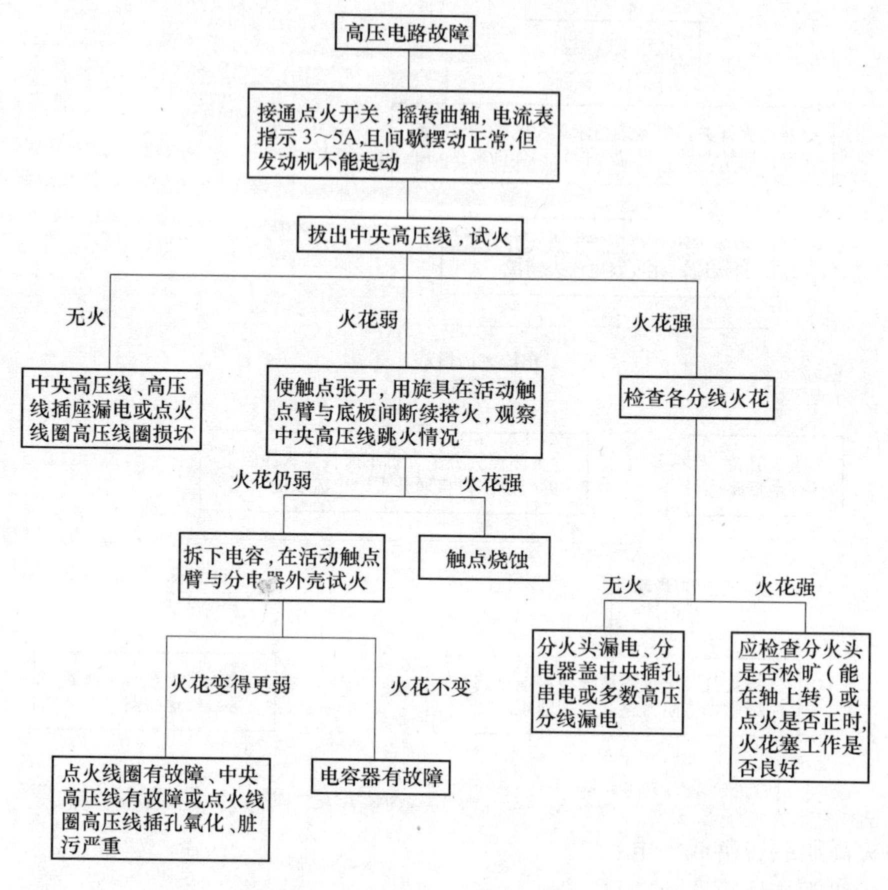

图 12-6 高压电路故障诊断流程

统的代表车型有桑塔纳、奥迪和捷达等。

诊断电子点火系故障时，可首先判断故障在点火控制电路还是在高压电路：拔下配电器盖上的中心高压线，使线端距发动机机体 6～8mm，起动发动机，观察高压跳火情况。若能跳火，说明点火控制电路中的信号发生器、点火控制器、点火线圈正常，故障发生在高压电路；若不能跳火，说明故障发生在信号发生器、点火控制器、点火线圈等点火控制电路。

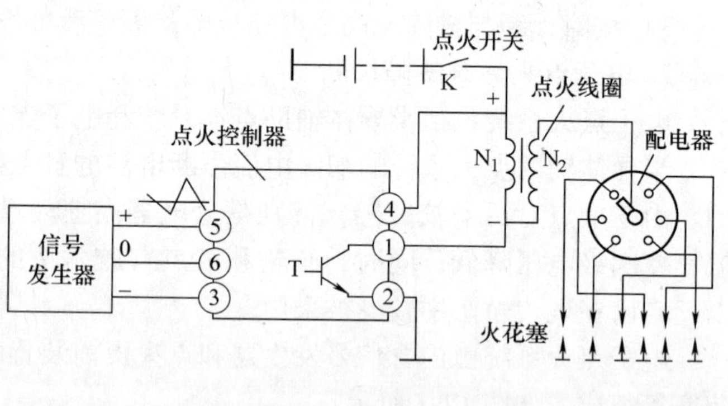

图 12-7 电子点火系统组成

（1）高压电路故障　故障发生在高压电路，其检查方法与上述传统点火系相同，在此不再叙述。

（2）点火控制电路故障

1）故障现象。拔下配电器盖上的中心高压线，使高压线的端部距发动机的机体 6～8mm，起动发动机，高压线无跳火。

2）故障原因。

① 低压电路断路或搭铁不良。

② 点火开关故障。

③ 点火线圈故障。

④ 信号发生器故障。

⑤ 点火控制器故障。

3）故障诊断与排除。如故障发生在点火控制电路，则应检查点火线圈、信号发生器、点火控制器。

① 点火线圈的检查。接通点火开关，不起动发动机，用万用表直流电压档测量点火线圈“+”与搭铁间的电压值，是否为蓄电池电压。若电压过低或为零，则应检查蓄电池以及蓄电池至点火线圈“+”之间的连接导线和熔断器。若电压为蓄电池电压，则应断开点火开关，检查点火线圈初、次级电阻是否符合规定。

② 信号发生器的检查。电子点火系常采用霍尔式信号发生器。在点火线圈、点火控制器、连接导线良好的情况下可拔下配电器盖上的中心高压线，使线端距发动机机体6～8mm，转动发动机使霍尔信号发生器转子的缺口对正霍尔信号发生器。接通点火开关，用钢锯片插入霍尔信号发生器，迅速拔出钢锯片。若能跳火，说明霍尔信号发生器良好；否则说明霍尔信号发生器损坏。

③ 点火控制器的检查。在点火线圈正常的情况下，将连接插头从点火控制器上拔下，将电压表接在如图所示的2和4端子之间，接通点火开关，测得电压值应与蓄电池电压值相近。断开点火开关，重新将连接插头插在点火控制器上，拔下霍尔信号发生器上插头，将电压表接在点火线圈“+”和“-”接柱上，接通点火开关，此时，电压应不小于2V，并在1～2s后必须下降到零；快速将分电器的中央高压线拔出并搭铁，电压值应在瞬间上升到2V；断开点火开关，将电压表接到点火控制器的5、6端子上，接通点火开关，电压应不小于5V。否则应更换点火控制器。

（三）供给系统故障诊断

供油系统是根据发动机各种不同工作的要求，供给所需浓度的可燃混合气，它既要保证发动机有足够的动力性，又要能达到良好的燃料经济性及合格的排气净化性。供油系统故障从表面看似乎很复杂，但其实质无非是堵、漏、坏、化油器特性失调等几种情况。一般按油路发生故障可分为内、外油路两部分。内油路是指化油器进油口到化油器座这部分油路，即化油器内部。外油路是指化油器进油口至油箱的油路，如图12-8所示。

1. 不供油或供油不畅故障

（1）故障现象

1）起动发动机时火花塞跳火正常，但发动机不能起动，或起动后逐渐熄火。

2）多次踩加速踏板，虽勉强能发动，但加速时化油器有回火现象，且发动机很快又熄火。

3）用汽油泵手柄泵油，待汽油充入化油器浮子室后，发动机仅运转短时间后就自动熄火。

（2）故障原因

1）油箱内无油或油面低于上油管孔下口，油箱内的油管滤清网堵塞，油箱盖上的空气

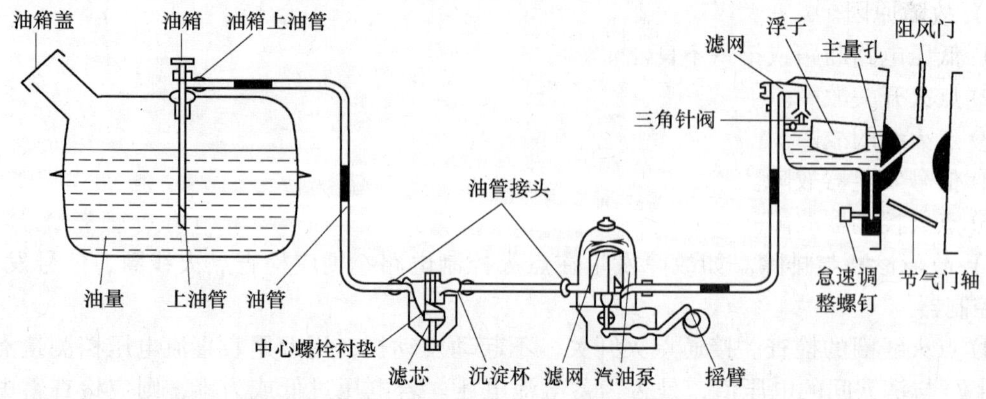

图 12-8 供给系统组成

阀通气受阻，汽油吸不上来。

2）上油管堵塞或脱焊、有裂缝，油箱开关未打开或未完全打开，油管堵塞、破裂或油管接头松动而漏油、漏气。

3）汽油滤清器堵塞。

4）汽油泵摇臂磨损严重而使内摇臂与外摇臂间隙过大或摇臂折断，摇臂轴窜出，油杯衬垫漏气，滤网堵塞，泵膜破裂，进油阀密封不良，泵膜弹簧过软或折断等，导致汽油泵失效。

5）化油器进油口滤网堵塞或出油口堵塞，进油针阀、浮子卡滞不能开启等。

6）汽油中有水，不易着火或不能燃烧，冬季结冰堵塞油路。

7）高原或高温条件下行驶时产生气阻。

（3）故障诊断与排除　不供油或供油不畅故障诊断流程如图 12-9 所示。

2. 混合气过稀

（1）故障现象

1）发动机起动困难，起动后动力不足、行驶无力，但关小阻风门稍有好转。车速不易提高。

2）怠速不稳，容易熄火。

3）化油器有回火现象，有时排气管“放炮”。

（2）故障原因

1）油管堵塞、破裂、凹瘪，油管松动漏气。

2）化油器浮子室的油面过低，主喷管油孔部分堵塞。

3）化油器及进、排气歧管衬垫漏气。

4）汽油滤清器部分堵塞或漏气。

5）汽油泵外摇臂磨损严重，外摇臂与内摇臂结合处间隙过大，汽油泵漏气或膜片漏油，膜片弹簧过软，以及汽油泵与气缸体间衬垫太厚或固定不牢。

（3）故障诊断与排除　混合气过稀故障诊断流程如图 12-10 所示。

3. 混合气过浓

（1）故障现象

1）发动机不易起动，或起动后转速不稳、动力不足、加速困难。

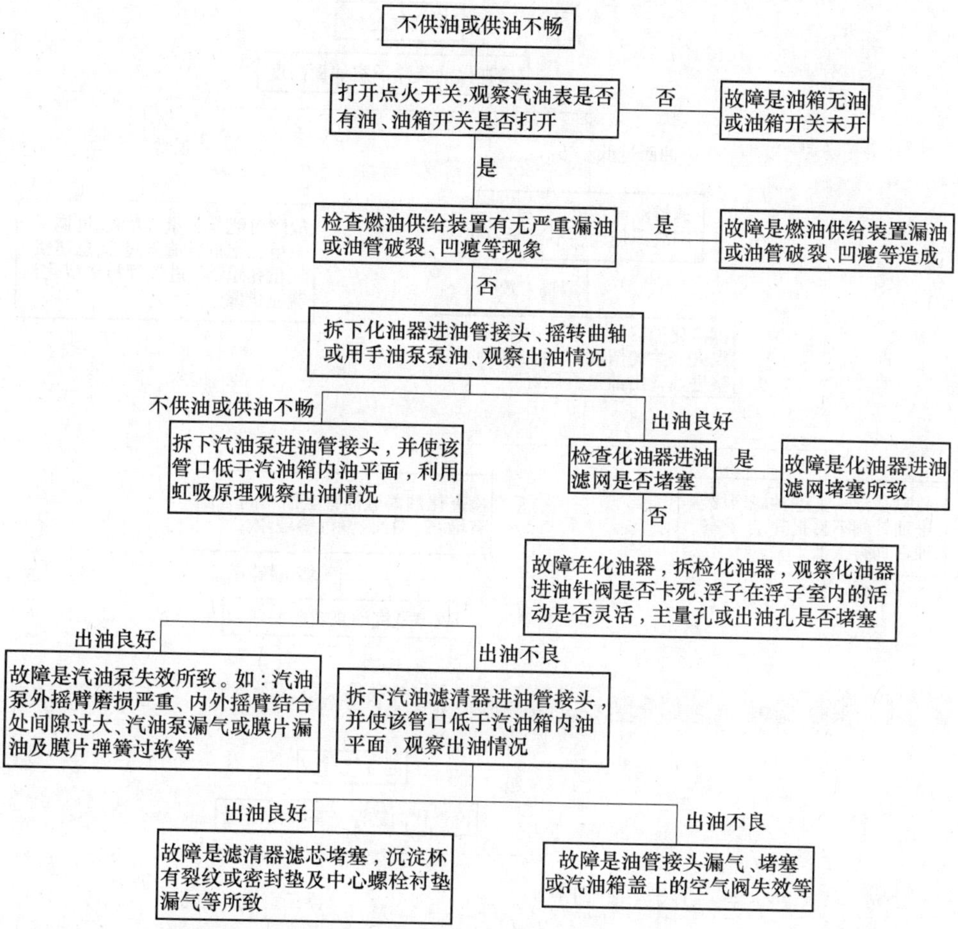

不供油或供油不畅

打开点火开关,观察汽油表是否有油、油箱开关是否打开

否

故障是油箱无油或油箱开关未开

是

检查燃油供给装置有无严重漏油或油管破裂、凹瘪等现象

是

故障是燃油供给装置漏油或油管破裂、凹瘪等造成

否

拆下化油器进油管接头、摇转曲轴或用手油泵泵油、观察出油情况

不供油或供油不畅

拆下汽油泵进油管接头，并使该管口低于汽油箱内油平面，利用虹吸原理观察出油情况

出油良好

检查化油器进油滤网是否堵塞

是

故障是化油器进油滤网堵塞所致

否

故障在化油器，拆检化油器，观察化油器进油针阀是否卡死、浮子在浮子室内的活动是否灵活，主量孔或出油孔是否堵塞

出油良好

故障是汽油泵失效所致。如：汽油泵外摇臂磨损严重、内外摇臂结合处间隙过大、汽油泵漏气或膜片漏油及膜片弹簧过软等

出油不良

拆下汽油滤清器进油管接头，并使该管口低于汽油箱内油平面，观察出油情况

出油良好

故障是滤清器滤芯堵塞，沉淀杯有裂纹或密封垫及中心螺栓衬垫漏气等所致

出油不良

故障是油管接头漏气、堵塞或汽油箱盖上的空气阀失效等

图 12-9　不供油或供油不畅故障诊断流程

2）发动机怠速运转不稳，排气消声器发出无节奏的“突、突”声，有时伴有“放炮”声，并冒黑烟。

3）化油器节气门轴、浮子室衬垫等处有油渗出。

4）发动机过热，耗油量增加。

5）火花塞电极及燃烧室积炭增加；卸下火花塞，其电极表面可发现有潮湿的汽油。

（2）故障原因

1）化油器进油针阀关闭不严或浮子破裂，使浮子室油面过高。

2）浮子室油面调整过高。

3）化油器阻风门不能完全打开或基本处于关闭状态。

4）空气滤清器过脏从而部分堵塞。

5）主供油系统的主空气量孔、怠速空气量孔堵塞。

6）汽油泵泵油压力过高。

7）加浓装置失效。

（3）故障判断与诊断　混合气过浓故障诊断流程如图 12-11 所示。

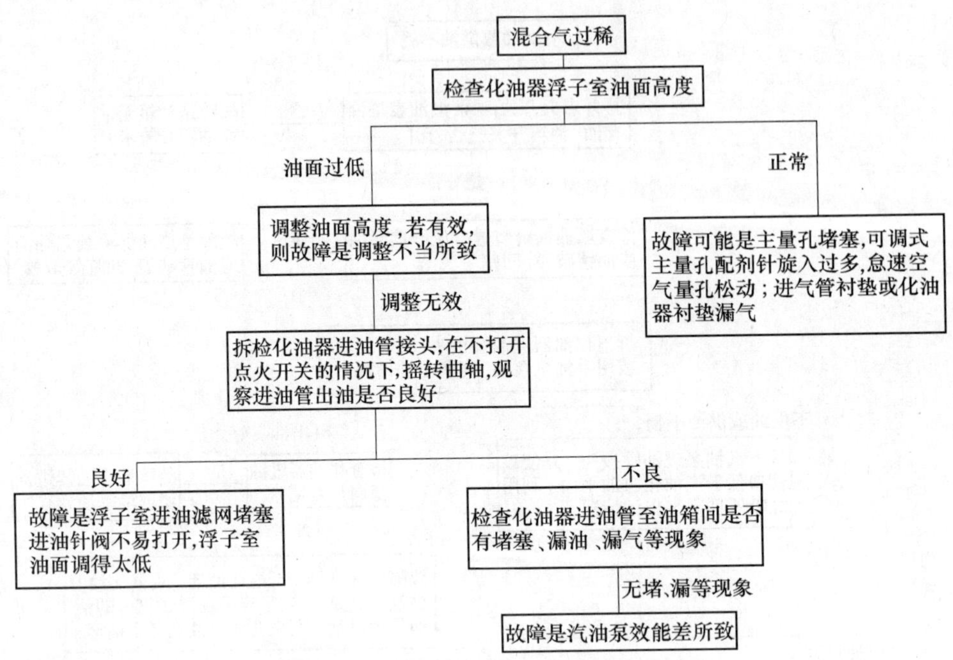

图 12-10　混合气过稀故障诊断流程

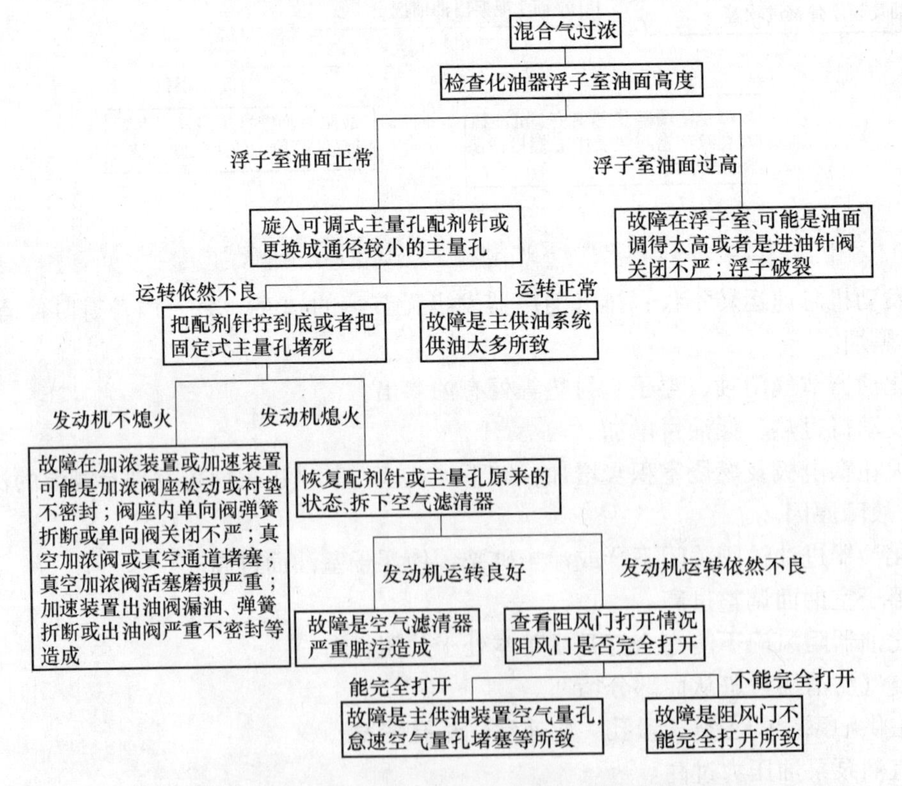

图 12-11　混合气过浓故障诊断流程

4. 故障案例

案例：上海桑塔纳2000GLS型轿车发动机不能着火，但有初爆迹象。

（1）故障原因　发动机不能着火，但有初爆迹象(有爆发声,但不能起动)，反复多次起动均如此。

（2）故障诊断与排除　起动机能带动飞轮旋转，电喇叭声响亮，高压火花强烈，可基本排除电路及点火系故障可能。

重点查验燃油泵，卸下化油器进油管，打开点火开关，起动机旋转，油管供油，且油管及接头部位无破损渗油，表明燃油系统基本正常。

卸下化油器上体，检查浮子和进油阀，无故障。急踩加速踏板数次，主副腔加速喷管均出油。诊断加速系统、主供油系统，无故障，阻风门活动灵活，且有初爆迹象，表时正常。

故障怀疑区集中在怠速系统了。清洗怠速空气量孔、怠速第一空气量孔、怠速第二空气量孔、怠速量孔，检查怠速喷孔、怠速过渡孔，无堵塞。

装复化油器，调整节气门限位螺钉、混合气调整螺钉，意图是怠速供油量加大，调整后起动，发动机仍不着火。

化油器上只有怠速电磁截断阀会影响发动机的起动，于是决定检查。方法是开闭开关数次，听诊该阀有无“嗒、嗒”的吸合声，诊断结果无此声响。运用万用表测量开关至该阀插件线路，无断路。拔下插件清洁，装复后开动开关，诊断该阀仍无声响。决定拆检该阀。运用万用表测试，该阀电磁线圈已断路，说明电磁阀损坏。于是更换怠速电磁截止阀，故障即排除，发动机也顺利着火。

因为怠速电磁截止阀的作用是点火开关关闭后，截止阀阀针右弹簧作用下封堵怠速油道，防止缸吸作用。如果阀已损坏，开关打开，截止阀阀针不能吸合，怠速油道仍封闭，切断了供油，发动机就不能着火。发动机起动困难或不能起动原因虽然很多，但就化油器部件来说，有初爆迹象大都是怠速故障(包括截止阀)，如无初迹象，则多为起动系统故障。

（四）机械故障诊断

若点火系统、供给系统良好，发动机仍不能发动。则为发动机机械内部故障，常常是由于缸压严重降低、缸内进水或配气相位严重错乱所致。

1. 故障原因

1）气缸、活塞、活塞环严重漏气，活塞环粘结、卡滞、折断等。

2）气门与气门座磨损漏气，或因烧蚀、积炭、气门间隙过小等关闭不严而漏气。

3）气缸垫烧损或密封不良。

4）气缸体、气缸盖有裂纹或磨损不平，导致漏水、漏油和漏气。

5）配气相位严重错乱，如配气机构磨损、修理装配不当，正时齿轮轮毂、正时带(链)错位，正时皮带跳齿等。

2. 故障诊断与排除

1）拆下火花塞，检测各气缸压缩压力，根据压力变化情况，确定是气缸活塞组故障、气门座故障，还是缸体缸盖或缸垫故障。

2）若在起动机开始转动的瞬间，缸压表指针上升很少，以后由低逐渐升高，但仍达不到标准压力，则可能是气缸、活塞和活塞环处漏气。可采用加机油法确诊，即向气缸内加入适量机油(20mL 左右)，再重新检测缸压，若缸压短时明显回升，可确诊为气缸、活塞和活塞环处漏气。也可在曲轴箱加机油口听诊，应有明显的窜气声。

3）若在起动机开始转动的瞬间，缸压表指针上升很少，且缸压表读数一直很低，则可能是气门处漏气，可采用向气缸注入压缩空气的方法确诊漏气部位。

4）若相邻两缸压力均低，发动机运转时化油器有回喷现象，可确定为气缸垫损坏，缸体、缸盖接合面不平而导致严重漏气。若气缸垫损坏部位与水道相通，则散热器冒气泡、火花塞电极上有水珠，甚至缸内进水，曲轴箱内机油呈现乳白色。

5）若上述部位正常，缸压仍过低，则可能是配气相位错乱导致。多为正时齿轮轮毂脱转，正时带(链条)松旷、滑齿或安装误差过大等造成气门关闭不严或不正常开启。

3. 气缸密封性检测

气缸密封性可通过检测气缸压缩压力、曲轴箱窜气量、气缸漏气量(率)及进气管真空度进行综合诊断。

（1）气缸压缩压力的检测

1）用缸压表检测。检测时应保证蓄电池电压充足，有足够的起动转速，节气门和阻风门全开，发动机工作温度正常。对于电子点火式发动机，应拔掉中央高压线，并将其搭铁，防止电子元件被高压电击坏。对于装有燃油切断电磁阀的，应拆开连接器。有条件时，可装设转速表进行监察。每缸测量三次，并与标准值对比，各缸缸压应不低于标准值的 85%，且各缸缸压差应不大于 3%(极限 10%)。如桑塔纳发动机的缸压为 1～1. 3MPa。

2）用气缸压力测试仪检测。可采用压力传感器式气缸压力测试仪、起动电流或起动电压降式气缸压力测试仪、电感放电式气缸压力测试仪检测气缸压力。起动电流或起动电压降式气缸压力测试仪的检测原理是：起动机带动发动机曲轴所需的转矩是起动机电流的函数，并与气缸压力成正比。发动机起动时的阻力矩，主要是由曲柄连杆机构产生的摩擦力矩和各缸压缩行程受压空气的反力矩两部分组成的。前者可认为是稳定的常数，而后者是随各缸气缸压力变化的波动量。因此，起动电流的变化与气缸压力的变化间存在着对应关系，通过检测起动时某缸的起动电流，即可确定该缸的气缸压力。通过检测起动电源——蓄电池的电压降，也可获得气缸压力。这是因为起动机工作时，蓄电池端电压的变化取决于起动机电流的变化。当起动电流增大时，蓄电池端电压降低，即起动电流与电压降成正比。已如前述，起动电流与气缸压力成正比，因此起动时蓄电池的电压降与气缸压力也成正比，所以通过测蓄电池电压降是可以获得气缸压力的。

（2）曲轴箱窜气量的检测　曲轴箱窜气量可用气体流量计检测，一般用作辅助诊断。测量时将曲轴箱密封(堵住机油尺口、曲轴箱通风进出口等)，在加机油口处用橡胶管将漏窜气体导出，输入气体流量计进行检测。新发动机的曲轴箱窜气量一般在 30L/min 以内，若超过 100～130L/min，则应进行大修。注意，曲轴箱窜气量与发动机的转速和负荷(尤其是外部负荷)有关。

任务二　诊断发动机怠速不正常故障

【任务内容】

1）诊断发动机怠速不正常的故障。

2）学习发动机怠速过高、熄火和不稳定的诊断与排除方法。

3）完成诊断发动机怠速不正常故障工作页。

【任务目标】

1）掌握发动机怠速过高、熄火和不稳定的故障的现象。

2）掌握发动机怠速过高、熄火和不稳定的故障的诊断与排除。

一、实践

先由学员各自尽可能自行完成如下工作页。然后，在教师的指导下完成本任务。

诊断发动机怠速不正常故障工作页

1. 由指导老师设置发动机怠速熄火的故障，学生查找正确故障原因是____________________，排除方法是____________________。

2. 由指导老师设置发动机怠速过高的故障，学生查找正确故障原因是____________________，排除方法是____________________。

3. 由指导老师设置发动机怠速不稳定的故障，学生查找正确故障原因是____________________，排除方法是____________________。

二、相关知识

发动机怠速运转是否良好，是发动机运转正常与否的标志之一。怠速不良的故障主要包括怠速熄火、怠速过高、怠速不稳及快怠速不良等故障。

发动机怠速不良时，应先按调整怠速的方式进行调整。如调整无效，则根据故障现象进行诊断。

1. 怠速熄火（无怠速）

（1）故障现象

1）发动机起动后，加速踏板不能完全放松，否则就会熄火。

2）怠速运转不稳，容易熄火。

3）汽车停驶时怠速良好，但行驶时变速器变速杆移至空档就熄火。

（2）故障原因

1）化油器的怠速调整螺钉调整不当。

2）化油器节气门下方漏气（包括化油器各衬垫、进气管衬垫处漏气）。

3）怠速量孔、怠速空气量孔及怠速油道堵塞。

（3）故障诊断与排除　怠速熄火诊断流程如图12-12所示。

2. 怠速过高

（1）故障现象

1）发动机怠速时，转速过高（超过正常怠速300~500r/min）。

2）无法调整至正常怠速转速范围或调慢就熄火。

（2）故障原因

1）节气门操纵杆受阻卡或弹簧过软，导致节气门不能完全关闭。

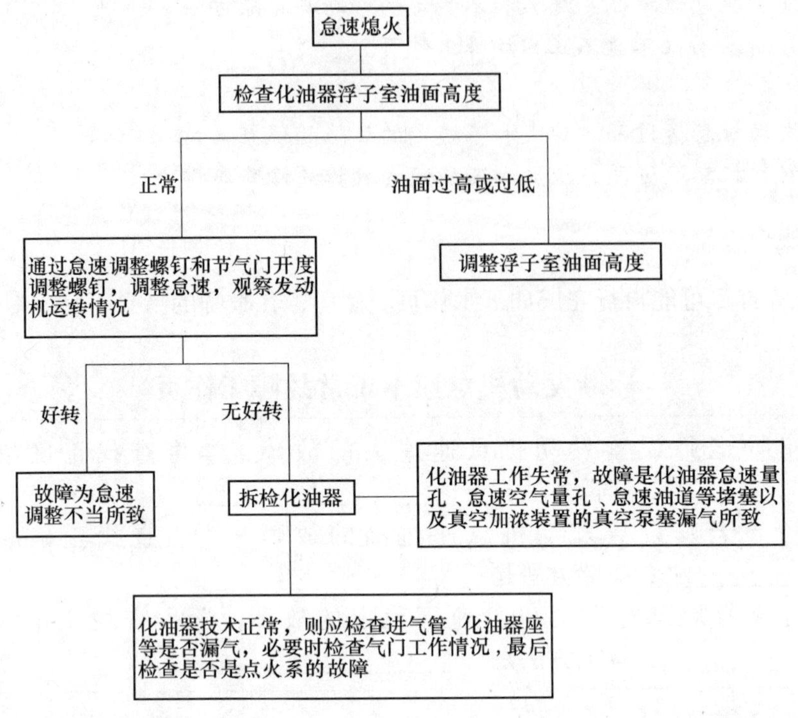

图 12-12　怠速熄火诊断流程

2）节气门轴松旷或节气门变形，使节气门开度增大，造成怠速喷孔和怠速过渡喷孔同时工作，怠速充气量增加。

3）化油器进气歧管紧固不良而漏气，化油器衬垫处漏气。

4）怠速量孔直径过大，怠速空气量孔堵塞。

5）怠速调整螺钉调整不当。

6）制动真空增压器及真空助力器空气阀漏气，或其他真空管道漏气。

（3）故障诊断与排除　怠速过高故障的诊断流程如图 12-13 所示。

3. 怠速不稳

（1）故障现象　怠速运转时，发动机抖动，转速不均匀。

（2）故障原因

1）怠速调整螺钉锥面有严重划伤、磨损或调整不当。

2）怠速量孔、怠速空气量孔及怠速油道堵塞、有脏物。

3）个别缸不工作或点火不正时。

4）气门间隙过大或过小。

5）进、排气歧管与气缸盖接合面或化油器固定螺栓、衬垫损坏而漏气。

6）节气门固定螺栓松动，致使节气门活动；节气门复位弹簧过软。

7）节气门轴松旷，怠速时从节气门轴处进入空气，影响了混合气的均匀性。

8）双腔并动化油器的两个怠速量孔调整不均。

（3）故障诊断与排除　怠速不稳故障的诊断流程如图 12-14 所示。

4. 快怠速不良

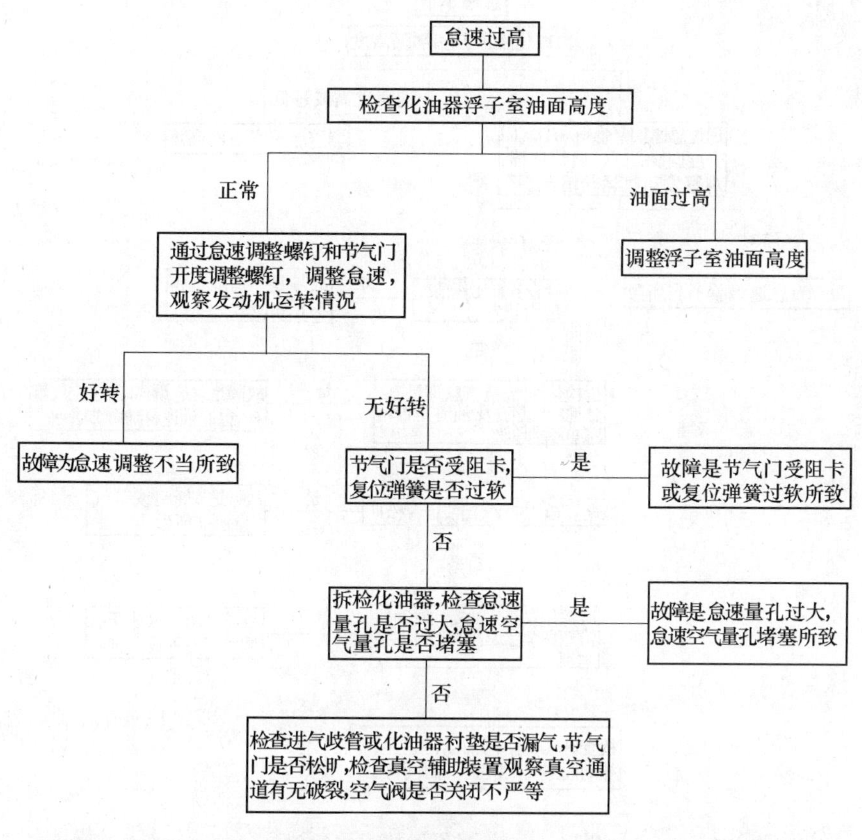

图 12-13　怠速过高故障诊断流程

（1）冷车快怠速不良　为缩短暖机时间，减少气缸磨损，降低排放，并达到节能目的，现代化油器轿车大多装有冷车快怠速装置。常见的快怠速装置有手动阻风门与节气门联动装置、怠速混合气增补装置、冷起动装置以及电温控自动阻风门装置等，可通过凸轮和联动拉杆自动控制节气门位置。

快怠速转速通常在 2000～2500r/min 之间，若无冷车快怠速或快怠速过低，可能是快怠速装置失效、快怠速调整不当或联动杆脱开，应视情况调整或维修。

（2）空调快怠速不良　空调快怠速通常比正常怠速高 100r/min。空调快怠速装置由真空管、电磁阀及作用于节气门操纵臂的驱动阀组成，其检查方法如下：

1）检查空调快怠速电磁阀及其导线。打开空调开关，听电磁阀有无“咔咯”声；也可用万用表检测电磁阀阻值及导线的通断情况。

2）检查空调电磁阀上通往进气歧管和驱动阀的两根真空管是否接反，真空管、驱动阀膜片是否漏气等。

3）用万用表检查继电器、热敏开关等。

4）上述正常，则打开空调开关，检查空调快怠速，若不符合要求，应转动空调快怠速调整螺钉进行调整。

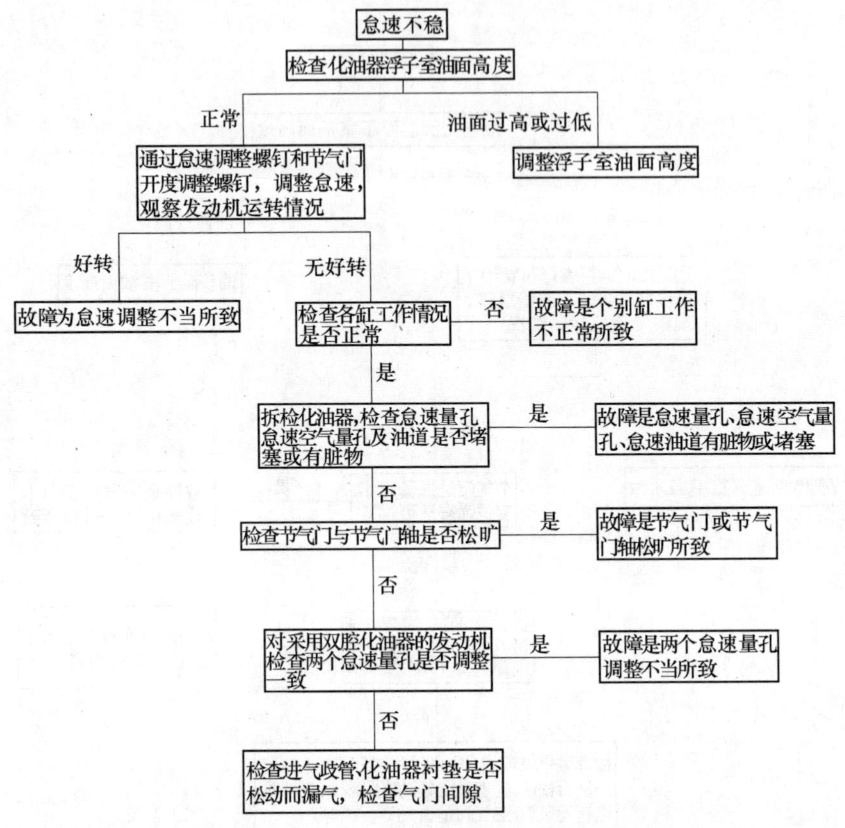

图 12-14　怠速不稳故障诊断流程

任务三　诊断发动机无力故障

【任务内容】

1）诊断发动机无力的故障。

2）学习发动机无力的诊断与排除方法。

3）完成诊断发动机无力故障工作页。

【任务目标】

1）掌握发动机无力的故障的现象。

2）掌握发动机无力的故障的诊断与排除。

一、实践

先由学员各自尽可能自行完成如下工作页。然后，在教师的指导下完成本任务。

诊断发动机无力故障工作页

1. 由指导老师设置发动机工作不良的故障，学生查找正确故障原因是__________，

排除方法是＿＿＿＿＿＿＿＿＿＿＿。

2. 由指导老师设置发动机回火的故障，学生查找正确故障原因是＿＿＿＿＿＿＿＿＿＿＿，排除方法是＿＿＿＿＿＿＿＿＿＿＿。

3. 由指导老师设置发动机加速不良的故障，学生查找正确故障原因是＿＿＿＿＿＿＿＿＿＿＿，排除方法是＿＿＿＿＿＿＿＿＿＿＿。

二、相关知识

导致发动机无力的原因很多，除点火系统、供给系统和机械故障外，冷却系统和润滑系统故障也直接影响发动机的工作状况。

（一）发动机工作不良

1. 故障现象

1）发动机在各种转速下工作不良、振抖严重，怠速时尤甚，且运转无力，加速困难。

2）排气管发出有节奏的“突突”声，有时伴有回火、“放炮”现象。

2. 故障原因

发动机以各种转速运转时若排气管均发出有节律的“突突”声，说明始终有一个缸不工作(个别缸不工作)或工作不良。若振抖严重，一般是两缸或两缸以上不工作或工作不良。若同时伴有无规则化油器回火或排气管“放炮”的现象，则为点火正时错乱或配气正时错乱。具体原因如下：

1）点火系统无火、断火和火弱。分电器凸轮磨损不均匀，分电器盖漏电或座孔脏污，分缸线漏电、插接不良，火花塞损坏、漏电、淹湿或电极间隙不当、积炭过多等。

2）供给系统故障。混合气过浓、过稀，曲轴箱通风装置不良、真空管漏气等。

3）机械故障引起的缸压降低、缸内进水等。

3. 故障诊断与排除

1）采用单缸断火法检查各缸工况，找出不工作或工作不良的气缸，从而区分出是单缸不工作还是多缸工作不良。发动机在800r/min下稳定工作时，依次使各缸断火，若某缸断火时发动机转速有明显下降，则该缸工作良好，若转速下降不明显或根本就不下降，说明该缸工作不良或不工作。

2）若个别缸不工作或工作不良，应进行分缸线试火，若无火或火弱，说明故障在该缸高压电路，重点检查该缸分缸线和火花塞。若分缸线火花正常，应检测该缸缸压，进行机械故障的诊断。

3）若多缸(各缸)不工作或工作不良，应进行综合诊断，以区分是点火系统故障、供给系统故障还是机械部分故障。

4. 故障案例

案例：奇瑞轿车功率下降，排气中有浓白烟的检修。

（1）故障现象　该车发动机功率下降，排气中有浓白烟，并有少许蓝烟和水蒸气，在气缸盖与气缸体接缝处有漏气现象。

（2）故障诊断与排除　根据故障现象，可以认为该车发动机气缸垫被冲损。气缸垫是缸体与气缸盖之间的密封件，工作条件比较恶劣，既承受高压气体冲击载荷，又随冷却液和机油的压力载荷，而且水、油和气对它还有腐蚀作用，所以缸垫容易损坏。

1）气缸垫被冲坏后的征兆。

① 气缸盖与气缸体接缝处有局部漏气现象。若在接缝处的周围抹上机油，看到某处有气泡冒出，则说明此处漏气，缸垫密封性失效。

② 散热器中水的表面浮有一层机油，说明气缸垫在油道与水道的中间位置损坏。

③ 排出废气中有浓白色烟，并有少许蓝烟和水蒸气，说明气缸垫在气缸口与水道间的某处损坏。

④ 气缸盖螺孔与螺栓上产生积炭，说明气缸垫在气缸口和气缸盖螺孔之间被烧坏。

⑤ 气缸垫被冲后，发动机功率下降。缸垫损坏严重时，发动机无法起动。

2）气缸垫损坏的原因。

① 紧固缸盖螺栓时，没有按规定的要求操作，各螺栓力矩不一致，使缸垫没有平整时贴在缸体与缸盖的结合面上。

② 热车拆下缸盖或拆缸盖螺栓时没有按规定操作，使缸盖应力不均，产生变形。变形后的缸盖与缸体不能平整贴合，有漏气之处，缸垫就容易在此被烧坏。

③ 气缸垫本身质量差。

④ 发动机经常超负荷工作或因点火过早导致长时间产生爆燃，缸内局部压力，温度过高冲坏非气缸垫。

3）更换气缸垫，试车，故障排除。

（二）发动机加速不良

1. 故障现象

1）急加速时，发动机转速不能及时升高，并且伴随有排气管“突突”声或化油器回火声。

2）加速时发动机转速下降，有时甚至熄火。

2. 故障原因

1）点火系统故障。断电器触点间隙过小、点火时间过迟、点火提前装置失效等。

2）供给系统故障。主要是化油器加速泵故障，致使混合气相对过稀。浮子室油面过低、主供油装置不良、加浓装置不良、进排气不畅等也会造成加速不良。

3）机械部分故障。缸压过低、配气正时失准、气门开度不足、气门间隙过大等。

3. 故障诊断与排除

发动机加速不良主要是化油器加速泵不良或点火提前装置不灵敏所致。诊断时，首先试车观察症状，检查点火正时和断电器触点间隙，其次检查供给系统，最后检查机械故障。

（三）发动机高速不良

1. 故障现象

发动机在低、中速时运转良好，高速时排气管发出无节奏的“突突”声。行驶过程中，发动机高速时有间歇性瞬时失速现象。

2. 故障原因

1）点火线圈、电容器工作不良。

2）分电器断电触点间隙过大或弹簧过软。

3）供油不足。

3. 故障诊断与排除

1）在发动机高速运转不良时，关起阻风门，若运转状态有所改善，说明故障为供油不足，按燃油系中、高速不良故障进行诊断。

2）在发动机高速运转时，作逐缸跳火试验，观察火花连续性。若火花线不连续，应按点火系统高速断火故障诊断与排除。

4. 故障案例

案例：富康RX型轿车加速不良。

（1）故障原因　汽车在行驶中加速性能不良，冷车起动困难。

（2）故障诊断与排除

1）检查空气滤清器芯清洁情况，正常。

2）用正时灯检查点火正时，正常。

3）发动机怠速时，用断火法测试各气缸工作状况，反应良好。

4）测试气缸压力为0.95~1.05MPa，属正常范围。

5）发动机熄火后，拆开化油器盖检查油平面，正常。但在扳动加速泵检查泵油情况时，发现喷油管不喷油。

拆下化油器，分解后检查加速泵膜片，稍有硬化，但不致影响加速泵油工作。向浮子室加注汽油，扳动加速泵时。喷油管不喷油。拆下喷管，检查喷油管座孔内无油，确定为加速进油道堵塞。用1.0MPa的压缩空气向加速泵的进、出油道进行吹通后，装好加速膜片及喷管，向浮子室加注汽油，扳动加速泵，汽油从喷管急速喷出。

重新装上化油器，起动发动机加速性能良好。

（四）发动机回火、“放炮”

1. 化油器回火

（1）故障现象　化油器回火就是发动机运转时，气缸内燃烧的火焰在进气管内燃烧以至回流到化油器形成回喷现象。

（2）故障原因

1）点火时间过迟。

2）分电器搭铁不良。

3）火花塞积炭、过热。

4）混合气过稀以及供油不畅。

（3）故障诊断与排除

1）适当关闭阻风门，若发动机工作好转，则为混合气过稀，按混合气过稀故障检查排除。若无变化，仍然回火，而且在加速时严重，同时排气管出现闷声，表明点火过迟，应调整点火正时。若发动机在低温工作良好，只在热车时回火，可检查火花塞是否热型不符或积炭过多。

2）检查分电器、断电触点固定螺钉是否松动而搭铁不良。

3）若发动机抖动，加速时回火、“放炮”，说明点火错乱。

2. 排气管“放炮”

（1）故障现象　发动机运转时，气缸内燃烧的火焰在排气管或消声器内燃烧而出现“放炮”现象。

（2）故障原因

1）点火过迟及不良点火。由于点火滞后，使燃烧延迟至排气行程而导致排气管“放炮”。表面点火或分电器搭铁不良也可能造成排气管“放炮”。

2）混合气过浓。由于主量孔过大、空气量孔堵塞、油面过高、化油器调整不当、油路供油压力过大、空滤器堵塞等使得混合气过浓，燃烧不完全，直至排气门打开时混合气进入排气管仍在继续燃烧而造成“放炮”现象。

3）排气门关闭不严及个别缸不工作。气门间隙过小、排气门密封不良等使得排气门关闭不严，火焰从排气门窜到排气管而造成放炮。个别缸不工作时，没有燃烧的混合气进入炽热的排气管而发生燃烧爆炸，造成排气管“放炮”。

（3）故障诊断与排除

1）检查各缸火花塞工作情况。若工作良好，可将点火适当提前看情况是否好转。

2）旋转主量孔调整螺钉，关小主量孔。

3）检查气缸压力。

（五）发动机爆燃

1. 故障现象

1）发动机怠速运转尚好，转速提高或突然加速时产生突爆。

2）当节气门突然开大或负荷增大（如换档提速、爬坡）时，发动机内部发出尖脆声响，这是危害性很大的爆燃特征。

2. 故障原因

1）点火系统故障。点火时间过早、断电器触点间隙过大、火花塞过热和表面点火等。

2）供给系统故障。混合气变浓、汽油牌号低抗爆性差。

3）机械故障。燃烧室及活塞顶部积炭过多，缸体、缸盖平面修磨量过大或更换的气缸垫过薄而使压缩比过大、缸压过高和发动机过热。

3. 故障诊断与排除

1）检查加入汽油的牌号是否与发动机要求一致。

2）检查断电器触点间隙是否过大，应调整为0.35～0.45mm。

3）如间隙正常，旋松分电器壳固定螺钉，将分电器壳顺分火头旋转方向转动少许，直到汽车加速时仅出现轻微的点火敲击声为止。

4）检查气缸压缩比。

5）如爆燃是由于发动机过热引起的，按发动机过热故障诊断排除方法排除。

（六）燃油消耗异常

1. 故障现象　发动机动力良好，但燃油消耗明显过高，加速时排气管排黑烟。

2. 故障原因

1）燃油泄漏。

2）燃油压力过高。

3）喷油器雾化不良或漏油。

4）冷起动喷油器漏油或控制电路故障，使冷起动喷油器长时间喷油。

5）冷却液温度传感器及其线路故障。

6）节气门位置传感器及其线路故障。

7）空气流量计（或进气压力传感器）及其线路故障。

3. 故障诊断与排除

1）起动发动机观察各油管接头是否有泄漏现象。若有，应给予修理。

2）检测冷却液温度传感器，其在不同温度下的电阻值应符合标准。若电阻太大，应更换。

3）检测空气流量计或进气压力传感器，其数值应符合标准。若检测结果不符合技术标准，应更换。

4）检查节气门位置传感器。节气门处于中小开度时，全负荷开关触点应断开。若全负荷开关触点始终闭合或闭合时间过早，应更换。

5）用万用表电压档或试灯接在冷起动喷油器线束插头上，检查发动机起动时冷起动喷油器工作的持续时间是否符合标准值。若其工作时间过长或一直工作，应检查冷起动温度时间开关及控制电路。

6）将冷起动喷油器拆下，检查是否有漏油现象。若有，应更换。

7）检查喷油器工作性能，并更换工作不良的喷油器。

8）故障排除后，清除故障码。

任务四　诊断发动机润滑不良故障

【任务内容】

1）诊断发动机润滑不良的故障。

2）学习发动机润滑不良的诊断与排除方法。

3）完成诊断发动机润滑不良故障工作页。

【任务目标】

1）掌握发动机润滑不良的故障的现象。

2）掌握发动机润滑不良的故障的诊断与排除。

一、实践

先由学员各自尽可能自行完成如下工作页。然后，在教师的指导下完成本任务。

诊断发动机润滑不良故障工作页

1. 由指导老师设置发动机机油压力低的故障，学生查找正确故障原因是＿＿＿＿＿＿＿＿＿＿，排除方法是＿＿＿＿＿＿＿＿＿＿。 2. 由指导老师设置发动机机油压力高的故障，学生查找正确故障原因是＿＿＿＿＿＿＿＿＿＿，排除方法是＿＿＿＿＿＿＿＿＿＿。 3. 由指导老师设置发动机机油消耗过多的故障，学生查找正确故障原因是＿＿＿＿＿＿＿＿＿＿，排除方法是＿＿＿＿＿＿＿＿＿＿。

二、相关知识

发动机润滑系统技术状况不良，会加剧机件的磨损，直接影响发动机使用寿命。正常情况下，汽油发动机机油压力为196~392kPa。压力过高或过低都会影响发动机正常使用。发动机运行时，部分动配合零件处于高温、高压、高速和小间隙配合条件下运动，若润滑系统出现故障，各摩擦表面将得不到良好的润滑、散热和清洗，必然会加速零件的磨损，影响发动机的正常工作，降低发动机使用寿命。发动机润滑系统常见故障有机油压力过低、机油压力过高、机油消耗异常、机油变质等。润滑系统常见故障的部位如图12-15所示。

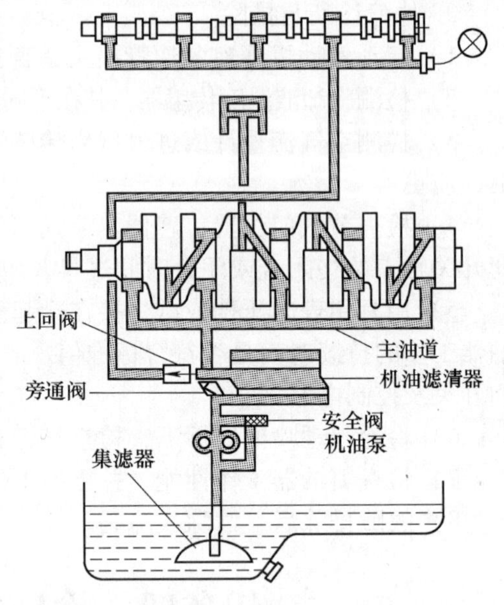

图12-15　桑塔纳2000GSi型轿车AJR型发动机润滑系统故障部位示意图

（一）机油压力过低

1. 故障现象

1）发动机怠速运转时，机油压力表指示压力过低或机油警示灯亮。

2）发动机转速高达一定程度时，报警灯闪亮，蜂鸣器报警。

2. 故障原因

1）使用机油型号不当，机油粘度过低。

2）机油变质劣化（混有水或燃油）。

3）机油温度过高。

4）机油量过少。

5）集滤器堵塞。

6）机油泵工作不良。

7）机油泵限压阀关闭不严或限压阀弹簧损坏。

8）发动机曲轴轴承、连杆轴承间隙过大或机油油路、油管严重泄漏。

9）机油压力表或传感器失效。

3. 故障诊断与排除

1）将车辆停放在平坦地面上，拔出油尺，如图12-16所示，检查机油油面高度。若油面过低，应加足机油。

2）观察油尺上机油颜色，若呈现乳白色，说明机油渗入水份已变质，粘度下降使油压偏低，应给予更换。

3）拆下机油压力传感器，装上机油压力检测表，若机油压力达到规定值，而机油压力表指示的油压过低（或机油警示灯不灭），说明机油压力传感器或机油压力表故障。换上新的机油压力传感器，起动发动机怠速运行，若机油压力表指示正常（或机油警示灯灭），则机油压力传感器故障。若故障现象依旧，表明机油压力表故障。

4）若机油压力表指示的机油压力在怠速、2000r/min时均低于规定值，应将检测表安装在气缸体主油道机油压力传感器位置上，起动发动机，检测机油压力。若压力仍高于规定值，说明滤清器至主油道间有堵塞或限压阀故障。若压力无多大变化且较低，拆下限压阀清洗，在弹簧后端面加装挚片后再重新进行压力检测。若机油压力明显提高，说明限压阀故障。

5）加垫后压力仍偏低，应拆下油底壳，检查集滤器是否堵塞、曲轴轴承和连杆轴承间隙是否过大。若是，应加以修复。

6）上述检查均正常，说明故障为机油泵磨损过多。

（二）机油压力过高

1. 故障现象

发动机运行中机油将机油滤清器等密封圈冲裂或发动机起动后机油压力增至 0.49MPa 以上。

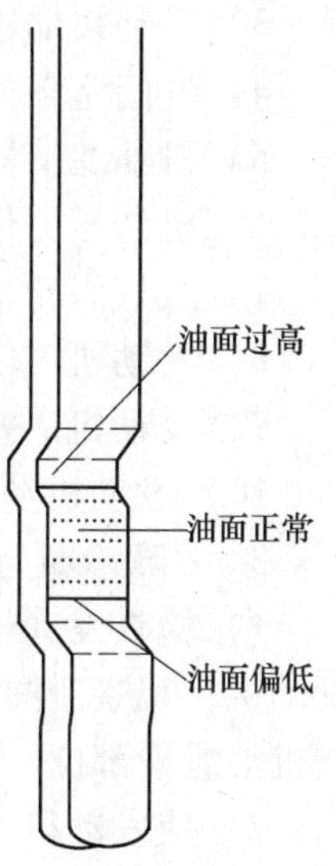

图 12-16　检查润滑油油面高度

2. 故障原因

1）机油滤清器堵塞且旁通阀开启困难。

2）曲轴箱通风阀（PCV 阀）堵塞。

3）气缸体主油道堵塞。

4）新装配的发动机曲轴轴承或连杆轴承间隙过小。

5）机油粘度过高。

6）限压阀调整不当。

7）机油压力表或传感器失效。

3. 故障诊断与排除

1）拔出油尺检查润滑油粘度。若粘度过大，应予以更换。

2）拆下曲轴箱通风管检查 PCV 阀是否堵塞，若堵塞说明机油压力偏高是因曲轴箱通风不良引起，应更换 PCV 阀。

3）在机油滤清器支架的机油压力传感器位置安装机油压力检测表。起动发动机，怠速运转，观察机油压力检测表读数。

① 若机油压力达到规定值，说明机油压力传感器或机油压力表故障。换上新的机油压力传感器，起动发动机怠速运行，若机油压力表指示正常，则机油压力传感器故障。若故障现象依旧，表明机油压力表故障。

② 若机油压力高于规定值，拆下旁通阀取出旁通阀弹簧，起动发动机怠速运行。若此时机油压力正常，说明机油滤清器堵塞，旁通阀开启困难引起压力过高。若故障现象依旧，将限压阀调整螺栓退出少许，若机油压力降低，说明故障为限压阀调整不当。

4）在缸盖主油道上安装压力表检测机油压力，如果机油压力过低，说明缸体主油道到缸盖间有堵塞，应予以修复。

5）对于刚大修好或新装配的发动机，转动曲轴感觉其旋转灵活性，若转动曲轴时感觉很重，说明曲轴装配过紧引起机油压力偏高。

（三）发动机润滑油消耗异常

1. 故障现象

1）发动机工作时，排气管排蓝烟。

2）发动机的机油消耗量超过 0.1L/100km（柴油发动机 0.5L/100km）以上。

3）发动机机体上有机油泄漏痕迹，停车位置地上有油污。

2. 故障原因

1）活塞环弹力不足或活塞环口重叠。

2）活塞环侧隙、端隙过大。

3）发动机曲轴前后油封漏油。

4）气门室盖工作面不平或密封垫损伤导致机油泄漏。

5）机油滤清器松动或密封圈损坏使机油泄漏。

6）机油压力传感器密封圈处泄漏。

7）废气涡轮增压器轴磨损过多(装有废气涡轮增压器的发动机)。

8）发动机气门油封漏油。

9）发动机活塞与气缸壁间隙过大。

10）发动机油底壳衬垫漏油。

3. 故障诊断与排除

1）检查发动机上是否有机油泄漏的痕迹。若有，在清洁好发动机外部油污之后，起动发动机，观察泄漏情况，或往发动机机油中加入荧光检漏剂，起动发动机后用荧光检漏仪检查机油泄漏部位。如有泄漏应予以修复。

2）使发动机中速运转，观察发动机排气烟色。若排气管排出的是蓝烟，则应检测发动机气缸压力。若气缸压力过低，同时出现发动机动力不足，起动困难，急加速敲缸，则说明发动机活塞环磨损过多或活塞与气缸壁间隙过大，应对发动机进行维修。

3）若发动机气缸压力正常，则故障应为气门油封漏油，或废气涡轮增压器轴磨损过多，机油进入气管内(装有废气涡轮增压器的发动机)。

(四) 机油变质

1. 故障现象

1）将机油滴在白纸上进行目测，机油呈黑色并有杂质，或者油滴外缘呈黄色而核心为黑色，用手捻搓，机油失去粘性并有杂质感。

2）机油液面高度增加，且呈浑浊乳白色，伴有发动机过热或个别缸不工作现象。

3）机油变稀，液面高度增加，且有汽油味，并伴有混合气过稀或不来油现象。

2. 故障原因　机油变质主要是高温氧化或混入冷却液、汽油及其他杂质所致。

1）机油品质差或使用时间过长。

2）气缸活塞组漏气、曲轴箱通风不良，机油受燃烧废气污染而变质。

3）燃烧炭渣、金属屑或其他杂质过多，落入油底壳使机油变质。

4）汽油泵膜片破裂，汽油漏入油底壳稀释机油。

5）气缸垫损坏、气缸体或气缸盖破裂，冷却液漏入油底壳使机油变为乳白色。

6）机油散热器不良、发动机过热，使机油温度超过70～80℃，加速机油高温氧化。

3. 故障诊断与排除

1）根据机油颜色和症状特征判断机油是否变质(经验法)，也可利用机油清净性分析仪、机油粘度检测仪测定机油的粘度、颜色，有无汽油、水分和其他杂质等。

2）根据机油变质后的征兆，确定故障原因和故障部位。如机油呈浑浊乳白色且油面增高，说明气缸内进水。如机油中掺有汽油且油面增高，说明汽油泵膜片破裂漏油。

3）检查机油是否使用时间过长，未定期更换。

4）检查机油滤清器滤清效果是否良好。

5）检查曲轴箱通风阀是否失效。

6）检测缸压，判断气缸活塞组是否漏气窜油。

任务五　诊断发动机冷却不良故障

【任务内容】

1）诊断发动机冷却不良的故障。

2）学习发动机冷却不良的诊断与排除方法。

3）完成诊断发动机冷却不良故障工作页。

【任务目标】

1）掌握发动机冷却不良的故障的现象。

2）掌握发动机冷却不良的故障的诊断与排除。

一、实践

先由学员各自尽可能自行完成如下工作页。然后，在教师的指导下完成本任务。

诊断发动机冷却不良故障工作页

1. 由指导老师设置发动机过热的故障，学生查找正确故障原因是＿＿＿＿＿＿＿＿，排除方法是＿＿＿＿＿＿＿＿＿＿＿。

2. 由指导老师设置发动机过冷的故障，学生查找正确故障原因是＿＿＿＿＿＿＿＿，排除方法是＿＿＿＿＿＿＿＿＿＿＿。

3. 由指导老师设置发动机冷却液消耗过多的故障，学生查找正确故障原因是＿＿＿＿＿＿＿＿＿＿＿，排除方法是＿＿＿＿＿＿＿＿＿＿＿。

二、相关知识

发动机冷却系统的技术状况，对其动力性、经济性及可靠性的影响都很大。实验资料表明：当冷却液温度从90℃降到40℃时，燃料消耗量约增加30%，功率约降低10%左右；当冷却液温度从90℃升到120℃时，耗油量增加，功率却降低约5%左右；当冷却液温度从8O℃降到30℃时，材料磨损将增加5倍左右。因此，发动机在任何情况下都必须使冷却系统保持在80～90℃的最适宜温度，才能使发动机工作正常，从而使寿命延长。冷却系统常见故障有冷却系统温度过高、冷却系统温度过低、冷却液消耗异常等。冷却系统常见故障部位如图12-17所示。

（一）冷却系统温度过高

1. 故障现象

1）汽车在行驶中冷却液温度超过90℃，水温表针指向红线（轿车超过105℃水温警告灯闪亮），直到沸腾（俗称“开锅”）。

2）运行中冷却液温度在90℃以上，如一停车冷却液立即沸腾。

3）发动机在加速时伴随有明显的金属敲击声，同时动力不足，水温警告灯闪亮，难以熄火。

2. 故障原因

1）冷却系统堵塞或水道中有水垢。

2）水泵损坏。

3）节温器失灵。

4）风扇电机损坏或硅油风扇离合器损坏。

5）百叶窗关闭或开度不足。

6）风扇带打滑或断裂。

7）散热器散热片倾倒过多或泥砂堵塞。

8）气缸垫冲坏或缸体、缸盖出现裂缝，高温气体进入冷却系统。

9）点火时间过迟或配气相位不对。

10）发动机燃烧室积炭过多。

11）空调冷凝器的冷却风扇不转。

12）长时间大负荷、低速度运行。

13）冷却液严重泄漏。

14）风扇温控开关高速档失灵或全部失灵。

15）机油油量不足或粘度太大。

16）混合气太浓或过稀。

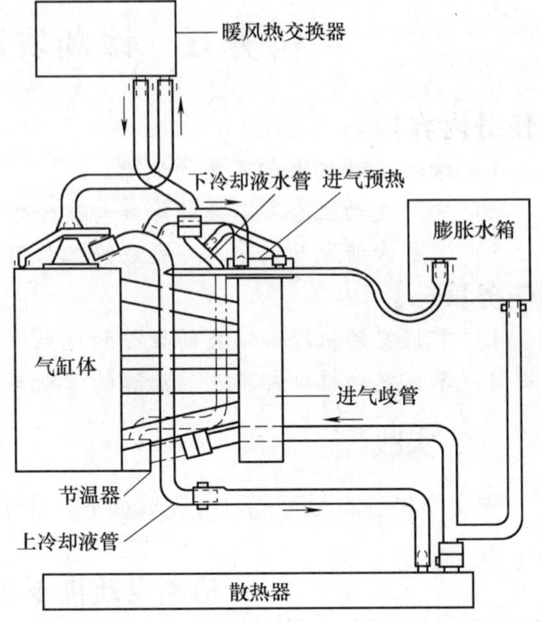

图 12-17　桑塔纳 2000GSi 型轿车 AJR 发动机冷却系统故障部位示意图

3. 故障诊断与排除

1）检查百叶窗是否关闭或开度不足(有百叶窗的车型)。

2）检查风扇。

① 水泵(风扇)带是否过松、打滑或断裂。

② 使用硅油离合器的风扇，热机后将发动机熄火，用手转动风扇叶片，若无阻力或阻力很小，说明硅油离合器有故障，应进行检修或更换。

③ 装用电动风扇的发动机，发动机冷却液温度高于规定数值时风扇不转，应检查熔丝是否良好。若熔丝正常，拔下热敏开关插头，将两插片直接接通，若风扇仍不转，表明电扇损坏或电扇到温控开关的电路有故障。若电扇转动，表明温控开关有故障。

3）若发动机冷却液温度过高，应打开散热器盖检查冷却液量。若不足，往冷却系统中加入少许水溶性荧光检漏剂。起动发动机怠速运行几分钟，用荧光检漏仪检查冷却系统有无泄漏或渗漏现象。若有泄漏应进行维修。拔出机油尺观察机油颜色，若机油呈乳白色，说明发动机机体内有冷却液渗漏。

4）检查机油油量及粘度。若油量过少，应及时添加；若机油粘度过大，应更换机油。

5）由怠速开始加速，同时用手握住水管，感觉水管中水的流动速度是否能随转速的提高而迅速加快。若不是，说明冷却系统有堵塞或水垢过多影响流速，应对冷却水道进行除垢。

6）分别在怠速、中、高速条件下观察排气烟色。若排出的是黑烟，说明混合气过浓，应进行调整或维修。怠速时急加速，如果发动机转速有短时失速或回火现象，说明发动机混合气过稀。

7）检查喷油正时(柴油机)或点火正时(汽油机)，若不正时，应予以调整。

8）拆下节温器，如图 12-18 所示，将节温器浸入水中加热检查节温器阀门开启温度。当水温达到规定数值时，节温器应开始打开，冷却液沸腾时节温器阀门升程应达到要求的高度。若不正常，应更换新件。

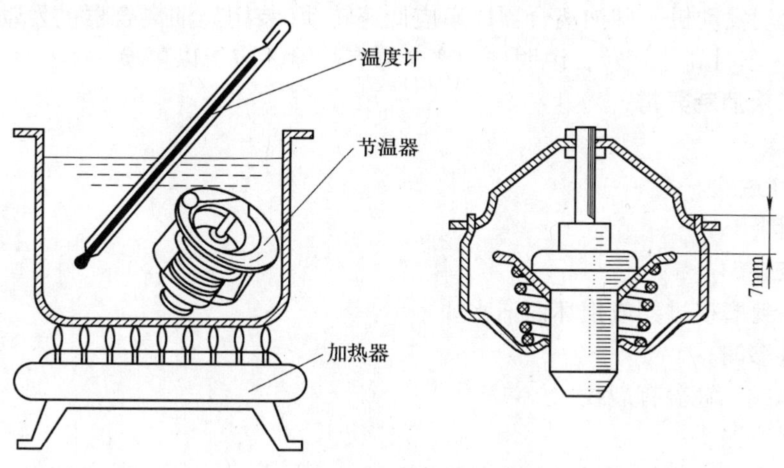

图 12-18　节温器的检测试验

9）拆下散热器盖并加满冷却液，让发动机运行几分钟后，观察散热器盖处是否有很多水泡冒出甚至喷水。若有，说明发动机气缸垫已被冲坏。

10）拆下火花塞（汽油机）或喷油器（柴油机）用工业用内窥镜观察发动机燃烧室内积炭情况。若积炭过多，应加以清除，防止发动机早燃或爆燃。

11）以上检查均正常，则应检查发动机排气门间隙。若间隙过大应进行调整。若间隙正常，检查发动机排气系统是否畅通，再对发动机配气相位进行检查和调整。

（二）冷却系统温度过低

1. 故障现象

1）发动机运转一定时间后温度仍低于正常工作温度。

2）冷却液温度表指示值低于发动机正常工作温度。

3）发动机乏力，排气管时有“放炮”声。

2. 故障原因

1）节温器阀门常开。

2）百叶窗不能关闭。

3）温控开关、风扇电机线路故障（风扇常开）。

4）冷却液温度表及其线路故障。

5）冷却液温度传感器损坏。

6）硅油离合器故障（装用硅油离合器风扇的车辆）。

3. 故障诊断与排除

1）检查百叶窗是否关闭自如或未装保温罩（在冬季环境温度较低时）。

2）冷车起动后打开散热器盖，使发动机加速，观察水流速度及流量。若水流速度很快、流量大，说明节温器常开或未装节温器，应更换或加装节温器。

3）若冷却液温度表指示温度偏低，而用手触试散热器时感觉很烫，用温度计测量冷却液温度却正常，说明冷却液温度传感器或冷却液温度表有故障。

4）冷车起动发动机。此时电动风扇不应运转(装用电动风扇的车辆)。若此时电动风扇运转，说明温控开关失灵，应予以更换。

5）冷车起动发动机。硅油离合器风扇应低速转动(装用硅油离合器的发动机)。若硅油离合器风扇在冷车时高速旋转，说明硅油离合器有故障，应予以更换。

(三) 冷却液消耗异常

1. 故障现象

冷却液消耗过快。

2. 故障原因

1）水管破裂。

2）水泵水封磨损过甚或损坏而漏水。

3）气缸垫渗漏。

4）气缸体或气缸盖有裂纹。

5）散热器泄漏。

6）散热器盖进、排气阀失灵使冷却液泄漏。

7）膨胀水箱盖泄漏。

3. 故障诊断与排除

1）直观检查机体、水泵、散热器及各水管连接处有无冷却液渗出，必要时可对冷却系统进行加压检查。或用荧光检漏仪检测，若有渗漏，应进行维修。

2）拔出机油尺，观察是否有冷却液泄漏到机油中。若有，应对发动机进行检修。

3）如果发动机行驶无力，且排气管排白烟，则应检查发动机气缸垫是否已被冲坏。若有，应检修发动机。

课题十三　电控汽油机故障诊断与排除

任务　诊断电控汽油机故障

【任务内容】

1）诊断电控汽油机故障。

2）学习电控汽油机故障诊断与排除。

3）完成诊断电控汽油机故障工作页。

【任务目标】

1）了解电控汽油机故障诊断的注意事项。

2）掌握电控汽油机故障诊断的步骤和方法。

3）掌握电控汽油机故障自诊断系统。

一、实践

先由学员各自尽可能自行完成如下工作页。然后，在教师的指导下完成本任务。

诊断电控汽油机故障工作页

1. 车辆信息登记与故障再现

（1）车辆信息登记　如表13-1所示。

表13-1　车辆信息登记

项　目	内　容
车辆型号(VIN码)	
发动机型号	
客户投诉	车辆无法起动
维修接待的维修意见	检查发动机ECU电源电路

（2）故障再现

1）转动点火开关，观察发动机故障灯状态。　　□亮　　□不亮

如果不亮，则说明发动机故障灯电路或者ECU电源电路存在故障。

2）起动发动机，观察故障现象，在发动机出现的下述现象前打“√”。

□ 发动机起动困难。

□ 发动机加速不良。

□ 发动机回火。

☐ 发动机怠速不稳定。

☐ 发动机发抖。

☐ 发动机起动后熄火。

☐ 踩下加速踏板后发动机熄火。

☐ 其他。

3）你观察到的故障现象是否与客户投诉的故障现象一致？如果不一致，是故障现象多了，还是少了？

2. 诊断流程（以丰田 8A-FE 发动机为例）

（1）ECU 外观目检。

1）线束连接器是否连接良好？ ☐ 是 ☐ 否

2）拔出线束连接器观察是否有锈蚀、松动。 ☐ 是 ☐ 否

3）将检查结果填在表 13-2 中。

表 13-2 ECU 外观检查

故障部位	维修建议
ECU 线束连接器	
线束连接器	

（2）根据维修手册查找 ECU 电源电路的电路图及电路说明 将其画在下列空白处。

电路图：

电路说明：

（3）检查 ECU 电源电路 填写下面数据。

1）在关闭点火开关条件下测量：

BATT、E1 端子之间________V；标准电压：________V。

BATT 与发动机机体（即搭铁）之间________V；标准电压：________V。

以上测量数据与标准数据相比是否正常？并分析故障原因及给出维修建议。

测量数据：

故障原因：

维修建议：

2）在打开点火开关条件下测量：
+B、E1 端子之间________V；标准电压：________V。
+B 与发动机机体(即搭铁)之间________V；标准电压：________V。
以上测量数据与标准数据相比是否正常？并分析故障原因及写出维修建议。
测量数据：

故障原因：

维修建议：

3）在“打开点火开关”条件下测量：
VC、E1 端子之间________V；标准电压：________V。
VC 与发动机机体(即搭铁)之间________V；标准电压：________V。
以上测量数据与标准数据相比是否正常？并分析故障原因及写出维修建议。
测量数据：

故障原因：

维修建议：

4）根据以上(1)、(2)、(3)步的检查结果，你的结论及维修建议是：

3. 车辆复位与清洁

如表 13-3 所示。

表 13-3　车辆复位与清洁

项　目	内　容
起动车辆	□任务完成
发动机故障灯状态	□正常　　□不正常
观察发动机运转状态	□正常　　□不正常
读取故障码 清除故障码	具体操作见学习任务 14
车辆检验、交车	□任务完成

二、相关知识

在汽车维修中，如何准确迅速地诊断故障的原因，判别故障部位，对于提高工作效率、缩短修理时间是非常重要的。

有足够的点火高压与能量、恰当的混合气空燃比、正确的点火时刻和正常的气缸压缩压力是发动机正常运行的必要条件。若有一个条件不能满足，发动机将运行不良。常见故障的诊断与排除是从上述四个方面入手的。

（一）电控汽油机故障诊断注意事项

1. 进气系统

1）进气软管不能有破裂，安装各种卡箍要紧固可靠。

2）发动机上的真空管不能破裂、扭结和插错。

2. 燃油系统

1）拆卸油管前首先应释放燃油系统内的油压。

2）油管接头与螺母或接头螺栓连接时应使用新垫片。

3）O 型密封胶圈不可以重复使用。

4）起动发动机运行前，应确认燃油系统无漏油。

5）要注意电控发动机使用的汽油品质。

3. 电控系统

1）在拆卸或安装各类传感器、信号开关及连接器前，应首先关闭点火开关。

2）拆卸和安装发动机 ECU 前应首先关闭点火开关，然后拆下蓄电池负极上的搭铁线。要注意：带有安全气囊的车，应在拆下搭铁线 2～3min 后，再进行诊断工作。

3）安装蓄电池时特别注意正、负极不可接反。在车身上实施电弧焊作业时，应先断开蓄电池负极线。

4）计算机不能靠近强磁场。

5）不能用起动电源帮助起动。用其他蓄电池辅助起动时，应先关闭点火开关后再跨接。

6）不可用水冲洗发动机。

7）不可使用一般灯泡作测试灯，更不允许采用搭铁试火的方法来测试电源电路是否断路。

8）检测控制系统电阻必须使用内阻 10MΩ 以上的液晶显示数字式万用表。

9）安装发动机 ECU 时应注意防止高压静电的产生。

（二）故障诊断的程序和步骤

1. 电控汽油喷射发动机故障诊断的一般程序

1）先思后行。

2）先外后内。

3）先简后繁。

4）先易后难。

5）代码优先。

6）积累资料。

2. 电控汽油喷射发动机故障诊断的基本诊断步骤

1）填写用户调查表。

2）外观初步检查。电控燃油喷射系统大多数是小故障。应注意线路短路或断路，各种真空管和进气管路均不能有破裂，喷油器应安装正确，密封圈完好。

3）故障再现。驾驶汽车以车速、负荷和道路条件达到产生故障的条件，尽力使故障现象再度出现。

4）启动故障自诊断系统，故障诊断基本流程如图 13-1 所示。

（三）电控汽油喷射发动机故障的诊断方法

1. 冷车起动困难

冷车起动困难指在发动机冷却液温度低于发动机工作温度下起动时，需要起动若干次才能起动，或者根本不能起动。而在发动机正常工作温度下，即热起动时，一起动发动机就立即能够运转。冷起动困难的根本原因是混合气过稀或过浓。冷车难发动的故障原因有冷起动喷油器不喷油、冷却液温度传感器故障、进气温度传感器故障、喷油器雾化不良、进气管积

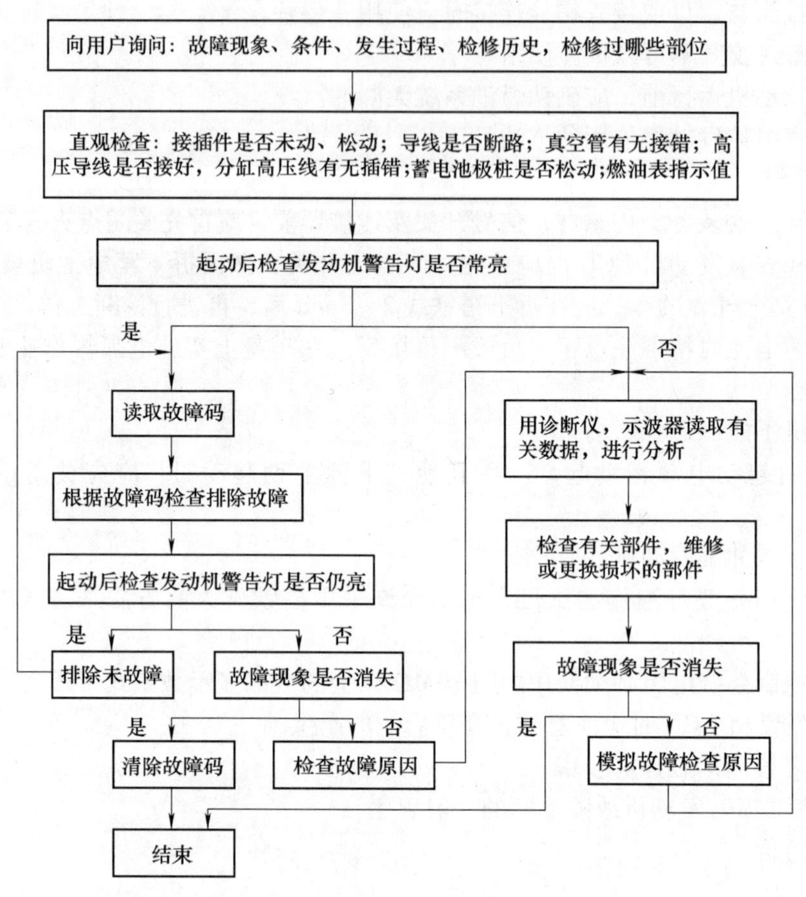

图 13-1　故障自诊断系统故障诊断基本流程

炭、点火能量不够、火花塞故障和怠速控制阀故障等，其故障诊断流程如图 13-2 所示。

2. 热车起动困难

热车起动困难是指发动机冷车起动正常。当运转的发动机熄灭后，再次起动困难，甚至不能发动。

热起动困难的故障原因有冷却液温度传感器故障、进气温度传感器故障、多个喷油器漏油或严重雾化不良、冷起动喷油器故障、怠速阀故障、油压过高和点火能量不足等。热车起动困难故障诊断流程如图 13-3 所示。

3. 怠速转速过低

在发动机怠速时接通空调开关，或动力转向开关接通，或变速杆从 P 位或 N 位挂入 D 位时，正常情况下怠速会自然提高。如果发动机怠速调整(匹配)的太低或在上述开关接通情况下，怠速下降，造成怠速不稳甚至熄火，说明发动机怠速控制系统有故障，故障原因为发动机怠速转速过低。

发动机怠速转速与其温度、负荷有关。发动机怠速太低的原因有怠速控制阀故障、节气门位置传感器信号不正确等。其诊断流程如图 13-4 所示。

4. 怠速转速过高

发动机怠速转速过高，超过发动机怠速运转技术要求。发动机怠速过高主要是怠速时吸

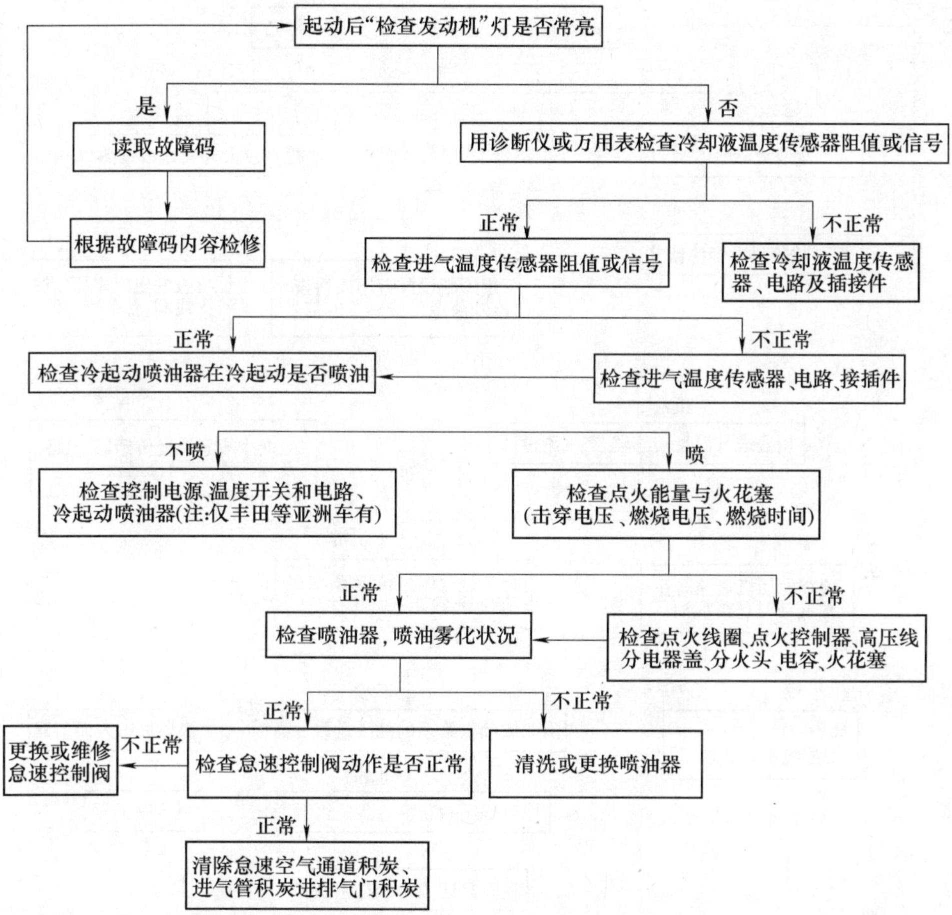

起动后“检查发动机”灯是否常亮
是
读取故障码
根据故障码内容检修
否
用诊断仪或万用表检查冷却液温度传感器阻值或信号
正常
检查进气温度传感器阻值或信号
不正常
检查冷却液温度传感器、电路及插接件
正常
检查冷起动喷油器在冷起动是否喷油
不正常
检查进气温度传感器、电路、接插件
不喷
检查控制电源、温度开关和电路、冷起动喷油器(注:仅丰田等亚洲车有)
喷
检查点火能量与火花塞(击穿电压、燃烧电压、燃烧时间)
正常
检查喷油器，喷油雾化状况
不正常
检查点火线圈、点火控制器、高压线分电器盖、分火头、电容、火花塞
正常
检查怠速控制阀动作是否正常
不正常
更换或维修怠速控制阀
不正常
清洗或更换喷油器
正常
清除怠速空气通道积炭、进气管积炭进排气门积炭

图 13-2　冷车起动困难诊断流程

入发动机空气的质量过多或发动机控制信号错误。

怠速转速过高的原因有进气温度传感器、冷却液温度传感器、节气门位置传感器、空气流量计(或进气歧管绝对压力传感器)故障、开关信号故障、怠速控制阀故障、节气门体故障、喷油器故障、发动机控制单元故障或匹配设定有问题等。怠速转速过高故障诊断流程，如图 13-5 所示。

5. 发动机加速不良、动力不足

发动机加速不良的两种现象：一种是踩下加速踏板，发动机加速时间过长；另一种是踩下加速踏板，发动机转速不但不上升反而下降。发动机动力不足、加速迟缓通常是由于混合气过稀或过浓，点火系统故障、发动机机械系统故障等原因引起的。

故障的原因有燃油系统油压过高或过低、喷油器喷油不良、传感器信号错误、点火高压低、点火能量小、点火正时不正确、气缸压缩压力低和排气管堵塞等。

发动机加速不良，动力不足故障诊断流程如图 13-6 所示。

6. 常见故障诊断实例

案例 1：一辆丰田型轿车装有 2TZ-FE 发动机，在发动机正常温度下，起动机能带动发

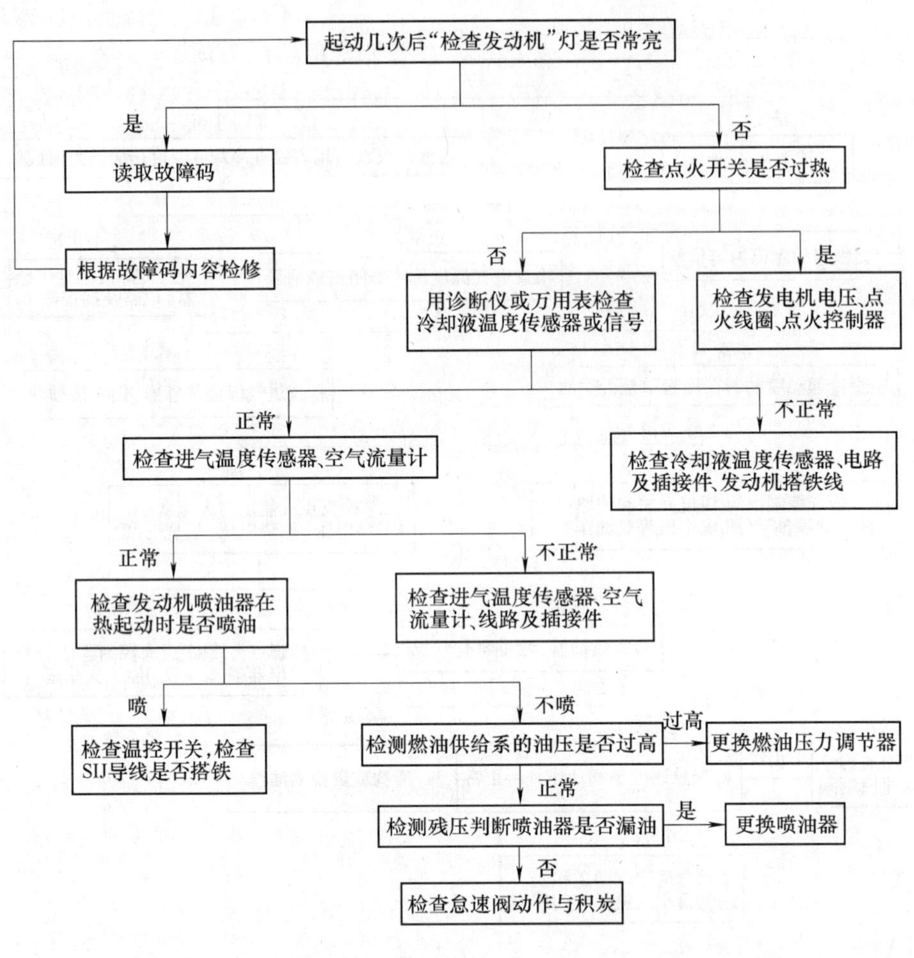

图 13-3 热车起动困难诊断流程

动机起动运转，但在冷车时，发动机不能起动。

故障诊断与排除程序如下：

1）检查熔丝及各插接件。

2）检查火花塞。

3）检查喷油器。

4）检查输油压力。

5）检查油泵。把点火开关接通，使油泵继电器接线端子 Fp 与 ECU 上的 + B，用跨接线短路。能感到油泵运转的声音及油压，但仅 2 ~ 3s 后声音和油压便下降了。用万用表检测油泵接线端子电阻，阻值为 1Ω。

6）检查继电器和 ECU 接线端子。

7）再检查熔丝。

案例 2：一辆装有 2JZ-GE 发动机的丰田皇冠 3.0 轿车在高速公路上正常行驶。有一天，出车在途中停车一会儿后，怎样也不能起动发动机。

故障诊断与排除程序如下：

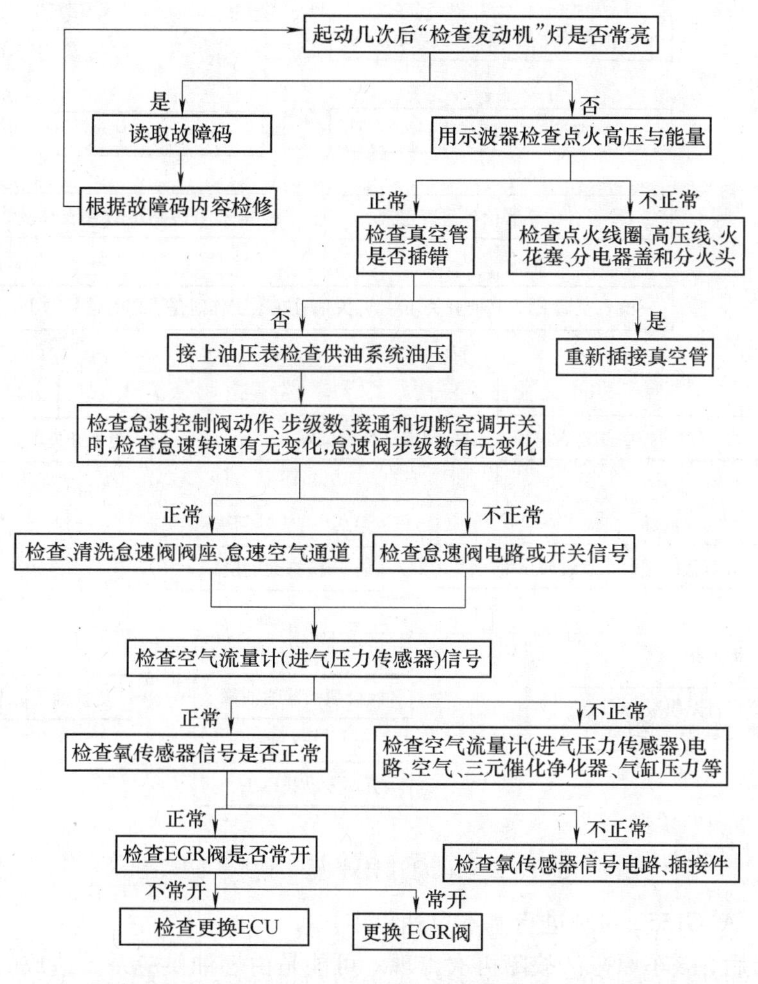

图 13-4　发动机怠速转速过低故障诊断流程

1）检查熔丝。换上新的熔丝后，仍不能起动。

2）检查燃油系统。用跨接使 Fp 与 +B 短接，没有听到油泵的转动声音。但在油泵端子上直接连上电源电压，油泵转动了，油压也有了。这说明油泵本身无故障。

3）检查油泵的驱动回路。在油泵继电器的 Fp 端子和气缸体之间接上万用表，接通点火开关，转动曲轴的同时，短接油泵的短路端子，万用表显示为零，说明油泵继电器的触点没有闭合。对油泵继电器本身进行检测，结果正常。

4）再次检查熔丝。只好再重新检查熔丝。结果发现一个点火用的 7.5A 熔丝断了。

案例 3：一辆桑塔纳 2000Gsi 型轿车，发动机怠速转速过高，有时为 900r/min，有时高达 1200r/min，并且伴有发动机怠速不稳。

故障诊断与排除程序如下：

1）检查节气门拉线松紧度程度，确认节气门在怠速时全部关闭。

2）测量怠速控制阀电阻为 18Ω，正常。

3）将节气门体及怠速控制阀拆下，用化油器清洗剂清洗后将其装复，怠速仍在 900r/min以上。

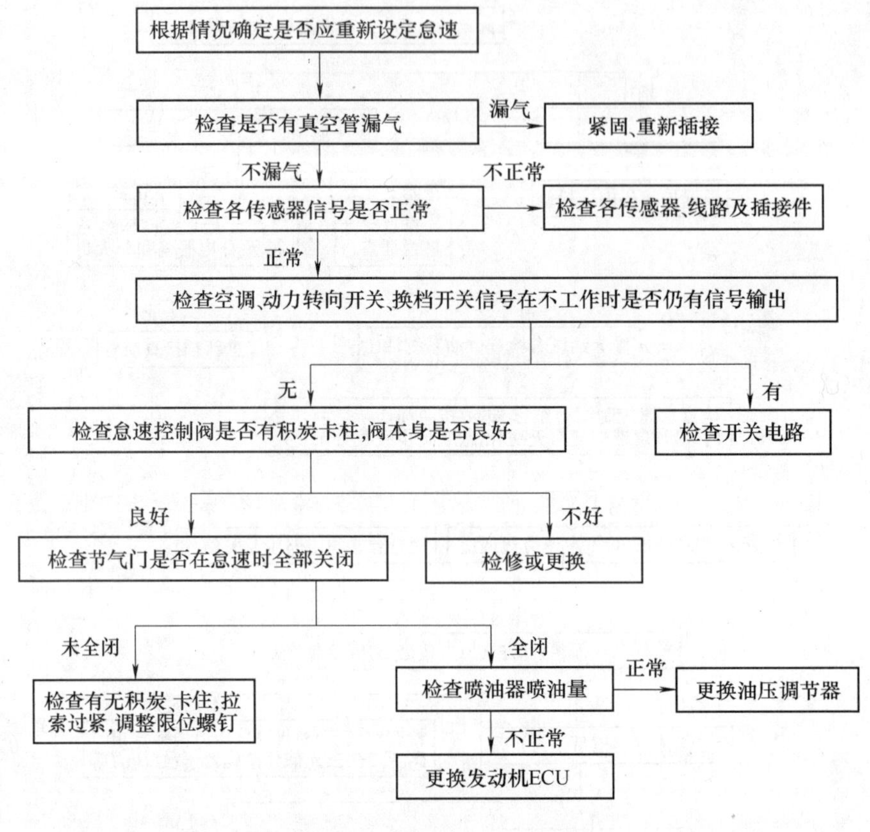

图 13-5　发动机怠速转速过高故障诊断流程

4）使用 V. A. G1552 对其进行基本怠速设定。

5）但两天后，该车原来的故障再次出现。可能是由燃油供应系统造成的。

6）将喷油器拆下检查，积炭现象较严重，使用超声波清洗装置将其清洗并进行流量测试，发现第二缸的喷油器喷油量比其他三个多，更换该喷油器后重新将车发动，热车怠速稳定 740r/min 左右，故障排除了。

案例 4：一辆丰田 MODEL-F 牌 YR31 轻型客车，驾驶员讲当遇到超车或需要高速行驶时，感到加速迟缓，行驶车速达不到该车应有的最高车速。

故障诊断与排除程序如下：

1）进行自诊断系统检查。诊断结果测得发动机故障码为 4，其故障内容是冷却液温度传感器线路断路或短路。更换冷却液温度传感器，清除原故障代码后，起动发动机，加速性能仍然不是很好。

2）检查燃油压力。起动发动机，握住供油软管，感到有较强的油压，但燃油压力调节器的中央柱塞没有明显地变化。拔下与压力调节器连接的真空管，中央柱塞也不升高。说明燃油压力调节器的阀门处于常开状态。

用油压计进行检测，怠速时油压计的指示值为 200kPa 左右，即使提高发动机转速，此值也几乎不变。更换燃油压力调节器，发动机动力不足现象消除了，发动机恢复了正常。

案例 5：一辆轿车发动机最高转速只能升到 1800 ~ 2800r/min，汽车停下来，发动机怠

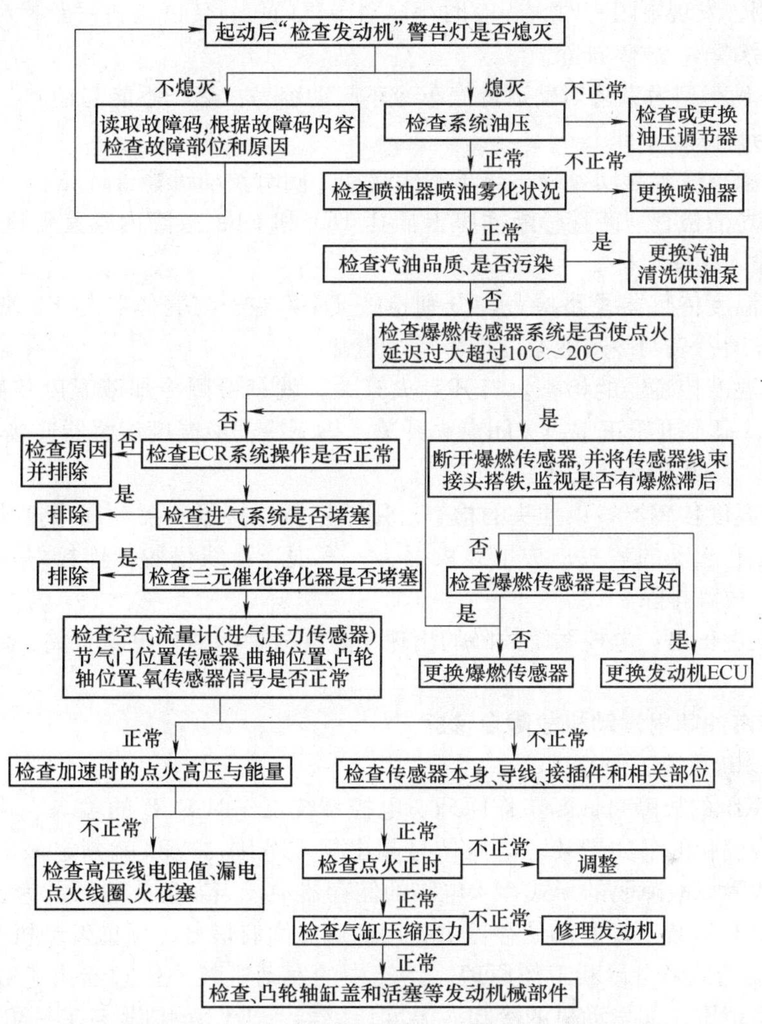

图 13-6　发动机加速不良，动力不足故障诊断流程

速应稳定在 800r/min，却时而升到 1000r/min，时而又降到 750r/min，发动机加速时伴有抖动现象。

故障诊断与排除程序如下：

1）自诊断检测。经自诊断检测，警告灯显示正常代码。经 CO、HC 的检测，CO 排放超标。

2）检查冷却液温度传感器。实测冷却液温度传感器的电阻值为 3kΩ，而在同一温度下标准值为 0.3～0.5kΩ。更换了冷却液温度传感器后，CO 的检测排放量恢复到标准范围之内，怠速抖动现象减轻，加速时仍有迟缓现象。

3）检查点火正时。用点火正时灯检测，并经进行分电器进行调整，动力不足现象有所好转，但不十分明显。

4）检查节气门位置传感器。在 ECU 的接线端测量 VTA 与 E2 间电压有时为 5V，有时又接近 2V（标准值：节气门全闭时为 0.5V，全开时约为 2.5V）。再对 IDL 与 E2、VTA 与 E2

间电阻进行实测，发现电阻有时大、有时小。对节气门位置传感器进一步检测、修理调整后装到车上，然后试车，故障排除。

案例6：一辆车型为克莱斯勒道奇汽车冷车起动容易，热车不能起动。

故障诊断与排除程序如下：

1）故障现象。冷车起动容易，热车不能起动，同时发动机警告灯亮。

2）自诊断功能检查。跨接诊断插座上插孔 TE1 和 E1，故障内容是温度传感器 GD2 输入线路断路或输入插座损坏。

3）冷却液温度传感器线路检查。分别检查 THW 端子与壳体和与 E2 端子间的绝缘情况，它们均不导通，表明冷却液温度信号系统正常。

4）冷却液温度传感器的检查。打开点火开关，就车检测冷却液温度传感器的 THW 与 E2 端子间电压，显示电压正常；关闭点火开关，拆下冷却液温度传感器连接器测量 THW 与 E2 端子间电阻，表明电阻值正常。

5）冷却液温度传感器线束插头的检查。用手轻微地按紧和摇动线束插头，在热车时试着起动发动机，有起动的势头；拔下线束插头，发现连接线松脱，连接好后，热起动发动机，容易起动，故障排除。

通过上述案例得出：电控系统故障的出现与显现故障的整个电路有关，而不仅与传感器和执行器有关。

（四）电控汽油喷射发动机故障自诊断

1. 故障自诊断系统工作原理

（1）电脑系统的故障自诊断工作原理　电控系统工作时 ECU 的输入、输出电压信号的是在规定范围内变化的，如果某一电压信号超出规定范围，ECU 就判定该电路信号出现故障，并把这一故障以故障码的形式存入电脑的储存器中。当发生故障后，为了使汽车保持一定运行能力，ECU 系统立即起动储存器中备用的应急固有信号，保证发动机可以继续运转。

（2）传感器的故障自诊断工作原理　运转中的发动机某一传感器出了故障，其输出信号就超出了规定范围。如发动机的冷却液温度传感器，工作范围设定在 -30 ~ 120℃。正常工作时，输出的信号电压为 0.3 ~ 4.7V。若 ECU 接收到的信号电压超出这一规定范围时，就判定冷却液温度传感器有故障。ECU 立即输出控制信号，使“发动机故障指示灯”点亮。

（3）执行器的故障自诊断工作原理　如果执行器出现了问题，监视程序把故障信息传输给 ECU，ECL 做出故障显示、故障存储，并采取应急措施，确保发动机维持运转。

注意：自诊断系统对于偶尔出现一次的不正常信号，并不判定为故障，只有不正常信号保持一定时间后才被视为故障。

2. 故障警告灯

大多数汽车的发动机故障警告灯安装在组合仪表板上。正常情况下，打开点火开关时，该灯应发亮。发动机起动后，该灯应熄灭，说明发动机电控系统无故障。

发动机产生故障时，警告灯闪烁，告知驾驶员。检修人员可采取一定的方法调出故障码，根据故障编码的内容，诊断及排除故障。故障排除后，可通过恰当方法消除故障码。

还有的发动机故障指示直接装在发动机电脑上，用红、绿发光二极管显示，还有的用数码管显示。上述方式显示的故障码，有一位数的、两位数的、三位数的，也有四位或五位数的。

3. 故障诊断插座

随着自诊断系统的不断发展，各生产厂家的自诊断系统的故障代码输出方式、测试方法和诊断插座的结构形式各不相同。

1）丰田车系故障诊断插座。其安装在发动机舱内和驾驶室仪表板下方，其形式如图13-7所示。诊断时用导线跨接“诊断插座接头TE1、TE2”和“ECU地线接头E1”。

2）0BD-Ⅱ诊断座插座。OBD-Ⅱ诊断插座为16脚标准诊断插座，其安装在驾驶室仪表板左下方。0BD-Ⅱ标准码有五位数字组成，标准码内容与诊断座各脚功能可从相关资料上查得。0BD-Ⅱ是欧、美和日等许多国家采用一套汽车标准。该标准要求汽车生产厂提供符合0BD-Ⅱ标准的统一诊断模式、统一诊断座和统一诊断代码。

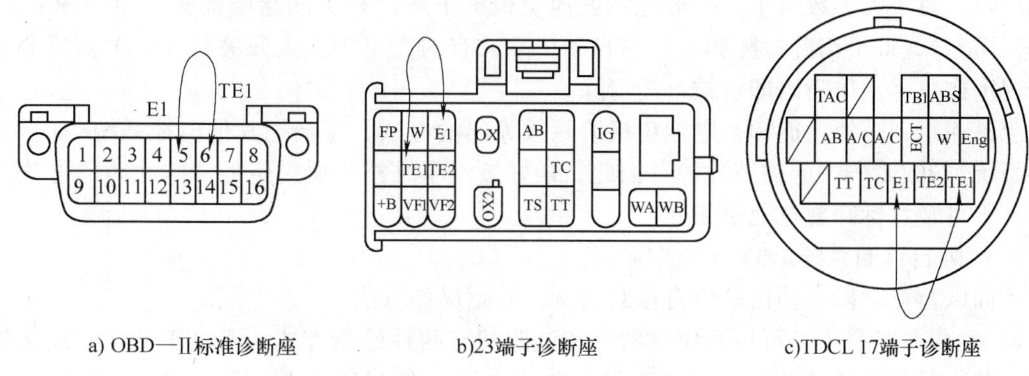

a) OBD—Ⅱ标准诊断座　　b)23端子诊断座　　c)TDCL 17端子诊断座

图13-7　故障诊断插座

4. 进入故障自诊断系统的方法

1）用跨接线进入。用该线连接诊断插座有关的插孔，通过驾驶室组合仪表板上发动机故障警告灯或LED的闪烁，读取故障码。如丰田、日产、三菱、马自达、福特、宝马和标致等汽车。

2）转动ECU控制装置上的“诊断开关”进入。

3）用点火开关“ON→OFF→ON→OFF→ON”循环动作的方法进入。如克莱斯勒公司生产的电控汽车。

4）用读码器、故障诊断仪、扫描仪、示波器和专用检测仪等仪器进入故障自诊断系统并读取故障码。

5. 故障码的显示方式

1）数字显示。故障以数码的形式显示在组合仪表盘上，这种方式具有显示直观，操作方便等特点。

2）LED显示。LED为发光二极管的英文缩写。采用两个发光二极管的，一般为两个不同颜色的发光二极管，红色显示十位数，绿色显示个位数。用两个LED显示一个两位数字的故障代码。

3）脉冲电压显示。大部分汽车电脑控制自诊断系统采用这种显示方式。在一些汽车仪表盘上用发动机故障警告灯闪烁来显示故障码。

6. 发动机故障自诊断状态

发动机故障自诊断状态分正常状态和试验状态两种。正常状态是在发动机不运转状态下，读取的故障码；试验状态是在汽车以一定的速度行驶后，再读取的发动机的故障码。二者相比，试验状态下的诊断灵敏度高，它不仅可以显示正常状态下的故障，还可检测出正常状态下发现不了的故障。使用试验状态读取发动机故障码时，一定要严格操作步骤，否则将检测出错误的故障码或无法进行诊断。

7. 判断故障的方法

从自诊断系统读取故障码后，应从汽车制造厂提供的故障码表中查得该故障码的内容说明等信息，然后按这些信息和诊断流程图及电路检查顺序，来确认和排除故障。

8. 清除故障码的方法

电控系统的自诊断系统排除故障以后，必须清除故障码。清除故障码有两种方法：一是人工清除，对于大多数汽车，一般把蓄电池负极拆下或把相关的熔断器拔下 10～30s（视车型不同而定），即可清除故障码。二是自动清除，有的汽车将点火开关打开、关闭反复达到一个规定次数后，故障码即可被自动清除。

应该注意到，使用拆卸蓄电池负极清除故障码的方法，将会把其他电控系统（如自动变速器系统）的故障码一起被清除掉。因此，最好按汽车维修手册规定的清除故障码方法进行操作，不可轻意拆卸蓄电池负极。

9. 故障自诊断系统诊断操作实例

下面以雷克萨斯发动机故障自诊断为例，介绍操作方法。

1）利用故障警告灯可进行正常状态和试验状态两种诊断方式。不论正常状态还是试验状态诊断，其基本条件是油箱存油充足，电池电压应在 11V 以上，起动机工作正常，发动机无机械故障，然后发动机才可进入自诊断系统。

2）正常状态故障码读取方法。

① 判断故障诊断警告灯电路。

a. 将点火开关转到“ON”（通电）位置，仪表板上的故障警告灯应点亮；若不亮，应检查仪表熔丝、灯泡及电路。

b. 发动机起动后，故障警告灯熄灭为正常；若常点亮，说明 EFI 系统有故障，需要进行故障代码输出检查。

② 读取故障码的具体操作方法如下。

a. 测试前准备：节气门全闭，变速器变速杆置 N 位，关闭全车电器。

b. 在汽车上找到故障诊断插座的位置，将点火开关置于“ON”，但不起动发动机。

c. 用跨接线将发动机故障诊断插座中 TEl 与 E1 跨接。

d. 根据故障警告灯闪烁频率变化读故障码。并从故障码表中查取该故障码的内容说明。

如代码为 13 的故障含义为发动机转速信号不正常，故障内容为“在发动机转速高于 1000r/min 时，Ne 信号未输入 ECU；G1 或 G2 与 Ne 信号相位偏高，标准值在 G2 与 G1 脉冲信号时间间隔内；12 个 Ne 信号未输入 ECU”。

e. 完成检查后，拆下跨接线，盖好故障诊断插座。

故障排除后，消除故障码。方法见“故障码消除”。

3）试验状态下读取故障码。利用动态诊断可以检查起动信号电路、1 号和 2 号凸轮轴位置传感器、节气门位置传感 IDL 怠速信号、空调信号和空档起动开关信号。在使用“静态”诊断方法中诊断出的故障码，同样在动态诊断中也可以检测出来。用动态诊断故障的

方法如下：

① 蓄电池电压应在11V以上，使节气门处在全关闭状态，这时节气门位置传感器IDL触点处在闭合位置，同时使自动变速器在空档位置，并关闭空调等电器。

② 点火开关置于OFF时，用导线(或专用连接器)将故障诊断插座的TE2和El连接起来。

③ 起动发动机，汽车以大于10km/h车速行驶，尽量模拟故障产生的状况进行路试。路试后，用导线跨接TE1和E1，这时从故障警告灯闪烁次数可以读出故障码。故障码内容可以通过查表找到。

④ 诊断完毕，拆下跨接导线，关闭点火开关，拔下EFI熔断器10s以上，即可清除故障码在ECU中的记忆。

故障码清除后汽车应进行路试检查故障警告灯，若显示正常代码表明故障已排除，反之表明故障并未完全修好。

10. 故障码的一般使用

(1) 有故障码不一定有故障　ECU储存器中存储的故障码有两种：一种是当前故障码，即发动机当前电控系统中确实存在的故障；另一种是历史故障码，过去曾经存在过的故障。

当前故障码、历史故障码的判别方法是先记下读出的所有故障码，然后清除故障码，再起动运行发动机，只要当前控制系统存在故障，故障警告灯起动运行后一定亮，这时再读故障码。

(2) 无故障码，电控系统工作不一定正常　这种情况主要指没有故障码，但传感器信号或各种开关信号不一定正常，使发动机运行不正常。但起动后故障警告灯是熄灭的。这时应该进行发动机数据流测试并与标准数据比较，检查传感器或开关信号是否正常。

1) 冷却液温度传感器。只有发动机ECU接到冷却液温度传感器的超出工作范围的电压信号时，才认为电控系统有故障，就储存故障码。如果冷却液温度传感器信号在规定范围内，只是信号不正确，ECU认为是正常的，所以没有故障码。

2) 节气门位置传感器。滑片电阻式节气门位置传感器一般电压信号范围在0.5～4.5V内，在怠速约为0.5V。如果由于节气门发卡、拉索过紧，安装位置不当，就会使怠速时信号电压不正常。假如怠速时信号电压为0.8V，ECU认为此时是小负荷工况，不是怠速工况，不修正喷油量，使怠速混合气过稀造成怠速不稳。这种情况是节气门位置传感器有信号电压，但不是怠速工况下所对应的信号电压。所以ECU不认为是故障，不输出故障码。

3) 空气流量计。空气流量计与发动机转速信号确定基本喷油量，如果空气流量计信号偏弱，或随着节气门开度的增加，空气流量计信号上升很小，造成基本喷油量少，但实际进气量随着节气门开度的增加而增加，结果造成混合气过稀，加速时动力反而下降，甚至熄火，因为空气流量计有信号，所以也没有故障码。

4) 进气歧管压力传感器。如果真空管漏气，发动机真空度低或进气压力传感器本身故障，进气压力传感器信号会偏离正常值。由于进气压力传感器确定基本喷油量，所以会造成混合气浓或稀，因为有信号输出，所以诊断系统不会输出故障码。

5) 曲轴位置传感器和凸轮轴位置传感器。没有凸轮轴位置传感器信号时，有的车能发动，有的车不能发动。如果曲轴位置传感器或凸轮轴位置传感器由于脏污、信号弯曲变形，造成信号不正确，影响喷油正时和点火正时，就会造成转速不稳、加速性差、回火或“放炮”等故障现象，但不一定储存故障码。

综上所述，故障诊断时，应根据发动机故障现象和故障代码相结合的办法，全面综合分析，去伪存真，准确地作出判断。

课题十四　发动机检测

任务　认识发动机综合检测仪

【任务内容】

1）认识发动机综合检测仪。

2）学习发动机综合分析仪的使用方法。

3）学习不分光红外线 CO 和 HC 气体分析仪的使用方法。

4）学习滤纸式烟度计的使用方法。

5）完成认识发动机综合检测仪工作页。

【任务目标】

1）了解发动机综合分析仪的使用方法。

2）掌握不分光红外线 CO 和 HC 气体分析仪的使用方法。

3）掌握滤纸式烟度计的使用方法。

一、实践

先由学员各自尽可能自行完成如下工作页。然后，在教师的指导下完成本任务。

认识发动机综合检测仪工作页

1. 利用不分光红外线 CO 和 HC 气体分析仪测试实习工场汽油机的尾气排放浓度 CO 是＿＿＿＿＿＿＿＿，HC 是＿＿＿＿＿＿＿＿，国Ⅲ排放标准是＿＿＿＿＿＿＿＿。该发动机排放＿＿＿＿＿＿＿＿（超标/未超标）。 2. 利用滤纸式烟度计测试实习工场柴油机的尾气排放碳烟浓度是＿＿＿＿＿＿＿＿，国Ⅲ排放标准是＿＿＿＿＿＿＿＿。该发动机碳烟排放＿＿＿＿＿＿＿＿（超标/未超标）。 3. 由指导老师设置发动机故障，学生利用发动机综合分析仪查找正确故障代码是＿＿＿＿＿＿＿＿，故障原因是＿＿＿＿＿＿＿＿。

二、相关知识

（一）发动机综合性能分析仪

发动机综合性能分析仪，也称为发动机综合性能检测仪或发动机综合参数测试仪，是发动机检测设备中，检测项目最多，功能最全，涉及面最广的一种仪器。当然，也是一种结构最复杂，技术含量最高的仪器之一。它不仅能检测、分析、判断发动机静、动态的工作性能和技术状况，而且不少该种仪器还越出了发动机检测的范畴，增加了对 ABS 防抱死制动装置和 SRS 安全气囊装置等的检测诊断。因此，发动机综合性能分析仪（以下简称“分析仪”），在汽车综合性能检测中发挥的作用愈来愈大。

1. 分析仪功能与功能特点

(1) 功能　大多数分析仪都具有下述功能。

1) 汽油机检测。

① 点火系统检测和观测、分析点火系统的平列波、并列波、重叠波、单缸波、重叠角、断电器触点闭合角、点火高压值和点火提前角等。

② 无负荷测功。

③ 动力平衡分析。

④ 转速稳定性分析。

⑤ 温度检测。

⑥ 进气管真空度检测。

⑦ 起动机与发电机检测。

⑧ 废气分析(须附带废气分析仪)。

⑨ 数字万用表功能。

2) 电控燃油喷射发动机检测。

① 空气流量检测。

② 转速检测。

③ 温度检测。

④ 进气管真空度检测。

⑤ 节气门位置检测。

⑥ 爆燃信号检测。

⑦ 氧传感器检测。

⑧ 喷油脉冲信号检测。

3) 故障分析。

① 故障查询。

② 信号回放与分析。

4) 参数设定。

5) 数字示波器显示波形、数值。

(2) 功能特点　分析仪一般具有以下 3 个功能特点。

1) 具有动态测试功能。分析仪的信号采集系统，能迅速、准确地捕获发动机运转中各瞬变参数随时间变化的函数曲线。这些动态参数，是对发动机工作性能和技术状况进行准确判断的科学依据。

2) 具有普遍性和通用性。由于分析仪的测试、分析过程不依据被测发动机的数据卡，只针对发动机基本结构和工作原理的实际情况进行。因此，检测结果具有良好的普遍性，检测方法具有广泛的通用性。

3) 具有主动性分析仪不仅能适时采集发动机的动态参数，而且还能主动地发出某些指令干预发动机的工作，以完成某些特定的试验程序，如发动机断缸试验等。

2. 分析仪基本结构与工作原理

一台配置齐全，结构先进，性能良好的发动机综合性能分析仪，一般是由信号提取系

统、信息处理系统和采控显示系统三大部分组成的，如图 14-1 所示。国产元征 EA-1000 型发动机综合性能分析仪外形图如图 14-2 所示，主要性能指标如表 14-1 所列。

图 14-1　发动机综合性能分析仪的基本组成

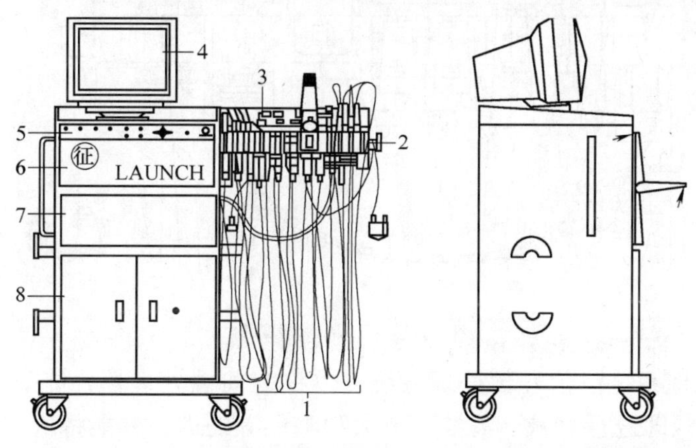

图 14-2　EA-1000 型发动机综合性能分析仪外形图

1—信号提取系统　2—传感器挂架　3—前端处理器　4—高速采集、处理与显示系统　5—热键板　6—主机柜与键盘柜　7—打印机柜　8—排放仪柜

表 14-1　元征 EA-1000 型分析仪主要性能指标

参　　数	量　　程	精　　度
转速/r/min	0 ~ 8000	1%
点火提前角/(°)	0 ~ 60	±1%
点火电压/kV	0 ~ 40	5%
火花电压/V	0 ~ 4000	5%
点火持续时间/ms	0.04 ~ 9.99	0.04
起动电流/A	0 ~ 900	5%
充电电流/A	0 ~ 40	3%
进气管真空度/kPa	0 ~ 105	2%
温度/℃	−20 ~ +120	2%
电流/A	0 ~ 4	1%
电压/V	0 ~ 400	1%
电阻/MΩ	0 ~ 40	1%

(1) 信号提取系统　信号提取系统的作用，是拾取测量点的信号。因此，必须配备多种传感器(包括夹持器、测量探头和测针等)，直接或间接地与被测点接触。元征 EA-1000 型

发动机综合性能分析仪的信号提取系统，如图 14-3 所示。该系统由 12 组拾取器组成。每 1 组拾取器根据任务不同，由相应的传感器、夹持器、测量探头或测针，通过电缆与其适配器或接插头构成。适配器的作用，是对采集的信号在进入前端处理器之前，进行预处理。

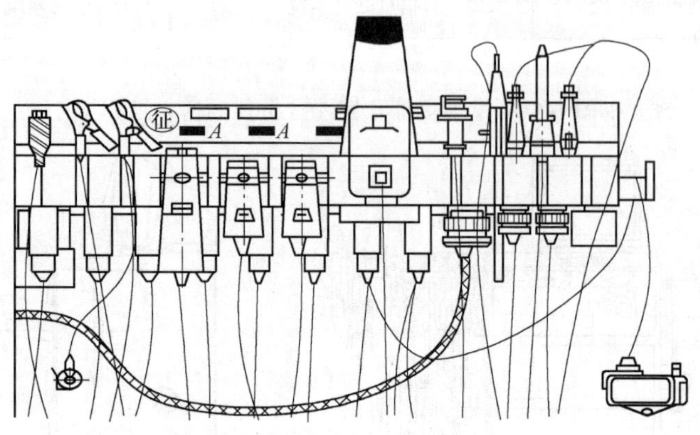

图 14-3　信号提取系统

（2）信号预处理系统　信号预处理系统，也称为前端处理器，能对所有或部分采集来的信号进行预处理。即进行衰减、滤波、放大和整形等处理，并能将所有脉冲信号和数字信号直接输入 CPU 的高速输入端。从发动机采集来的信号千差万别，不能被分析仪中央控制器直接使用，必须经过预处理，转换成标准数字信号后，才能送入电脑。某分析仪前端处理器框图，如图 14-4 所示。元征 EA-1000 型发动机综合性能分析仪的前端处理器，由部分信号预处理、32 路换线开关等组成，并承担与电脑的并行通讯。其前端处理器底面，有 8 个适配器插座、4 个航插插座和 1 个主电缆插座，以便与信号提取系统连接。

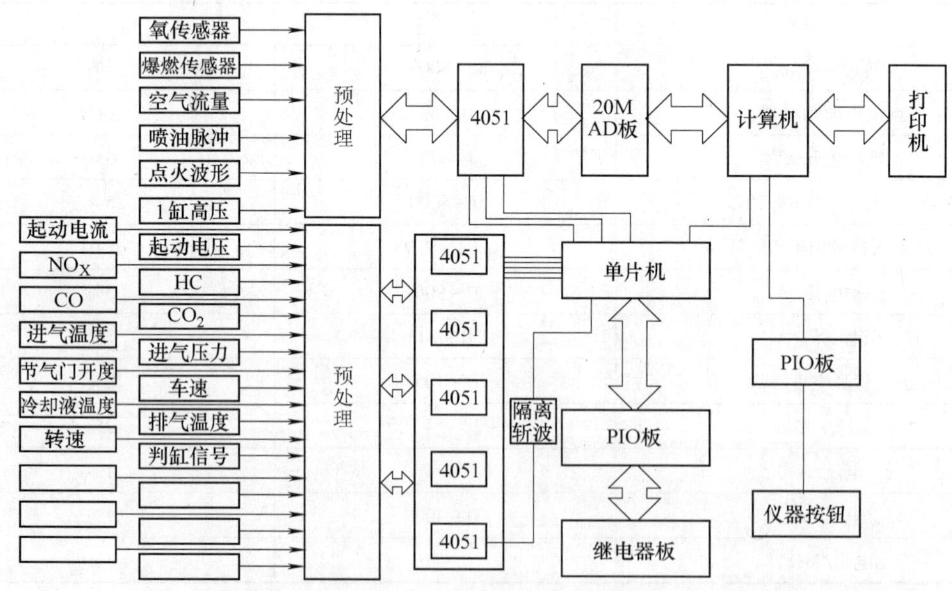

图 14-4　前端处理器框图

（3）采控与显示系统　现代发动机分析仪多为电脑控制式，能高速采控信号。为了捕捉喷油爆燃等高频信号，分析仪采集卡一般都具有高速采集功能，采样速率可达10～20MsPs，采样精度不低于10bit，并行2通道，有存储功能以使波形回放或锁定，供观察、分析或输出、打印之用。分析仪在显示系统方面，不管是台式移动式还是手提便携式的分析仪，其显示装置多为14英寸彩色CRT显示器或液晶LCD显示器，采用多级菜单操作，能实时显示被测发动机的动态参数和波形，使用十分方便，观察非常醒目。

3. 分析仪使用方法

以元征EA-1000型发动机综合性能分析仪为例，介绍分析仪的使用方法。

（1）准备工作

1）分析仪准备。

① 接通电源（220V±10%，50Hz），打开分析仪总开关、电脑主机开关和电脑显示器开关，暖机20min。

② 在发动机不工作和点火系统关闭的情况下，将信号提取系统连接到被测发动机上。

③ 电源线必须可靠接地。

④ 在测试电控燃油喷射发动机电子控制器ECU时，除仪器电源接地外，仪器地线必须与发动机共地，测试人员必须随时与汽车车身接触。

2）发动机准备。

① 发动机应预热至正常工作温度。

② 调整发动机怠速，怠速转速应在规定范围之内。

③ 发动机在运转中。

（2）启动分析仪

1）分析仪已经过预热。

2）鼠标左键双击显示器上“元征发动机分析仪”图标，启动分析仪综合性能检测程序。

3）分析仪主机对单片机通讯、8个适配器逐一进行自检。自检通过为绿，未通过将给以提示。

4）显示屏出现“用户资料录入”界面。点击“修改”按钮，录入汽车用户资料，然后点击“确定”按钮，显示屏出现检测程序主、副菜单。显示屏主、副菜单及分区。

（3）检测方法

1）在主菜单上选择要测试的“汽油机”、“柴油机”、“电控发动机参数”或“故障分析”等项中的其中一项，点击后进入下一级菜单。

2）在下一级菜单中再选择要测试的项，点击后进入检测界面。

3）按检测界面上的要求进行操作、读数、存储和打印。

4）如须清除测试数据，按F2热键或点击显示屏下方的“清除数据”按钮即可。

（二）废气检测仪使用介绍

1. 汽车尾气排放检测的目的

随着汽车工业的迅速发展，汽车保有量急剧增加。汽车排出的废气对大气已构成危害，它恶化了人类的生存环境，影响了人们的身体健康，已发展成为严重的社会问题。监督并检

测汽车排放污染物的浓度，已成为汽车性能检测中重要的检测项目。

汽车发动机工作时排出的废气，含有大量的有害成分，主要是一氧化碳（CO）、碳氢化合物（HC）、氮氧化合物（NO_X）、铅化合物、二氧化硫（SO_2）、炭烟及其他一些有害物质。这些有害物质在大气中达到一定浓度后，将对人体和生物造成极大的危害，即排气公害。

为能有效地控制汽车尾气排放中有害物质的浓度，减少汽车尾气对环境的污染，必须定期对汽车尾气进行检测，使有害气体的排放符合国家标准的要求。

另外，汽车尾气成分与燃烧质量有关。通过对汽车尾气的检测控制，可有效地提高燃油利用率，节约能源。

汽车尾气排放检测分汽油机尾气检测和柴油机尾气检测。在相同的工况下，汽油机的CO、HC和NO_X排放量比柴油机大，因此，国家标准主要限制汽油机的CO、HC和NO_X排放量。

柴油机对大气的污染较汽油机轻得多，柴油机燃烧时混合气形成时间非常短，在空气不足或混合气不均匀的情况下，主要是产生碳烟污染，因此，国家标准主要限制柴油机排气的烟度。

2. 汽车尾气排放检测设备

目前，国内外生产的汽车尾气排放检测设备种类很多，国家标准规定汽油机采用不分光红外线CO和HC气体分析仪，柴油机采用滤纸式烟度计。

（1）不分光红外线CO和HC气体分析仪　汽车尾气中的CO和HC等气体，都分别具有能吸收一定波长范围红外线的性质，而且红外线被吸收的程度与废气中CO和HC的浓度有一定的关系，浓度越高，红外线被吸收的也越多。该仪器就是根据这一原理来检测废气中CO和HC的浓度。在各种气体混合在一起的情况下，测量值不会受到影响。

利用这种原理制成的分析仪，可制成CO和HC两种气体浓度的综合分析仪，也可制成单独测量某一气体的单项分析仪。

不分光红外线CO和HC气体分析仪，是一种能从汽车排气管中采集气样，并对其中所含的CO和HC气体的浓度进行连续测量的仪器，如图14-5所示。它由废气取样装置、废气分析装置、废气浓度指示装置和标准装置等组成。

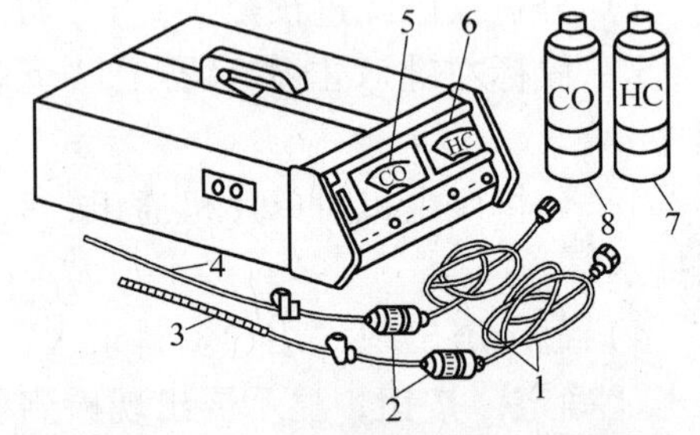

图14-5　不分光红外线CO和HC气体分析仪

1—导管　2—滤清器　3—低浓度取样探头　4—高浓度取样探头　5—CO指示仪表　6—HC指示仪表　7—标准HC气样瓶　8—标准CO气样瓶

1）废气取样装置。如图14-6所示可以看出，废气取样装置由取样头、滤清器、导管、水分离器和泵组成。先由取样头、导管和泵从汽车的排气管里采集废气，经滤清器和水分离器把废气中的炭渣、灰尘和水分除掉，再将废气送入分析装置。

2）废气分析装置。废气分析装置由红外线光源、气样室、旋转扇轮和传感器等组成。该装置按不分光红外线分析法，从来自取样装置的多种成分的废气中，测量出CO和HC的浓度，并以电信号的形式输送给浓度指示装置。图14-7为废气分析装置的结构原理简图。

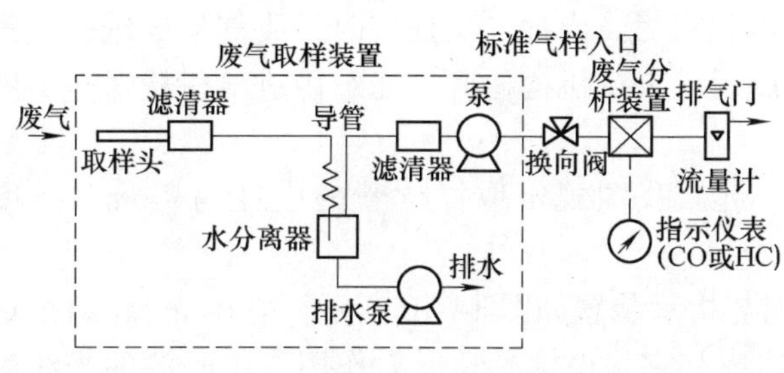

图 14-6　废气在分析仪内的流动路线

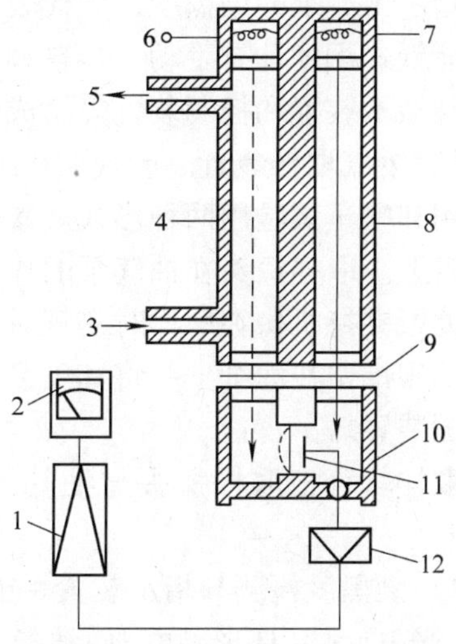

图 14-7　不分光红外线气体分析仪结构原理图

1—主放大器　2—指示仪表　3—废气入口　4—测量气样室　5—排气口　6、7—红外线光源　8—标准气样室　9—旋转扇轮 10—测量室　11—电容微音器　12—前置放大器

3）废气浓度指示装置。综合式分析仪的浓度指示装置主要由 CO 指示装置和 HC 指示装置组成，如图 14-8 所示。从废气分析仪送来的信号，在 CO 指示仪表上 CO 浓度以体积百分比为单位，在 HC 指示仪表上 HC 浓度以正己烷当量体积百万分比为单位直接指示出来。仪表的指示可利用零点调整旋钮、标准调整旋钮和读数档位转换开关等进行控制。

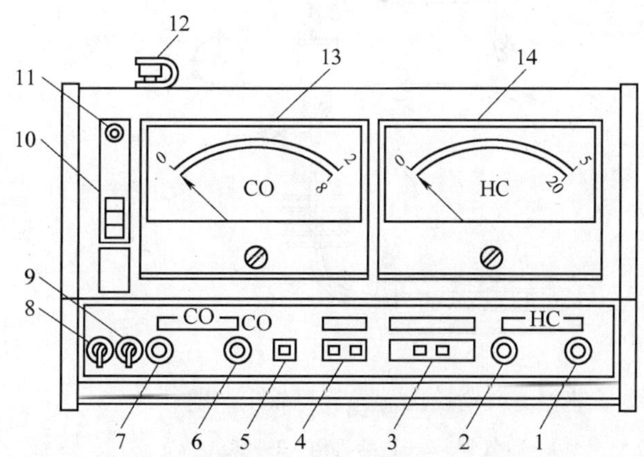

图 14-8　不分光红外线 CO 和 HC 气体分析仪面板图

1—HC 标准调整旋钮　2—HC 零点调整旋钮　3—HC 读数转换开关　4—CO 读数转换开关　5—简易标准开关　6—CO 标准调整旋钮　7—CO 零点调整旋钮　8—电源开关　9—泵开关　10—流量计　11—电源指示灯　12—标准气样注入口　13—CO 指示仪表　14—HC 指示仪表

4）标准装置。标准装置是为了保持分析仪指示精度，使之能经常显示正确指示值的一种装置。在分析仪上通常设有加入标准气样进行校准的标准装置和机械的简易标准装置。

（2）滤纸式烟度计　滤纸式烟度计是用抽气泵从柴油机排气管中抽取一定容积的废气，通过一张一定面积的白色滤纸，废气中的碳烟存留在滤纸上，使其染黑，然后通过检测装置中的光源发光照射被染黑的滤纸。滤纸的染黑度不同，其反射光线强度也不同，光电元件产生的电流强度也不同，

从而指示出滤纸的染黑度，即代表柴油机的排放烟度。

滤纸式烟度计有手动、半自动和全自动三种类型。结构上都是由废气取样装置、染黑度检测与指示装置和控制装置等组成。如图 14-9 所示为常见滤纸式烟度计的结构示意图。

1）废气取样装置。废气取样装置由取样探头、抽气泵和取样软管等组成。取样探头有台架用和整车试验用两种形式。整车试验用取样探头带有散热片，并有安装夹具以便固定在排气管上。取样探头在抽气泵的作用下抽取废气。

滤纸夹持机构在取样时实现对滤纸的夹紧和密封。当抽气泵抽气时，废气经滤纸进入泵筒内，碳烟留在滤纸上并将其染黑。取样完成后，夹持机构松开，滤纸由进给机构送至染黑度检测装置。

取样软管把取样探头与抽气泵连接在一起。我国规定取样软管的内径为 4mm，长度为 5m。

2）染黑度检测与指示装置。染黑度检测与指示装置如图 14-10 所示，它由光源（白炽灯泡）、光电元件（环形硒电池）和指示电表等组成。它是根据光学反射作用，由光源的光线射向已被碳烟染黑的滤纸，光线一部分被黑色碳烟吸收，一部分被滤纸反射至光电元件，从而产生相应的光电流。

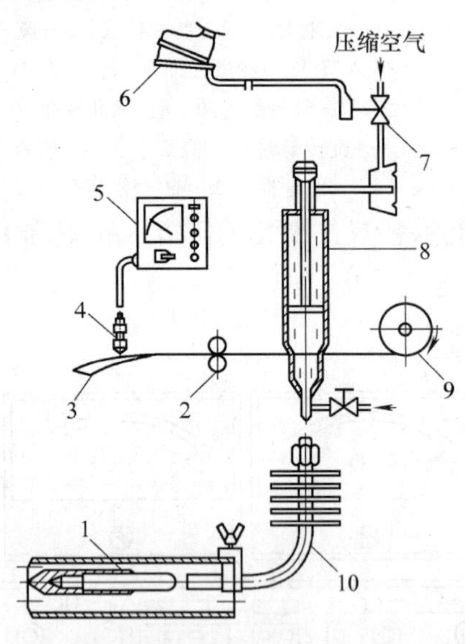

图 14-9　滤纸式烟度计结构示意图

1—排气管　2—进给机构　3—滤纸　4—光电传感器　5—指示电表　6—脚踏开关　7—电磁阀　8—抽气泵　9—滤纸卷　10—取样探头

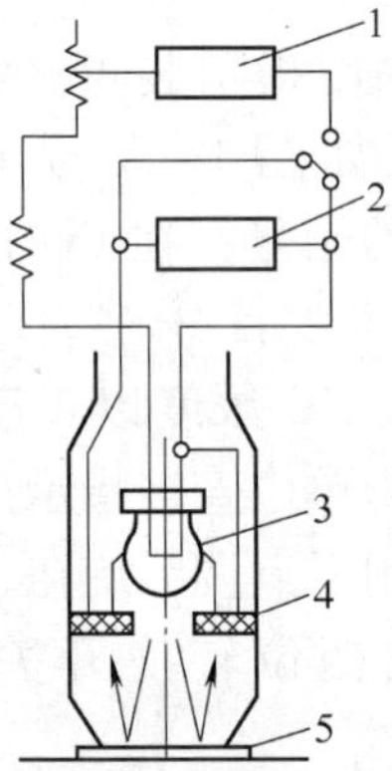

图 14-10　染黑度检测与指示装置结构示意图

1—电源　2—指示电表　3—光源　4—光电元件　5—滤纸

检测装置都备有供标定或校准用的标准烟样。

3）控制装置。控制装置包括用脚操纵的抽气泵开关、滤纸进给机构和压缩空气清洗机构等。压缩空气清洗机构能在取样前，用压缩空气清洗取样头和取样软管内的残留废气碳粒。

3. 汽油机尾气检测

汽油机排放污染物的检测，依据国家标准 GB/T 7258—1997《机动车运行安全技术条件》的规定，主要测量汽油机在怠速工况下排气中的 CO 和 HC 的浓度。选择怠速工况进行检测，是因为怠速运转时，节气门开度小，发动机转速低，残余废气量相对增大和燃烧温度低等，使 CO 和 HC 的浓度明显增加。

国家标准 GB/T 3845—1993《汽油车排气污染的测量怠速法》中规定，汽油车排气污染物的测量应在怠速工况进行。测量仪器应采用不分光红外线 CO 和 HC 气体分析仪。

（1）测量仪器的准备

1）检查仪表指针是否在机械零点。

2）检查取样探头和导管有无压坏、破裂、堵塞和脏污。

3）检查各导线连接情况。

4）接通电源，预热 30min 以上。

5）仪器校准。

（2）受检车辆的准备

1）进气系统应装有空气滤清器。

2）排气系统应装有排气消声器，并不得有泄漏。

3）应保证取样探头插入排气管的深度不小于 300mm。

4）发动机应达到规定的热状态。

5）按汽车制造厂使用说明书规定，调至规定的怠速和点火正时。

（3）检测方法

1）发动机由怠速加速至 0.7 倍的额定转速。维持 60s 以上，再降至怠速状态。

2）把指示仪表的读数转换开关置于最高量程档位。

3）取样探头插入排气管中，深度不小于 300mm。

4）选择适当的量程档位，待指针稳定后，读取最大值。

5）检测结束后，把取样探头抽出来，置于空气中继续运行 5min，待指针回零后关掉电源。

（4）注意事项及要求

1）检测时一定要把发动机怠速和温度控制在规定范围内。

2）检测时导管不得发生弯折现象。

3）多辆汽车连续检测时，一定要待仪表指针回到零后，再进行下一辆汽车的检测。

4）不要在有油或有机溶剂的地方进行检测。

5）注意检测地点通风换气，以防人员中毒。

6）检测结束后，要立即把取样探头从排气管中抽出。

7）取样探头不用时要垂直吊挂，不要平放，以防管内积水腐蚀探头。

8）分析仪不要放在湿度大、温度变化大、振动大或倾斜的地方。

9）仪器要定期接受有关部门检定。

（5）检测标准　汽油机尾气排放检测值应符合 GB/T 14761—1993《汽油机怠速污染物排放标准》的规定。

4. 柴油车自由加速烟度的检测

柴油车自由加速烟度的检测应在自由加速工况下，采用滤纸式烟度计按测量规程进行测量。自由加速工况是指：发动机处于怠速工况，将加速踏板迅速踏到底，维持4s后松开。

（1）测量仪器的准备

1）检查仪表指针是否在机械零点。

2）检查取样探头和导管有无压坏、破裂、堵塞等。

3）接通电源，预热5min以上。

4）用标准烟样校准仪器。

5）检查抽气泵控制开关与抽气泵动作是否同步。

6）检查压缩空气的压力值。

7）检查滤纸是否洁白、无污染，并装好滤纸。

（2）受检车辆的要求

1）排气系统不得有泄漏。

2）取样探头插入排气管的深度不小于300mm。

3）必须采用生产厂家规定的柴油机机油和未添消烟剂的柴油。

4）发动机应预热到说明书规定的热状态。

（3）检测方法

1）将取样探头逆气流固定于排气管内，并使其中心线与排气管轴线平行。

2）将踏板开关引入汽车驾驶室或将手动橡皮球通过远控软管引入汽车驾驶室。

3）把抽气泵活塞推到最前端，并装入滤纸。

4）按自由加速烟度的方法检测，先由怠速工况将加速踏板踏到底4s后随即松开。如此重复3次，以便把排气管内的碳渣吹掉。

5）然后怠速运转约15s。使空气压缩机送来的空气达到规定压力，在此期间内要用压缩空气清洗机构对取样软管和取样探头吹洗3~4s。

6）再把踏板开关固定在加速踏板上或将手动橡皮球拿在手中，开始检测。将加速踏板与踏板开关一并迅速踏到底(或在踏下踏板的同时急速捏压手动橡皮球)，至4s时迅速松开加速踏板和踏板开关(或松开橡皮球)。

7）维持约15s，在此期间完成滤纸进给和读取烟度值，并用压缩空气清洗机构对取样软管和取样探头吹洗3~4s，并把抽气泵的活塞压至吸气开始为止。

8）下一次重新踏下加速踏板与踏板开关时，距前一次的时间间隔为19s，如此重复4次。

9）取后3次读数的算术平均值即为所测烟度值。

10）当汽车发动机出现黑烟冒出排气管的时间和抽气泵开始抽气的时间不同步现象时，应取最大烟度值。

（4）注意事项

1）从取样探头至抽气泵的取样软管，最好能逐渐向上斜，以防止冷凝水流入抽气泵，弄湿滤纸。

2）取样软管采用规定的内径和长度，不能随意用别的管子代替。

3）测取滤纸染黑度时，要注意光电传感器与滤纸贴紧。

4）光电传感器不用时，应该套上测头盖或避开强光放置。

5）指示装置不用时，应把测量开关按到“关”的位置，以免在移动或运输时损坏电表表头。

6）指示装置应避开有振动和湿度大的地方放置。

7）滤纸和校准用标准烟样，不要放置在日光下曝晒或多尘的地方。

8）标准烟样要定期更换。

9）定期检定。

读者沟通卡

一、申请课件

本书附赠教学课件供任课教师采用，可在机械工业出版社教育服务网（www. cmpedu. com）注册后免费下载；也可扫描二维码关注“机工汽车”微信订阅号获取课件。

 机工汽车	免费下载　教学课件、学习视频、海量学习资料 ➢ 扫描二维码，关注“机工汽车” ➢ 点击“粉丝互动”→“视频课件”

二、机工汽车教师群

任课教师可加入“机工汽车教师群”，与教材主编、编辑直接沟通交流。“机工汽车教师群”提供最新教材信息、教材特色介绍、专业教材推荐、样书申请、出版合作等服务。

QQ 群号码：7348129，本群实施实名制，请以“院校名称+姓名”的方式申请加入。

三、微信购书

 车界瞭望	关注汽车分社微信订阅号“车界瞭望”，可直达机工社旗下网络购书平台“汽车书院”，第一时间购买新书，获取车界前沿资讯

四、意见反馈和编写合作

联系人：赵海青　齐福江　母云红

电话：010-88379353、88379160、88379439

电子信箱：13744491@ qq. com、502135950@ qq. com、2455675943@ qq. com

地址：北京市西城区百万庄大街 22 号汽车分社

邮编：100037